인간과 윤리

홍용희 지음

삼경문화사

책을 펴내면서

인류의 역사에서는 과학기술의 점진적인 발전이 항상 존재해 왔으며, 이에 따른 인간의 사회적, 문화적 대응 및 조정이 때로는 비교적 순조롭게 때로는 상당한 어려움을 겪으면서 이루어져 왔다. 과학적 혁신이 대두될 때마다 필연적으로 이에 따른 새로운 사회적 제도와 가치관이 생겨났고, 사람들의 사회적 행동 규범과 윤리 의식에도 큰 변화가 생겨났다.

그리고 과학기술의 발전과 급격한 정보화는 인간의 지식 체계를 근본적으로 바꾸어 놓았다. 따라서 오늘날 우리에게 진정으로 필요한 것은 단편적인 지식이 아니라, 현실 세계를 선입견 없이 파악해서 윤리적인 시각으로 접근하는 것이다. 제반 사회 문제의 상관 관계를 올바로 규명하기 위해서는, 인간이 이러한 문제들에 대해 갖고 있는 태도를 규정해 준 여러 가지 문화적인 전제, 즉 기본적인 신념이나 윤리 규범을 제대로 이해할 필요가 있다.

인간은 본질적으로 과학기술에 종속된 노예가 아니라, 그것을 창조적으로 이용하는 주체이기 때문에, 우리는 인류의 복지를 위해 과학기술을 인간적이고 윤리적으로 사용해야 할 의무가 있다. 그러므로 인간과 자연에 대한 과학기술의 영향을 평가하는 문제와 함께, 우리는 과학기술의 미래를 평가하는데 있어서, 인간적이고 윤리적인 가치를 우선적으로 고려해야 한다.

만일 현대의 세계 문명이 윤리적인 토대 위에서 인류의 생존과 발전을 위해 새로운 통일된 방향을 설정하지 못한다면, 인류의 미래는 어두울 수밖에 없다. 지금까지 그러했듯이, 만약 세계 각국과 지역이 자신들의 입장만을 고집하면서, 자라나는 세대에게 이기적인 인생관을 심어준다면, 오늘날 세계사적인 위기의 해결 전망은 어두울 수밖에 없다.

정보화로 통칭되는 현대 사회의 주도적인 가치관은 물질주의와 소비 지향적인 생각을 행복과 동일시한다. 그러나 보다 인간적인 자기 성취와 자아실현은 이러한 잘못된 가치 지향을 바로 잡고, 진정한 자기 성취가 무엇인가를 묻는 가치와 태도의 근본적인 변화에서 비롯되어야 한다. 이러한 차원에서 우리는 정보화가 윤리적이고 인간적인 가치를 위해 사용될 수 있도록 하는 문제에 많은 관심을 기울여야 한다.

오늘날 과학기술이 급속히 발전함에 따라, 인간의 기술 의존이 심화되면서 인간에 대한 기술의 지배가 점차 강화되고 있으며, 그와 더불어 인격적 품위와 존엄을 가능케 해주는 인간의 주체적, 자발적 이성 능력이 약화되고, 자유에 대한 열망이나 인간적 감정에의 진정성, 책임 의식 등이 둔화되고 있다.

또한 과학자들과 엔지니어들은 예전보다 훨씬 더 복잡하고 어려운 도덕적 판단이나 윤리적 결정을 내려야만 하는 상황에 수시로 직면하고 있다. 따라서 그들이 복잡한 도덕적 추론을 하고, 윤리적 행위를 선택하거나 실행하는 과정에서 윤리학적 접근은 필수적 요건이라고 할 수 있다.

우리는 현대 사회가 지니고 있는 문제점을 충분히 인식하여, 과학기술과 정보화에 대해 지금까지 우리가 지녀 온 가치 관념이 보다 고차적이고 윤리적인 새로운 가치 관념으로 조속히 전환되어야 한다는 시대적 요청을 받아들인다면, 이러한 새로운 가치 이념의 탐색을 위한 윤리적인 노력을 시도하지 않으면 안 된다. 그런데 이러한 윤리적인 노력을 시도할 경우, 가장 어려운 문제는 어떤 가치 이념이 정말로 바람직한지를 판정할 기준을 마련하는 것이다.

일반적으로 가치 이념은 행위의 방향을 제시해 줄 당위의 개념뿐만 아니라, 보다 넓은 의미로도 사용될 수 있는 개념이므로, 당위나 윤리 규범, 또는 인간화의 추구라는 것으로 국한시켜 생각할 수 있다. 역사적으로 볼 때, 윤리 규범은 어느 특정한 시기에 특정인이 만들었다기보다는, 사회의 문화적 전통과 맥락 속에서 깊이 뿌리 내리고, 또한 오랜 진화 과정을 거쳐 점진적으로 이루어졌다고 할 수 있다.

윤리 규범은 대부분의 다른 가치 관념들과는 달리 당위 의식을 매우 강하게 내포하고 있는 관념이다. 이는 윤리 규범이 단순히 행동에 부여된 가치 관념이기 때문만은 아니며, 더욱 중요한 것은 나와 남 사이에, 그리고 우리 편과 상대편 사이에 막혀 있는 생리적, 심리적 장벽을 어떻게든 뛰어넘어야 한다는 요청이 있기 때문이다.

그러나 상황에 따라서는 윤리 규범 자체를 성역에서 끌어내려 의식적으로 비판하고, 적극적으로 수정해야 할 특별한 경우도 발생한다. 본원적인 당위가 주어졌다고 할 때, 이로부터 현실적인 윤리 규범을 설정할 수 있어야 하는데, 이는 쉬운 일이 아니다. 이를 위해서는 구체적인 현실 상황의 파악 및 합리적인 행위 결과의 예상을 위한 믿을 만한 지식이 마련되어 있어야 하며, 또한 이를 활용하여 엄격히 결과를 도출해 내려는 냉철한 자세를 지녀야 한다.

다시 말하면, 사회 발전을 위한 윤리 이념의 추구 과정에 있어, 가장 중요하고 우선적인 것은 사회적으로 합의할 수 있는 본원적인 당위의 내용을 설정하고, 이를 실천 의지 속으로 수용하는 일이라고 할 수 있다. 즉, 우리는 장엄한 우주의 질서와 그 안에서 주어진 삶의 기회를 경건한 자세로 받아들여야 하며, 모든 삶의 모체가 되는 생태계의 보존과 그 안에서 태어난 모든 의식 주체들의 인간적인 삶의 존엄성을 보장하는 것을 본원적인 당위로 받아들이고 실천해야 한다.

진보의 개념, 즉 인간의 역사는 바람직한 미래를 향하여 어느 정도 지속적으로 진행된다는 생각은 17세기말에 형성되기 시작하여 오늘날에 이르고 있다. 그러나 무엇이 바람직한 것이냐 하는 데에는 여러 가지 다른 의견이 있을 수 있는데, 우리는 진보나 진화를 논의할 때, 인간의 본성은 상황과 제도 및 교육에 따라 바뀔 수 있거나 윤리적으로 성숙해 질 수 있느냐 하는 점들을 묻게 된다. 인간이 윤리적으로 성숙해 질 수 있다는 낙관적인 신념은, 인간의 본성도 환경의 변화에 따라 변화될 수 있다는 이론과 인간의 지식이 증가하면 인간의 행위도 개선될 수 있다는 이론에 근거하고 있다.

진보의 개념은 흔히 진화와 같은 뜻으로 사용되기도 하지만, 진보가 어떤 윤리적인 질서의 실현을 의미한다면, 진화는 가치중립적이라고 할 수 있다. 왜냐하면 어떤 사물의 복잡성과 분화가 진행되는 것을 반드시 진보적이라고 할 수는 없기 때문이다.

특히, 진보의 개념은 과학기술의 발전과 관련하여 윤리적인 문제를 제기하는 동시에, 과학자의 윤리적인 책임 문제를 낳는다. 또한 인류 역사상 진보의 개념은 이데올로기의 도덕적인 요소와도 연관되어 왔다.

이와 같이 진보의 개념은 양(洋)의 동서를 막론하고 역사적인 추세의 윤리적 성격을 규명하는 일, 즉 인간에게 좋은 것이 무엇이냐를 규정하는 도덕적인 개념과 연관된다. 또한 진보의 개념은 우리가 지구상에서 보다 인간답게 살기 위해서 공동의 과제로 삼아야 할 일이 무엇이며, 극복해야 할 일들이 무엇인지를 비판적으로 생각해야 하는 원칙들을 모색하도록 촉구한다.

지금까지 진보의 개념은 기계적 세계관을 내포하는 뜻으로 사용되어 왔다. 즉, 진보의 개념은 무질서한 자연계가 질서 있는 물질적 환경으로 변화되고, 그것을 인간이 이용하게 된다는 의미로 사용되어 왔다. 이는 원초적인 자연을 인간의 조작을 통해 인간에게 가치 있는 것으로 만드는 방법, 다시 말하면 과학의 발전을 진보의 개념과 동일시했다는 것인데, 여기에서 우리는 과학은 방법론이며, 이를 통해 얻은 자연에 관한 지식을 응용하는 기술은 과학과 더불어 기계적인 세계관에 근거하고 있다는 것을 알 수 있다.

오늘날 우리는 과학기술의 인간화가 절실히 필요한 시대에 살고 있다. 지금 우리는 과학기술적인 개발과 물질적인 성장 및 인간적, 윤리적인 가치를 어떻게 균형 있게 추구해야 하느냐 하는 어려운 선택의 문제에 직면하고 있다. 한편, 21세기는 인간성에 대한 새로운 패러다임을 요청하고 있다. 이미 도덕성을 바탕으로 한 정신문화가 과학기술의 발전과 정보화에 부응하는 새로운 패러다임을 만들어 내고 있다고 할 수 있다.

오늘날 사회의 변화는 가치와 제도의 변혁과 관련되며, 새로운 방향을 모색하는 윤리적 문제와도 관계된다. 이제 우리는 과학기술을 지속적으로 보전할 수 있는 사회를 이룩하기 위해 새로운 방안을 모색해야 할 시점에 와 있다. 이는 우리에게 과학기술의 윤리적 재정립, 새로운 삶의 양식의 개발, 미래에 대한 새로운 비전의 정립 등을 요구한다.

한편, 무분별한 개발과 성장 만능주의로 인한 물질 문명의 위기에 대한 윤리적 가치 판단은 사회 문제에 대한 올바른 지식에 근거할 수밖에 없기 때문에, 오늘날 사회 문제와 관련된 윤리교육은 그 어느 때 보다도 절실하다고 할 수 있다. 다시 말하면, 여러 가지 사회 문제에 대한 올바른 인식은 윤리교육을 통해 습득되는 지식과 기능에 기초를 두고 있기 때문에, 윤리교육에서는 사회 문제에 대한 새로운 인식, 가치관, 태도, 사회적 참여 등은 물론 지식과 기능을 균형 있게 추구할 수 있는 방안이 모색되어야 한다.

이 책은 대학에서 교양과목을 공부하는 학생들과 윤리교육을 전공하는 학생들, 그리고 인간과 윤리 분야에 관심이 있는 일반 독자들에게 미력이나마 도움이 되었으면 하는 바람에서 관련 논문들을 중심으로 정리해 본 것이다. 부족한 점이 많지만, 이 책을 출판하는데 여러 가지로 도움을 주신 분들께 감사드린다.

2010년 2월 26일

지은이 적음

차례

제2부 사회와 윤리

제4장 직업과 윤리

第3부 국가와 윤리

第7장 국가론과 윤리

제8장 민주주의의 이념과 실제

제9장 사회 정의와 윤리

제10장 통일 문제와 윤리

제 *1* 부

인간과 윤리

■

제1장 인간 존재와 교육

교육은 인간을 대상으로 하는 인간을 위한 활동이기 때문에 교육의 일차적인 관심은 인간일 수밖에 없다. 인간 중심 교육은 교육 본래의 모습이며, 가르치는 사람이 인간인 학습자를 어떻게 생각하느냐에 따라서 규정된다고 할 수 있다. 또한 인간 중심 교육은 인간에게 어떤 기능을 부여하기 위한 것이라기보다는 인간 그 자신의 본 바탕을 추스르는 교육이라고 할 수 있다. 말하자면, 인간 중심 교육은 '무엇에' 보다는 '어떻게'에 강조점을 두면서 학습자 나름의 개별적인 의미의 획득을 조력하는 방식으로 전개되는 교육이다. 즉, 끊임없는 자아 실현의 과정을 돕는 가르치는 사람과 학습자간의 관계가 인간 교육의 요체라고 할 수 있다.

1 인간 존재의 의미

인간은 이성적 동물인데, 인간의 이성은 인간으로 하여금 반성적 사고를 가능하게 하고 자기 의식을 하게 한다. 또한 이성은 개념에 의한 사유 능력을 말하는데, 자연적인 욕구(본능)의 작용을 제어하는 기능을 한다. 따라서 다른 동물들은 본능적인 충동에 의해서만 행동하는 데 반하여, 인간은 의무 의식에 의해서 행동을 한다.

현대 사회에서 청소년들은 자아에 대한 이해가 부족하기 때문에, 다른 사람에 대한 바람직한 행동 성향이 결여되기 쉽고, 또한 타인과의 관계를 제대로 설정하지 못하고 있다. 따라서 많은 학생들은 자신의 능력 가운데 극히 일부만을 실현하게 되거나 좁은 삶을 영위하고 있다고 할 수 있다.

자아는 한 인간이 자기의 것이라고 말할 수 있는 주관적인 환경과 경험 및 의미의 총체이다. 즉, 자아는 외계와 구별되는 개인의 내적 세계로 구성되는데, 이러한 자아에 대한 이해는 인간 교육에 있어서 기본 전제이므로 항상 근원적으로 다루어져야 할 문제이다. 이때 중요한 것은 객관적이고 고정된 인간 이해가 아니라, 삶의 과정 속에서 형성되고 변화됨으로써 육성 · 계발되어 가는 인간 됨의 과정으로서의 인간에 대한 이해이다. 따라서 인간의 바람직한 변화 및 성장 가능성에 대한 신뢰는 교육의 필요 조건이자 존재 근거라고 할 수 있다.

1. 철학적 존재로서의 인간

철학적 인간학에서는 인간을 항상 열려 있는 개방적 존재로 보며, 다른 동물에 비해 생물학적으로 결여된 특성을 극복하고 환경과의 상호 작용을 능동적으로 이끌어 갈 수 있으며, 사물을 자기 이해를 초월해서 객관적으로 관찰할 수 있는 창조적이고 자기 완성적인 존재로 인식한다.[1]

(1) 생물학적 존재

인간은 다른 동물들과 생물학적으로 유사점도 많지만 차이점 또한 많다.

---

1. 진교훈, *철학적 인간학연구(I)*(서울: 경문사, 1988), pp.23~25.

첫째, 인간은 다른 동물들과 비교할 때 육체적으로 미완성 상태에 있다. 다른 동물은 육체적 기관 기능에서 인간보다 더욱 전문화되어 있다. 예를 들면, 다른 동물의 이빨은 초식, 육식에 따라 다르고, 성적 주기가 뚜렷하며, 주변의 환경에 알맞게 보호색이나 털이 나 있지만, 인간은 그렇지 않다.

둘째, 성장 리듬에 있어서도 인간은 다른 동물보다 길며, 직립 보행을 비롯하여 태어나면서 죽을 때까지 배우고 생각하는 학습 존재이다.

셋째, 인간에게는 환경이 개방되어 있기 때문에, 인간은 자신의 삶에 맞게 환경을 개척하고 바꾸어 나간다. 그러나 다른 동물은 단지 주어진 환경에 적응하는 수동적인 존재이다.

다른 동물의 기관은 자연적인 생활 조건과 특수한 환경에 적응하기에 알맞게 되어 있는 데 비하여, 인간은 생물학적으로 결핍된 존재이다. 그러나 인간은 육체적인 성장이 끝난 후에도 다른 동물보다 더 오랫동안 생명을 유지하고 정신적으로 더 성숙될 수 있는 존재이다. 다른 동물들은 성장 기간이 끝나면 여러 가지 기능이 바로 쇠퇴하지만, 인간은 계속 배우고 생각하면서 삶의 경험을 쌓고, 그 경험이 축적되어 다음 세대에 전달된다. 따라서 생물학적 존재로서의 인간은 문화적 존재가 된다. 또한 인간이 다른 동물에 비해 성장 기간이 긴 것은 본래부터 인간은 배우게 되어 있는 학습의 주체임을 의미한다.

생물학적 결핍은 인간에게 교육의 필요성을 갖게 하였으며, 올바르게 행동하기 위해서는 배워야만 한다는 인식을 갖게 하였다. 인간은 포괄적인 통찰력과 객관적인 경험을 가져야 그 경험을 척도로 자기 행위의 양식을 정할 수 있게 된다. 이는 인간이 교육적 존재임을 의미한다.

(2) 인본주의 심리학에서의 인간

인본주의 심리학은 인간의 본성이 프로이트의 주장처럼 생물학적인 것이 아니라 사회적이라고 주장하는 신프로이트 학파와 인간은 환경을 능동적으로 조직하고 이에 따라 인간의 경험이 구성되며 행동이 결정된다고 보는 행태 심리학 및 개개인의 전인적 의미를 강조하는 실존주의 심리학으로 구성된다. 따라서 인본주의 심리학은 인간을 의식과 지각, 그리고 목표를 가진 능동적 존재로 보았다.

인간은 의식적이고 미래적인 존재이며, 자신의 행동과 운명을 통제하는 능동적인 존재이다. 인간이 자신의 환경을 의식한다는 것은 그 상황에 어떤 작용을 하여 사태를 변화시킬 수 있다는 것을 의미한다. 인간은 의식이 있기 때문에 자아 개념을 가지며, 자아 개념은 환경과 사물을 변화시킨다. 또한 지각은 심리적 자아의 성장에 기초가 되며, 지각 과정은 자아가 성숙되는 길이고, 그것은 선택적이다. 우리는 우리 주위의 모든 것에 관심을 갖는 것은 아니며, 단지 자아가 성장하는데 기초가 되는 것을 선택하게 되는데, 그 선택은 경험과 목적에 따라 이루어진다. 따라서 인간은 목적적이다.

인간주의자들은 인간은 목표를 추구하는 유기체라고 정의한다. 각 개인은 그의 욕구를 충족시키고 목표를 성취하기 위해서 행동하기 때문에, 그가 왜 그런 일을 하는가를 이해하기 위해서는 그의 목표가 무엇인지를 알면 된다. 우리는 바로 여기에서 인본주의 심리학과 인간주의 교육의 접목을 찾을 수 있다. 인간의 삶은 과학적이고 합리적으로만 설명할 수 없는 초월적이고 신비스런 영역의 것이므로 인간의 전인격적인 발달을 위해서는 인간주의 심리학에 의존해야 할 필요가 있다.

2. 사회적 존재로서의 인간

오늘날 인간에 관한 연구를 하는 경험과학자들의 일치된 견해 가운데 하나는 인간이 사회적 존재라는 사실이다. 인간은 문화의 향유자이며 전승자이다. 인간은 문화의 창조자로서는 개인적이지만 문화의 학습자로서는 이미 사회적이다.

인간이 공동체라고 부르는 사회는 어떤 특정한 형태의 결속력을 지닌 사람들이 소속되어 있다는 특성을 가지고 있다. 따라서 이 공동체 안의 모든 구성원들은 항상 다른 사람들과의 관계를 고려하면서 살아가지 않을 수 없다. 자아 실현은 개개인의 자아에서 출발한다고 할지라도 그것은 궁극적으로 다른 사람들과의 관계 속에서만 가능하다.

인간은 역사적, 문화적 전통을 지닌 사회 속에서 다른 사람들과의 상호 작용을 통해서만 인간다운 삶을 영위할 수 있다. 그러므로 한 인간이 성숙한 인간이 된다는 것도 사회, 즉 다른 사람들과의 관계를 떠나서는 생각할 수 없다. 성숙한 인간이란 공동체 의식을 가진 인간으로서, 공동체 의식에 기초해서 윤리적 판단을 하고 행동하며, 삶의 목표도 그것을 기반으로 해서 설정되기 때문에 자아 실현을 위해서는 공동체 의식을 함양하는 교육이 무엇보다도 중요하다.

3. 실존적 존재로서의 인간

실존 철학에 의하면, 인간은 절대 정신과 세계 정신의 계획대로 필연적으로 존재해야 하고 변증법에 의해 발전되어야 할 결정적 존재가 아니고, 시간과 공간 속에서 스스로 존재해야 할 현실적이며 우연적인 존재이다. 사르트르는 실존은 본질에 앞선다고 말함으로써, 인간은 출생 후 현실 사회에서 살면서 스스로 인간으로서 형성되어지는 존재임을 밝히고 있다. 따라서 인간 됨은 오로지 자신의 선택이고 책임이다.

실존적 인간관은 전통적인 인간관에서의 인간보다 자유의 인간을 더 강조한다. 자유는 그 자체로서는 목적도 이상도 아니며, 다만 그것은 인간의 행동을 위한 가능성일 뿐이다. 자유의 인간은 주체적 인간이며, 비록 불안과 고독 속에 있다고 할지라도 스스로의 자유 의지에 의해 끊임없이 돌변하는 상황에 대처하면서 결단을 내리고 선택을 해야 하는 것이 인간 실존의 모습이다. 인간은 개별적 주체자로서만 머무르는 것이 아니라 자유에 따른 선택적 행동을 통해 역사와 문화를 재평가하고 창조해 가기 때문에 실존적 존재로서의 인간은 역사적 존재인 동시에 선택한 역사에 대해 책임을 지는 인격적 존재이다.

2 인간 교육의 목표

인간 교육은 과거 그리스의 시민 교육과 20세기 초 미국의 진보주의 교육 운동에서 그 근원을 찾을 수 있다. 우리 나라에서도 인간 교육은 교육 목표 설정에서 가장 중요한 부분을 차지하여 왔고 또 그 방안들도 이론적으로 제시되어 왔으나, 학교 현장에서의 교수-학습 활동과는 밀착되지 못하고 있는 실정이다. 따라서 도덕성을 함양하여 학생들을 인격체로 만들고, 민주 시민의 자질 및 전인적 능력을 계발해 궁극적으로 자아 실현으로 이르게 하는 인간 교육은 교육의 본질적 측면이라고 하겠다.

1. 도덕성 함양

최근 우리 사회에는 도덕성 붕괴에 대한 위기 의식이 만연되어 왔다. 이는 도덕성 함양이 우리 사회의 최우선 과제가 되고 있음을 의미한다. 인간 교육을 '도덕성을 바탕으로 교양과 능력을 겸비한 인간을 기르는 교육'이라고 정의한다면, 학교 인간 교육의 우선적인 목표는 도덕성을 갖춘 사람을 기르는데 있다고 할 수 있다.

(1) 도덕성 교육의 형식

도덕성 교육의 전통적인 접근 방법은 덕목 접근법(bag of virtues)

과 권위 존중법(respect for authority approach), 그리고 사회 적응법(social adjustment approach) 등으로 나누어진다. 덕목 접근법은 어떤 사회에서나 바람직하게 받아들여지는 개인의 특성에 관한 문화적 합의(cultural consensus)가 있게 마련이고, 또한 교육자가 학교에서 그것을 교수하는 것이 교육의 일차적인 책임이라고 생각하는 것이다. 권위 존중법은 덕목 접근법과 유사한 점도 있으나, 기존의 권위나 규칙 또는 사회적 가치 등의 존중을 강조하는 것이다. 그리고 사회 적응법은 덕목이나 가치를 떠나서 정신 위생을 강조하여 학생들을 사회에 잘 적응시키려는 것인데, 최근의 접근법으로는 정신 분석학적(psychoanalytic) 접근, 행태주의적(behavioral) 접근, 인간주의적(humanistic) 접근, 인지 발달적(cognitive-developmental) 접근 등이 있다.

전통적으로 도덕성 교육의 관심은 학생들에게 바람직한 덕목들을 내면화하여 '유덕(有德)한 인격을 갖춘 사람'을 기르는 것이었다. 여기에서의 도덕성이란 도덕을 따르고 지키려는 심성을 말하는데, 이는 정치·경제·사회·문화 등 모든 분야의 발전에 직접적이고 궁극적인 영향을 미친다. 하지만 도덕성 함양을 위한 교육은 그리 쉬운 일이 아니다. 왜냐하면, 교육은 무엇인가 명확하게 규정된 일련의 문제와 그에 대한 대답이 있어야 함을 요구하는데, 이러한 요구가 도덕 교육 활동에서는 충족되지 못하고 있기 때문이다. 그리하여 도덕 교육은 학교의 정당한 교육 활동이 아닐 뿐만 아니라, 실제로 학교의 교육 활동에 위치해서는 안 된다는 '반도덕 교육론(反道德敎育論)'까지 등장하기에 이르렀다.[2]

그러나, 현대 사회에 있어서 아무리 원칙과 가치에 대한 우리의 일반적인 사유가 위기에 봉착해 있다고 하더라도, 인간이면 누구나 자

2. Barry Chazan, *Contemporary Approach to Moral Education*, TCP (1985), pp.91~92.

신의 도덕적 판단이나 행동이 지니는 의미나 정당화에 대해 어떤 이해를 가져야만 한다. 도덕성 교육은 그러한 인간을 육성하는 일과 깊은 관련을 갖는 바, 앞에서 지적한 내적 요인으로서의 회의론을 극복하고, 외적 요인으로서 현대 사회의 도덕적 불감증을 치유해야 할 막중한 과제를 안고 있다고 하겠다.

도덕성 교육은 프랑케나(W. K. Frankena)의 말대로 두 가지의 형식으로 구분된다고 할 수 있다. 하나는 학생들로 하여금 일반적 도덕 원리들을 획득하도록 하는 것이며, 다른 하나는 학생들이 도덕 원리에 관한 학습을 통하여 획득한 지식과 실제적인 행위가 일치하도록 보장하는 것이다.[3] 이를 위해 도덕성 교육에서는, 학생들이 어떤 도덕 원리에 따라 행위하려는 경향을 가지도록 도와주어야 한다.

흔히 도덕으로부터 해방되기를 바라는 무의식의 힘보다는 도덕적 원칙을 지키도록 만드는 힘이 더 강할 때 사람들은 도덕적으로 행동한다고 말한다. 이는 사람들을 도덕적으로 행동하게 만들 어떤 새로운 원동력이 필요함을 강조하는 말이라고 하겠다. 사람들을 도덕적으로 행동하도록 만들 수 있는 원동력은 도덕적인 행동이 자기 자신을 위한 행동이라는 이성적 신념이다. 사람들은 누구나 자신의 도덕적 행동이 자기의 행복을 위해서 필수적이라는 신념이 확고할 때 자연히 도덕적으로 행동하게 될 것이고, 이러한 의미에서 개인의 이기적인 행동이 공동선을 창출하는 상황이 가장 바람직하다고 하겠다.

따라서 그러한 상황을 조성하기 위해서는 도덕 규범의 보편적 준수를 보장할 수 있는 사회적 신뢰의 풍토가 중요하다고 할 수 있다. 왜냐하면, 공정한 게임(game)의 룰(rule)이 무시되고 지도층이 부패해

---

3. W. K. Frankena, "Toward a Philosophy of Moral Education", in Scheffler, I., *Philosophy and Education, Mass*(Allyn and Bacon, 1966), p.229.

있는 여건하에서 일부의 사람들만이 도덕 규범을 준수한다면, 도덕적인 행동을 하는 사람들이 결과적으로 손해를 보아, 다같이 도덕 규범을 존중하고 준수하는 사회적 분위기를 조성하는데 실패할 것이기 때문이다.

우리는 일상 생활에서 도덕적 사태(또는 가치 갈등 상황)에 직면할 때 어떠한 판단을 내려야 할지 고민하게 되는 경우가 적지 않다. 그러한 고민의 원천은 일반적으로 두 가지로 요약할 수 있는데, 하나는 우리 자신이 이미 가지고 있는 도덕률간의 갈등에서 비롯되는 경우이고, 다른 하나는 이미 가지고 있는 자신의 도덕률을 새로운 상황에 적용할 때 발생하는 경우이다.

위와 같은 모든 경우에 있어서 우리의 일차적 관심은, 어떤 행위자가 특정 상황에서 어떻게 행동해야 도덕적으로 옳은 행위가 되며, 그가 도덕적으로 마땅히 해야 할 바가 무엇인가를 우리가 어떻게 결정할 수 있고 결정해야 하는가 이다. 대부분 우리는 평소에 우리가 내리는 판단의 저변에 어떤 일반적인 원리가 존재하는지의 여부에 관하여 심각하게 고민하지 않고 도덕적 판단을 내리지만, 그러한 고민이 발생하는 경우, 그것을 해결해 줄 수 있는 보편적인 도덕 원리가 존재하는지? 만약 존재한다면 그러한 도덕 원리가 무엇인지? 등과 같은 의문을 갖게 된다. 왜냐하면, 보편적인 도덕 원리는 우리가 일상적인 도덕적 사태에 직면했을 때 우리의 도덕 판단에 관한 갈등을 많이 해소시켜 주기 때문이다.

그러나 보편적인 도덕 원리가 주어진다고 하더라도 아직 의문은 남게 되는데, 그 의문은 의무와 자기 이익 사이의 갈등에서 비롯된다. 만약 우리가 '자아 만족'이 모든 인간 행위의 최종적인 목적이라거나 '쾌락 원칙'이 모든 사람들에게 있어서 기본적인 동인이라는 인식에 빠져 있다면, 우리는 적어도 자기 자신의 범주 내에서는 도덕 원리로 인해 내면적인 갈등을 겪지 않을 수 있다.

그렇지만 도덕적인 문제는 인간 사회가 도덕적 사회이기 때문에 발생하는 것이며, 인간 사회가 도덕적인 사회인 것은 자유 의지를 가지고 합리적으로 판단할 수 있는 사람들이 그러한 자유를 향유하면서 하나의 집단 사회를 형성하며 살아가기를 원하기 때문이다. 다시 말해서, 도덕적 인간이 도덕적 사회를 만들며, 도덕적 인간이기 때문에 도덕적인 문제가 생기지 않을 수 없다는 것이다.

물론 인간 상호 간에는 갈등이 야기되는 것이 불가피하다. 따라서 객관적으로 미리 주어진 어떤 보편적인 도덕 원리가 존재한다고 하더라도, 도덕적 의무와 우리 자신의 이익 사이에서 갈등이 생길 때, 우리는 도덕적 의무를 따라야만 하는가? 또는 우리는 옳은 바를 행하여야만 하는가? 그리고 우리는 그 옳은 바를 어떻게 알 수 있는가? 라는 본질적인 의문이 여전히 남게 된다. 이 의문은 도덕 판단의 정당화를 요구하는 의문이다.

이러한 도덕적 판단의 정당화에 관한 문제는 개인적인 측면에서도 중요한 의미를 함축하고 있다. 정당화를 시도하는 것은 그것이 성공적이든 그렇지 못하든 간에 그 인간의 행위를 윤리성의 영역에 갖다 놓기에 충분하다. 반면에 어떤 사람이 자기가 하고 있는 일에 대하여 어떠한 정당화도 제시할 수 없을 때, 그가 하는 행동이 비록 관습적인 도덕 원칙에 부합된다고 하더라도, 우리는 윤리적 기준에 따라서 살고 있다는 그의 주장을 거부할 수 있다.

그러한 점에서 도덕적 판단의 정당화 논의는 우리에게 도덕성 교육에 대한 이론적 기초를 제공할 수 있다. 교육이 교육받는 사람들의 의식과 자율성을 전제로 지식과 이해, 그리고 지적 안목을 길러주는 일이라고 볼 때, "우리는 왜 옳은 바를 행하여야만 하는가?", 또한 "우리는 어떻게 그 옳은 바를 알게 되는가?"를 분명하게 밝히지 못한다면, 도덕성 교육에서 추구하고자 하는 도덕적 지식과 이해, 그리고 도덕에 관한 지적 안목의 내용과 성격을 정립하는 것은 어렵다.

(2) 도덕성 교육의 목표

도덕성 교육은 궁극적으로 도덕적 행위자를 육성하려는데 목적이 있다. 도덕적 행위자는 도덕적 기준에 따라 사고할 수 있고, 그에 입각하여 결정·행동할 수 있는 사람을 말한다. 또한 도덕성 교육은 도덕적 기준에 따라 도덕적 판단을 내릴 수 있는 능력의 육성과 더불어 자신의 도덕적 판단의 근거가 되고 있는 기준을 정당화할 수 있는 능력을 육성해야 한다. 자신의 도덕적 판단에 대한 정당화가 가능할 때 비로소 그는 자신의 도덕적 판단에 대해 확고한 신념을 가질 수 있고, 그것을 행동으로 전이하려는 강한 의지를 가질 수 있게 된다.

도덕성 교육의 목적이 도덕적 사고를 하는 행위자를 육성하는 것이라고 한다면, 도덕적 사고는 합리적인 도덕적 추론의 과정을 필요로 한다. 또한 합리적인 도덕적 추론의 과정은 옳음의 기준을 상정하는데, 그 기준은 도덕적 판단의 정당화의 최소 요건을 충족시킨다. 그러한 최소 요건을 충족시키는 것이 가장 정당화에 근접한 도덕적 판단이며, 선택의 자의성을 최소화시킨 판단이라고 할 수 있다. 도덕적 관점이란 바로 그러한 도덕적 판단을 내릴 수 있는 지적 안목을 의미하는데, 이는 도덕성 교육을 통해서 달성되어야 할 목표로 규정될 수 있다.

다시 말해서, 도덕성 교육의 목표는 도덕적 관점에서 판단을 내릴 수 있는 능력과 성향을 육성하는 것이라고 말할 수 있다. 그렇다면 도덕적 관점의 구체적인 구성 요소는 무엇인가?

첫째는 도덕 원리에 입각한 판단이어야 한다는 점인데, 이를 위해서는 도덕적 사태를 인지할 수 있는 도덕적 민감성과 그 사태와 관련된 도덕적 규범을 포함한 다양한 도덕 규범들에 대한 이해가 선행되어야 한다.

둘째는 사실의 고려에 입각한 판단이어야 한다는 점인데, 이는 도덕적 사태와 관련된 사실들의 확인뿐만 아니라, 대안을 모색하고 그 대안의 결과를 예측하는 것까지를 포함한다.

셋째는 보편화와 행동으로의 전이 의향을 함축한 판단이어야만 한다는 점인데, 이는 자신의 판단을 보편화시킬 용의가 있고, 더 나아가 자신의 판단을 행동으로 옮기려는 강한 의지가 내포된 판단을 의미한다.

(3) 도덕성 교육의 방향

상기한 도덕적 관점의 형성과 관련하여 도덕성 교육은 어떠한 방향으로 개선과 보완이 이루어져야 할 것인가? 교육 과정상 지금까지는 도덕성 교육의 목표를 '도덕성'이라는 애매한 개념에서 그 근거를 찾으려 하였기 때문에 교과 성격이나 목표 설정에서 혼란이 초래되었다. 따라서 앞으로는 도덕성 교육의 목표를 보다 구체적인 개념인 '도덕적 관점의 형성'으로 설정함으로써 교과에 대한 오해나 논란의 소지를 불식시킬 필요가 있다.

먼저, 교사의 측면에서 살펴보면, 도덕성 교육을 하는 교사는 최소한 다음과 같은 두 가지의 요소를 갖추어야 한다.

첫째는 도덕성 교육의 이론과 기능(skill)의 숙달이다. 단지 이론만을 아는 교사는 무엇을 가르쳐야 하는지를 알지만, 그것을 어떻게 가르칠 것인지를 모른다. 또한, 기능만을 아는 교사는 특수한 수업 방법을 알지는 모르지만, 언제 어떻게 그것을 적용시킬지를 모른다. 따라서 도덕성 교육을 하는 교사는 적어도 도덕성 교육의 성격에 관한 올바른 이해와 도덕성 교육의 목표라고 할 수 있는 도덕적 관점의 내용을 숙지하고 그에 대한 이론적 배경을 폭넓게 공부해야 하는 동시에, 교수 - 학습 방법에 관한 연구도 게을리 해서는 안 된다.

둘째는 도덕성 교육을 하는 교사는 학생들의 단계를 뛰어넘는 도덕적 추론 능력을 갖추어야 한다는 점인데, 교사는 최소한 학생들의 도덕적 판단 발달 단계보다 한 단계 위에 있어야 한다.

다음, 수업의 측면에서 살펴보면, 모든 도덕성 교육 교수-학습 활동은 도덕적 사고의 함양과 행동에의 전이 의향을 제고하는 데 핵심이 두어져야 한다. 그러기 위해서는 도덕적 추론을 도덕적 사고를 위한 발판으로 인식함으로써 도덕성 교육의 본래적 성격이나 목표에서 벗어나지 않아야 하며, '현실의 도덕성 교육화'를 위한 수업의 현실화가 필요하다. 따라서 교과서에 국한하지 않고 시의 적절하게 학생들의 관심 대상이 되는 내용을 투입하는 것이 필요하다. 그리고, 도덕적 원리에 대한 추론의 과정에서 도덕적 사고뿐만 아니라, 행동으로의 전이 의지를 강조함으로써 지식과 행동이 일치되도록 노력해야 한다. 왜냐하면, 본질적으로 도덕성은 그 자체가 하나의 행동이지 행위에 적용될 수 있는 지식은 아니기 때문이다. 다시 말해서, 도덕성은 '앎'이 아니라 '행함'인 것이다.

인간은 누구나 자신의 도덕적 판단이 갖는 의미나 정당화에 대해 어떤 이해를 가져야만 한다. 이러한 의미에서 인간 교육의 목표는 '도덕성'이라는 애매 모호한 개념에서 탈피하여 '도덕적 관점의 형성'이라는 분명한 개념에 두어지는 것이 바람직할 것이다. 따라서 도덕성 교육은 그러한 인간을 육성하는 일과 밀접한 관련을 맺고 있다고 할 수 있는데, 인간 교육의 일환으로 가치(관) 교육이 바르게 실시되어야 한다. 왜냐하면, 현대 국가의 미래는 궁극적으로 자라나는 세대들의 도덕성 여부에 달려 있다고 말해도 과언은 아닐 것이기 때문이다.

2. 민주 시민성 육성

인간 교육에 있어서 또 하나 중요한 것은 민주 시민으로서의 자질을 함양하는 것이다. 사회는 많은 사람들이 더불어 살아야 하는 생활의 터전이기 때문에, 민주 사회의 시민으로서 지녀야 할 기본적 자질을 육성하는 것은 인간 교육의 당연한 목표가 된다. 또한 시민성의 육성은 우리의 민주 정치 발전을 위해서도 반드시 다루어져야 할 교육적 프로그램이다. 그 동안 우리 나라의 민주 발전을 저해하여 왔던 부정적인 요소는 민주주의의 이념과 정신에 대한 무지나 몰이해에서 생겨났다고 하기보다는, 오히려 그에 관한 가치의 내면화, 즉 가치 · 태도의 수용 및 그에 따른 행동화가 제대로 이루어지지 못한 점에서 비롯되는 경우가 많았다. 따라서 인간 교육에서는 학생들이 시민 능력(civic competence or good citizenship)을 갖도록 특별히 교육시킬 필요가 있다.

(1) 민주 시민 교육의 성격

우리 나라에서는 민주 시민 교육이 정치적 교화와 동일시될 것을 우려하는 입장 때문에, 민주 시민 교육이라는 용어를 사용하는 것이 금기시(禁忌視)되거나 잘못된 것이라고 여겨져 온 측면이 없지 않다. 그러나 나라와 사회의 건전한 자전(自轉)을 가능하게 할 공동체 경영의 새로운 철학과 방법은 항상 모든 사람들의 공통된 관심사였다. 또한 정치 공동체의 존속과 발전을 위해 그 구성원들에게 사회의 기본적 가치와 신념 체계를 가르쳐 주는 민주 시민 교육은 인간의 사회생활과 더불어 어디에서나 있어 왔다.

민주 시민 교육은 우리가 추구하여야 할 이상은 무엇이고, 이의 실현을 위한 제도와 그 운영 원리는 어떤 것이며, 사회 공동체의 구성원들은 어떠한 가치와 태도를 지녀야 할 것인가 라는 문제와 관련된 사회 철학적 논의를 바탕으로 하여 이루어져야 한다. 또한 민주 시민 교육에 있어서는 우리의 사회 현실에 대한 과학적 이해가 전제되어야 한다. 왜냐하면 인간의 사회적 행동에 대한 객관적 이해가 없이는 철학적 논의가 의미를 지닐 수 없고 또한 가능하지도 않을 것이기 때문

이다.[4]

민주 시민 교육은 모든 사회의 주된 관심사이다. 이는 민주 시민 교육이 사회 기구 및 사회 제도에 대한 정당한 평가와 사회적 결정 등에 관한 지성적 논의의 교육이며, 동시에 합리적인 방법으로 사회 활동에 능동적으로 참여하는 민주 시민을 기르기 위한 교육임을 뜻한다. 이렇게 볼 때, 민주 시민 교육에서는 국가 사회의 목적을 달성하기 위한 국가적 과제를 인식시키고, 이러한 과제를 해결하기 위한 능력과 태도를 강조하여야 할 것이다.

협동보다는 경쟁을 조장하고 봉사보다는 이기주의가 팽배해 있으며, 질서나 책임 의식보다는 단편적인 지식 위주의 교육에만 전념하고 있는 우리 사회의 실정을 고려해 볼 때, 협동 정신과 봉사 정신, 질서 및 책임 의식 등은 특히 초등학교에서부터 강조되어야 할 기본적 자질이다.

그리고 우리 사회에서 무엇보다도 강조되어야 할 기본적 시민성으로는 정직, 다른 사람에 대한 고려, 권위의 존중, 공동체에 대한 충성 등을 들 수 있다. 먼저, 수단적 합리성과 이기주의 및 편의주의가 지배적인 현대 사회에 비추어 볼 때, 정직하고 다른 사람을 고려하도록 학생을 훈련, 교육시킬 필요성은 점점 더 커지고 있다. 따라서 민주 시민 교육을 통해 타인에 대한 행동 성향을 길러주는 일에 관심을 갖지 않으면 안 될 것이다. 그러나 이것은 사회적 분위기와 풍토, 즉 교육 외적 여건의 개선이 없이는 큰 성과를 기대할 수 없을 것이다.

다음으로, 권위의 존중 및 공동체에 대한 충성은 모든 사회의 존속과 발전에 필수적이라고 할 수 있다. 권위주의는 비난받아 마땅하지만 권위만큼은 반드시 존중되어야 한다. 최근 우리 사회의 일각에서 보여지는 바와 같이, 만약 일체의 권위가 붕괴된다면 그것은 곧 사회

4. 한국사회과교육연구회, *사회과교육 제22호*(1989), pp.183~185.

의 해체를 가져올 것이다. 따라서 민주 시민 교육을 통해 국가 사회의 안정과 발전을 이룩하고자 한다면, 권위에 복종하는 습관과 공동체에 대한 일체감을 길러주는 것은 중요한 인간 교육적 과제로 등장하게 된다.

(2) 민주 시민 교육의 방법

해방 이후 지금까지 우리 나라의 민주 시민 교육은 민주주의의 이론과 지식을 가르치는 데에는 부족함이 없었다. 그러나 지난 반세기 동안의 우리의 민주 시민 교육은 결코 성공적이라고 할 수 없다. 왜냐하면 그 동안 우리는 이론과 지식으로만 민주 시민 교육을 해왔을 뿐 학생들에게 살아 있는 체험을 주지는 못했기 때문이다. 따라서 이제는 민주적 가치와 그것의 실현을 위해서 체험을 가르치는 일이 민주 시민 교육의 중심이 되어야 할 것이다.

민주 시민 교육에서 체험을 제공하고 가르치는 일은 그리 어려운 일만은 아니다. 여러 가지 체험 중에서도 사회 규범을 잘 지키는 것은 가장 중요한 체험이다. 예를 들어, 현재의 학교 상황에서 규정대로 학교의 모든 교육 활동이 영위될 수 있다면, 이는 아마도 가장 효과적인 민주 시민 교육의 방법이 될 것이다.

현대 사회의 비인간화 현상은 생명 경시 풍조, 인간 소외, 공동체 의식의 결여, 이기주의의 만연 등으로 나타나고 있다. 따라서 학교에서는 인간 교육을 통해 학생들로 하여금 인간의 존엄성을 이해하도록 하여야 한다. 또한 인간은 이성을 가진 존재로서 목적과 가치의 세계를 추구하는 존재이며, 자유 의지에 의해 삶을 선택할 수 있는 귀중한 존재라는 인식을 심어 주어야 한다. 왜냐하면, 학생들이 인간으로서의 존엄과 가치가 존중되어야 한다는 것을 아는 것은 민주적 인성 발달에 결정적인 영향을 미치기 때문이다.

매닝(Duane Manning)이 지적한 인간적인 학교의 특징을 보면 인간 교육의 목표를 분명히 알 수 있는데, 그에 의하면, 인간적인 학교는 학생들로 하여금 높은 지력을 달성하게 하기 위하여 운영되는 학교이며, 창조성을 기르기 위하여 새로운 시도를 하는 학교이다. 또한 인간적인 학교는 생활을 반성하고 자율성을 기르는 것에 주된 관심을 갖고, 학생들의 인격 형성에 힘쓰며, 도덕적으로 바람직한 환경을 유지하려고 노력한다.

민주주의는 행동을 통해서 배워야 한다. 초등학교에서 중학교까지의 학생들은 사회적 기대와 사회적 압력에 의해 형성되는 인성적 특징을 갖고 있다. 따라서 민주 시민성의 함양은 동일시와 같은 강화를 통한 사회화 촉진에 관심을 두고 실시되어야 한다. 동일시에 의한 사회화 촉진의 심리 기제는 타인의 행동 성향에 비추어 자기의 행동을 결정하거나 반복하도록 한다. 또한 자기 관여에 의한 동일시는 민주적 가치와 태도 및 행동 형태를 자기의 것으로 인식하도록 하고, 자발적으로 이러한 행동을 취하게 한다. 결국 동일시는 다른 사람이 생활에 필요한 훌륭한 것들을 지녔다는 것에 대한 선망을 기초로 해서 일어난다. 즉 타인이 자기에게는 부족한 어떤 이상적인 것을 가지고 있을 때, 이를 선망하고 동일시함으로써 그의 가치를 받아들이게 되는 것이다.

동일시는 동일시 대상과의 유사성에 의해서도 일어나며, 생활에 필요한 통제력에 의해서도 발생하는 만큼, 엄격히 교칙을 운영하고 교사들이 절제 있는 생활 태도를 수범적으로 보여줌으로써 학생들의 규칙적인 생활 습관을 형성할 수 있다. 학교 생활이 민주적 절차에 따라 이루어지고, 이를 실천하는 기회를 경험하는 과정에서 학생들은 인간의 가치를 깨닫게 되고, 이웃에 대한 신뢰감도 갖게 된다. 특히 초등학교 고학년에서부터 중학교 단계에서는 교사, 학교 운영 제도, 규칙 등이 학생들의 민주적 시민성 육성에 중요한 역할을 한다.

그리고 고등학교 단계에서는 시민으로서의 기초를 다지기 위한 사고력, 창의력, 문제 해결력 등의 신장을 위한 교육 활동이 전개되어야 한다. 특히 세계화 시대에 대비하여 자기의 역할을 해낼 수 있도록 세계화에 대한 정보를 충분히 제공하고, 지구 공동체의 중요 과제인 환경, 기아, 질병, 세계 평화 등에 대한 토론의 시간을 충분히 갖도록 배려하여야 할 것이다. 학생들은 토론 과정을 통해 학습 경험을 공유함으로써 스스로 시민으로서의 바람직한 태도를 갖게 된다.

또한 학생들의 민주적 태도 형성을 도와주기 위해서는 많은 실증적 정보와 자료를 제공하는 것이 중요하다. 그리고 정보의 내용은 학생들의 인지 구조와 신념 체계 형성에 직접적인 영향을 주는 요인임으로 소재 선정에 신중을 기해야 한다. 그러나 민주 시민 교육은 인지적 접근 방법에만 의존할 수 있는 것이 아니다. 모든 사회적 행동은 감정을 수반함으로 감정을 움직일 수 있는 영상 자료를 이용하거나 자기의 생각을 발표시키는 등의 행동적 접근 방법도 사용하여야 할 것이다.

한편, 뉴만(F. M. Newman)은 자유 민주주의에서 필요한 시민성을 육성하기 위한 접근 방법들을 제시하면서, 그것들은 상호 배타적인 것이 아니라 프로그램에 따라서는 병용될 수 있다고 보고 있다. 그 접근 방법들은 다음과 같다.[5]

① 역사나 제 사회과학의 학문 연구에 기초하여 제반 사회 현상에 관한 사실, 개념, 일반화 지식을 가르치는 학문적 접근.

② 법률이나 행정 제도의 연구, 또는 법적인 수속에 필요한 기본 사항을 가르치는 등의 법률에 관련된 영역에의 교육적 접근.

③ 전쟁, 범죄, 차별, 빈곤 등 현재 혹은 미래의 중요한 사회 문제들에 초점을 두는 접근.

④ 사회 문제에 대한 비판적인 사고의 기능을 중요시하는 접근.

⑤ 자기의 궁극적인 가치를 분명히 하며, 개인적, 사회적인 스트레스를

---

5. F. M. Newman, "Priorities for the Future: Toward a Common Agenda", in *Social Education*(1986), pp.240~250.

해소하는 가치 명료화의 접근.

⑥ 보다 낮은 차원인 관습적인 단계로부터 보다 높은 차원의 도덕적인 통찰에 기초를 둔 원리적인 형식으로 발달하는 것으로서 콜버그의 도덕성 발달 접근.

⑦ 지역 사회에의 관여와 참가를 통한 행동에 의한 학습이나 경험 학습을 중요시하는 접근.

⑧ 학교의 구조나 일반적인 학교 생활의 양식이 공민 교육에 보다 큰 영향을 미친다고 보면서, 학교의 제도적 개혁이나 잠재적인 교육 과정을 중요시하는 접근.

(3) 민주적 가치의 내면화(內面化)

가치 다원주의의 관점에서 민주적 가치의 내면화는 우리가 목표로 하는 민주 발전을 위해 중요한 과제인데, 이는 정치 · 경제 · 사회 발전의 일환으로서의 외형적 · 물질적 발전과 함께, 대다수의 사람들이 민주주의의 근본 이념과 보편적 가치를 내면화하고 민주 시민으로서의 자세를 지니도록 하는 것이다. 또한 민주적 가치가 내면화된다는 것은 단순히 사람들이 민주주의의 제 가치를 알거나 느끼게 되는 것이 아니라, 마음과 몸으로 흡수하는 것, 즉 자기 자신의 것으로 채용하고 신념화하여, 그에 따라 자기의 일상 행동을 통제할 수 있는 힘을 갖게 되는 것을 뜻한다. 인간 교육에서 이러한 가치 교육이 차질 없이 수행되어 가치의 다원화가 우리 사회에 뿌리를 내리게 된다면 우리나라 민주주의의 장래는 밝을 것이다.

인간 교육의 중요한 목표들 가운데 하나는 시민성 육성의 질을 개선할 프로그램을 공식화하고 돕는 것이다. 그러므로 시민성을 육성하기 위한 올바른 인간 교육은 다음과 같은 중요한 영역에 있어서의 교육을 수반해야 한다.[6]

---

6. Mary J. Turner, "Civic Education in the United States", in *Political Education in Flux*(SAGE Publication Ltd, 1981), pp.72~73.

① 사회적 결정에 관한 정보를 획득하고 처리하는 능력.

② 사회적 상황, 쟁점, 결정, 그리고 정책에 있어서의 자기의 관여를 평가하는 능력.

③ 사회 문제들에 관하여 합리적인 결정을 내리는 능력.

④ 정의, 윤리, 도덕성, 그리고 사람, 제도, 정책 등에 대하여 판단을 내릴 실천성과 같은 기준들을 사용하고 발전시키는 능력.

⑤ 다른 사람들과 생각을 교환하는 능력.

⑥ 집단이나 조직 내에서 목표를 달성하기 위해 다른 사람들과 함께 일하고 협력하는 능력.

⑦ 자기의 이익과 가치를 증진시키고 보호하기 위해 사회 제도들을 수용하면서 일하는 능력.

인간 교육의 목표로서 민주 시민 교육을 표방한 것은 그리스 및 로마 시대의 일로 결코 새로운 것이 아니다. 다만 제2차 세계 대전 이후 민주 시민 교육이 새로운 시각에서 강조되기 시작했을 뿐이다. 그것은 르네상스 이래 19세기에 이르기까지의 개성 존중을 강조한 개인주의 교육에 대한 반성으로서 나타났다고 볼 수 있다.

훌륭한 시민을 양성하기 위한 교육은 공교육의 목적으로서 가장 널리 인정되고 있는 것 중의 하나이다. 시민적 능력을 향상시키는 최선의 방법이 무엇인가에 대한 합의가 이루어진 것은 아니지만, 민주 시민 교육이 민주적 생활 방식의 계속성을 위해 매우 중요하다는 점은 어디에서나 인정되어 왔다. 이러한 점에서 민주 시민 교육은 어떤 심오한 학문적 요구에 응한다기보다는 국민이면 누구나 지녀야 할 기본적 소양을 강조하는 교육이 되어야 할 것이다.

모든 국가 사회는 그 사회의 기본적인 구조와 체제를 존속 · 발전시키기 위해 교육을 통하여 그 구성원들을 통제하여 왔다. 다만 사회를 보는 시각과 입장에 따라 민주 시민 교육에 대한 관점이 다양하게 변화하여 왔을 뿐이다. 즉, 어떤 사회이든지 그 사회의 질서를 유지하고 공동체적 삶의 이상을 실현하기 위하여 어떤 형태로든지 민주 시민 교육을 필요로 하였다. 문제는 민주 시민 교육이 어떠한 가치와 신념에 바탕을 두느냐 하는 것이었다.

민주 시민 교육에서 가르치고자 하는 내용은 지식과 경험이지만 인간의 삶은 사실만이 아니라 가치의 세계이기도 하기 때문에, 지식만으로는 사회 현상을 올바르게 설명할 수가 없고, 또한 그것만으로는 민주 시민 교육이 제대로 이루어질 수 없다.

따라서 민주 시민 교육에서는 인간이 어떠한 가치를 추구하고 있으며, 왜 그러한 가치를 추구하는가를 설명할 수 있는 체험적인 가치 교육이 전제되어야 한다. 만약 우리가 민주 시민 교육에서 체계적인 지식만을 가르치는데 집중하고 체험을 중심으로 한 가치 교육을 소홀히 한다면, 우리 사회가 요구하는 민주 시민으로서의 자질을 갖춘 인간을 육성하는 일은 기대하기 힘들 것이다.

그러므로 민주 시민 교육은 학생들로 하여금 사회 문화를 올바로 이해하고 참여하는 방법을 학습하게 하는 과정이 되어야 한다. 그러한 민주 시민 교육을 받음으로써 학생들은 사회 현상을 올바로 이해할 수 있는 지적 안목을 지니게 되어 도덕적 · 사회적 인간으로서의 자아를 실현할 수 있을 것이다.

제2장 자아 실현과 윤리

삶의 모든 단계와 과정이 다 중요하지만, 특히 청소년기에 자아(自我)를 발견하고 자기 자신을 정립하는 일은 매우 중요하다. 자기가 누구이며, 또한 어떤 역할을 하면서 살아가는 존재인지를 아는 것은 우리 인간의 삶에서 가장 기본적이고 중요한 일이다. 그것은 의존적이고 타율적이며 자기 중심적이었던 한 인간이 보다 자율적이고 독립적이며 주변 세계를 돌아볼 줄 아는 성숙한 인간으로 성장해 가는 가치있고 힘든 과정의 연속일 수 있다.

인간은 누구나 행복한 삶을 영위하고자 노력하지만, 모든 사람이 행복한 삶을 사는 것은 아니다. 행복한 삶은 자아와 윤리에 대한 올바른 이해가 없이는 불가능하다. 오늘날 개인의 자신에 대한 지각 및 그가 처한 상황에 대한 이해는 개인의 행동에 중요한 영향을 미치는 것으로 알려지고 있다.

또한 인간이 그 자신과 스스로의 세계를 보는 방식은 다른 사람들이 그를 어떻게 보는가에 달려 있으며, 그 자신의 성장에도 큰 영향을 미치는 것으로 인식되고 있다. 따라서 자아에 관한 이론들을 살펴보는 것은 인간의 행동을 올바로 이해하고 윤리 의식을 제고하는데 도움이 될 것이다.

1 자아 개념과 특징

인간은 깊은 사색과 고민을 통하여 인생의 의미를 깨닫고 옳고 그름을 판별하며, 주어진 사회적 상황과 여건 속에서 자신의 행동을 선택하는 어떤 원칙과 기준을 갖게 된다. 윤리적 자아는 자신이 선택한 가치에 대하여 헌신감(獻身感)과 일관성을 가지며, 여러 측면의 자아를 통합·지도하여 하나의 통일된 인격을 형성하는데 가장 중요한 역할을 한다.

1. 자아의 의미

우리가 살아가면서 경험하는 대부분의 어려움들은 자기 자신을 지각하는 방식 및 스스로를 포함하고 있는 세계를 보는 방식과 밀접히 관련되어 있다. 이는 인간의 행위를 결정하는 능동적 대행자로서의 개인의 지각을 강조한다고 할 수 있는데, 이러한 의미에서 개인이 지닌 자아는 개인적 세계의 중심이 되고 있으며, 개개인은 자신의 자아에 입각해서 사물을 관찰하고 해석하며 이해하고자 한다.

(1) 정신 분석학적 의미

우리는 오늘날 어느 때보다도 더 극심한 위기감과 불안 속에서 살고 있다. 인간이 무엇이냐는 물음은 이 물음을 묻는 사람이 아주 절박한 상황에 처하여 있을 때 발생한다. 흔히 사람들은 나는 누구이며, 내가 무엇이기에 이러한 고통을 당해야만 하느냐고 묻게 된다.

인간은 자기 자신의 본질에 대해서 묻는데, 이 물음은 자기 자신에 대해 무엇인가를 알기 때문에 가능하다. 다시 말해서 이 물음은 인간의 자기 의식, 자기 이해를 통하여 가능하다. 인간은 정신적으로 자기 자신을 소유하고 있으며, 자기 자신을 이해하고 있는 존재로서 자기를 안다.

프로이트(Sigmund Freud)는 인간의 정신 구조를 파악함으로써 사회에 대한 보편 타당한 진술을 도출하고자 하였다. 즉 프로이트는 인간의 정신 활동에 관한 이론을 발전시켜 이를 사회 문제에 적용하고자 하였다. 그에 의하면 의식은 논리의 영역이고 무의식은 통제하기 어려운 영역이다. 인간 이성의 힘은 자신의 비이성적 행위에 대한 이해를 가능하게 한다.

프로이트는 사회의 여러 가지 문제를 인간 존재에 내재(內在)되어 있는 문제와 동일시하였는데, 그의 정신 분석적 치료법은 생명력 침해 원인을 자아의 힘을 통해 해결할 수 있다는 희망에 기초하고 있다. 그는 인간의 정신 구조가 이드(id), 자아(ego), 초자아(super ego)의 3 부분으로 구성되었다고 보았는데, 그에 의하면 자아는 합리적, 현실적 원리에 입각해서 본능적인 충동(id)을 통제하는 행위의 통제자이며, 개인은 사회화 과정을 통해 자신의 자아를 발달시켜 나간다.[1]

또한 프로이트는 자아를 현실을 지각하고 사고하며 처리하는 심리적 과정으로 이해했다. 다시 말해서 정신 분석학적 측면에서는 자아를 과정으로서의 자아(ego as process)로 보는데, 이는 행위를 주관하는 주체로서의 자아를 강조하는 입장이다.

(2) 사회 심리학적 의미

사회 심리학적 측면에서는 자아를 대상으로서의 자아(self as object)로 보는데, 이는 사람들의 인식과 평가의 대상이 되는 객체로서

---

1. S. Freud, The ego and the id, in *The Standard Edition of the Complete Psychological works of Sigmund Freud*(London: The Hogarth Press and the Institute of Psychoanalysis, 1962), pp.40~63.

의 자아를 강조하는 입장이다. 다시 말해서 사회 심리학적 측면에서는 자아가 사회 생활의 산물로서 혹은 그 반영으로서 발생한다는 것을 강조한다.

사회 철학자인 쿨리(C. H. Cooley)는 주로 사회적인 관점에서 면경 자아 이론(looking glass self)과 원초 집단이라는 개념을 가지고 자아를 구명하려 하였다. 즉 그는 '거울에 비친 자아'라는 개념을 사용해서 자아를 설명하는데, 그에 의하면 개개인은 다른 사람들의 눈을 통해서 자신을 이해하며, 다른 사람들이 자신을 어떻게 판단하고 있는지를 스스로 이해함으로써 자기가 누구인지를 알게 된다.[2]

그리고 사회적 상호 작용의 중요성을 체계화시킨 심리학자 미드(G. H. Mead)는 자아를 'I'와 'ME'라는 두 국면 사이의 내면적 과정으로 보는데, 그에 의하면 자아 속의 'I'는 개인의 충동적이고 비조직적인 생활 경험으로 표현되는 반면에, 'ME'는 일반화된 개인에 의해서 만들어진 내면화된 개인을 의미한다. 다시 말해서 미드에 의하면, 자아 개념은 다른 사람들과의 사회적 상호 작용을 통하여 형성되는데, 이때 사회에 의해서 형성되는 개체와 스스로를 지배하는 독립적인 주체가 상호 작용함으로써 진정한 의미의 자아가 발달한다. 즉 그는 인격 형성의 원천으로서 사회적 상호 작용을 강조하였다.[3]

일반적으로 자아 개념은 한 인간이 자신의 능력, 개인적 특성, 적성, 흥미, 대인 관계, 외모 등에 대하여 갖는 이미지를 뜻하는데, 대부분의 경우 자신의 이미지를 비현실적으로 생각하는 경우가 많다. 따라서 학생들로 하여금 정확하고 현실적인 자신의 이미지를 형성할 수 있도록 진로 지도를 통하여 도와 줄 필요가 있다.

2. C. H. Cooley, *Human nature and the social order*(New York: Charles Scribner's Sons), pp.3~39.
3. G. H. Mead, *Mind, self and society*(Chicago: University of Chicago Press), pp.34~35.

(3) 현상학적 의미

자아를 대상으로서의 자아와 주체로서의 자아가 통합된 개념으로 보려는 입장이 현상학적 이론인데, 그러한 입장은 자아의 지각적인 측면을 강조하면서 자아를 자신에게 감지된 대상인 동시에 행동을 이끌어 가는 주체로 보았다. 인본주의 심리학자인 로저스(C. Rogers)는 현상학적 측면에서 자아 이론을 보다 포괄적으로 체계화시켰다.[4]

로저스는 유기체를 유지, 실현, 향상시키기 위한 인간의 기본적인 동기를 자아 개념과 관련시켰는데, 그에 의하면 인간의 그러한 성향은 타고난 것이며, 성장의 심리적인 요소들을 모두 포함한다. 자아는 인간이 성장함에 따라 발달하는데, 일단 자아가 발달하기 시작하면 자아 실현에의 경향이 나타난다. 로저스는 개인의 현실적 자아와 이상적 자아를 개념화하였는데, 그에 의하면 현실적 자아와 이상적 자아의 불일치는 개인으로 하여금 불안을 느끼게 한다.

자아 개념은 개인의 성격이나 행동에 중요한 영향을 미친다. 인간은 긍정적인 자아 개념을 가지게 되면 자신감을 갖고 행동할 수 있으나 부정적인 자아 개념을 가지게 되면 자기 행동에 자신감을 잃게 되고 자기 자신에 대해서 열등감을 갖게 된다. 즉 인간은 자신의 자아에 따라 행동하게 되는데, 자아에 대한 인식이 긍정적인 사람과 부정적인 사람은 세상을 보는 시각과 자신의 행동에 대한 지각이 서로 다르다.

따라서 우리는 우리 자신과 스스로의 행동을 이해하기 위해서 우리가 어떠한 자아 개념을 가지고 있는지를 정확히 파악해 볼 필요가 있다. 그리하여 부정적인 자아 개념을 가지고 있는 것이 발견되면 긍정적인 자아 개념을 발전시키도록 노력해야 한다. 왜냐하면 그래야만 원만하고 바람직한 인간 관계를 형성할 수 있기 때문이다.

---

4. C. R. Rogers, *Client-centered therapy*(Boston: Houghton Mifflin, 1951), pp.6~16.

2. 자아의 특성

인간 행동의 형성과 이해에 기여하는 변인 가운데 하나인 자아 개념의 특성에 대한 관심은 인간의 본질을 규명해 보려는 탐구가 시작되면서부터 발전되어 왔다. 자아 개념은 선천적이고 생득적인 것이 아니라 인간이 경험하는 세계, 즉 환경과의 상호 작용에 의해서 형성, 발달한다. 이러한 자아 개념을 올바로 이해하기 위해서는 자아가 어떠한 특성을 지니고 있는지를 알아 볼 필요가 있다.

(1) 자아의 조직성

로저스에 의하면 자아 개념은 자아 구조를 의미하는 것으로서 각성될 수 있는 자아 지각들의 조직된 틀을 말한다. 즉 자아 개념은 개인의 자신에 대한 지각이며 이러한 지각에 수반되는 가치 및 자신의 환경 속에서 중요한 타인과의 관계를 통해 형성되는 조직화된 상(image)이라는 것이다. 다시 말해서 자아 개념은 조직화되고 구조화되어 있으며, 각 개인은 주어진 환경 속에서 자신의 경험을 통해 얻은 자신에 대한 많은 정보를 몇 개의 범주로 구분하고 이 범주들을 서로 관련시켜 체계화한다.

일반적으로 자아는 조화와 질서에 기초한 안정성을 지니고 있다고 할 수 있다. 자아는 인성의 핵심을 이루고 있기 때문에 쉽게 변화되지 않는 안정성을 가지고 있다. 이러한 의미에서 자아는 비교적 영속적인 특성을 지닌다고 하겠다. 그러나 하위 또는 주변 차원의 자아는 안정성과 영속성이 그만큼 덜하다고 할 수 있다. 로우(C. M. Lowe)에 의하면 자아의 중심 부분에 있는 자아 개념은 변화에 매우 저항적인 반면, 핵심 부분 주변에 있는 자아 개념은 불안정한 상태에 있다. 이는 자신에 관한 믿음으로 견지하던 것을 쉽게 포기하는 사람이 있는가 하면,

그것을 소중히 간직하고자 애쓰는 사람이 있다는 사실을 보면 알 수 있다.[5]

전체 자아의 부분을 이루고 있는 각각의 자아 개념은 긍정적이거나 부정적인 그 자체의 가치를 지니고 있다. 즉 전체 체계 내에 있는 보다 작은 자아 개념들은 각각의 가치를 지니고 있다. 예를 들어 인디언이라는 자아 개념은 자아의 중심부에 매우 가까이 위치할 수 있으나, 그러한 자아 개념은 개개인의 경험에 의해 부정적인 가치로 받아들여질 수도 있다는 것이다.

자아의 조직에 있어서 또 다른 특징은 자아가 대단히 독특하다는 것이다. 사람의 지문과 마찬가지로, 자신에 대하여 일련의 동일한 믿음 체계를 견지하고 있는 사람은 오직 그 사람뿐이므로 결코 같은 두 사람이 있을 수 없다. 이러한 자아의 특성은 사람들 사이에서 무수히 다른 성격이 나타나는 원인이 되며, 의사 소통에 있어서의 문제점들을 설명하는데 도움이 된다.

(2) 자아의 역동성

자아는 인간이 그 자신에 관해 사실이라고 생각하는 믿음들의 복합적이고 역동적인 체계인데, 이러한 믿음은 가치와 부합된다. 자아에 관한 현대의 이론들이 가정하고 있는 가장 중요한 전제는, 지각된 자아를 유지하고 향상시키고자 하는 것이 모든 행동의 이면적 동기가 된다는 점이다.

인간의 동기는 자아를 유지하고, 보호하며, 고양시키고자 하는 노력의 소산이라고 할 수 있다. 다시 말해서 우리들 각자는 자신이 깨닫고 있는 자아를 유지, 보호, 고양시키기 위해 지속적인 노력을 하고 있다는 것이다. 만약 이것이 사실이라면, 경험은 자아에 적합하기 때문에

---

5. C. M. Lowe, The self-concept: Fact or artifact?, in *Psychol. Bull. 58.*, pp.325~326.

지각되는 것이며, 행동은 이러한 지각에 의해 결정된다.

(3) 자아의 편익성

자아는 인간의 기본적 준거 체제로서 개인의 지각의 장을 형성하는데 영향을 미치고 있다. 이러한 의미에서 현상적 자아는 개개인의 경험의 소산이며 동시에 어떠한 새로운 경험도 자신의 입장에 맞게 받아들일 수 있는 역할을 하고 있다. 즉 자아는 편익성을 지니고 있다고 할 수 있다.

따라서 모든 일은 개인이 지닌 자아에 바탕을 둔 개인적 입장에서 이해된다. 왜냐하면 인간은 자신이 의식하는 한도 내에서만 세상에 존재하기 때문이다. 모든 일은 개개인에게 어떤 관련을 맺는가에 따라 의미가 있을 수도 있고 의미가 없을 수도 있으며, 중요할 수도, 매력적일 수도, 가치 있는 일이 될 수도 있고 그렇지 않을 수도 있다. 인간은 세계와 그 세계가 지닌 의미를 자신을 보는 방법에 입각해서 평가한다.

사람들은 일반적으로 자신이 알고 있는 자아에 위배되는 것을 잘 받아들이려 하지 않는다. 또한 사람들은 그들의 개인적 판단과 나타난 결과 사이의 불일치를 해소함에 있어서 자신의 판단이 더 옳은 것처럼 생각한다. 많은 학생들이 학교에 잘 적응하지 못하는 이유도 학교가 자신이나 자신의 세계와는 동떨어진 일을 하는 것 같다고 생각하기 때문이다.

대개의 경우, 자아는 극도의 자기 보존 성향을 지닌다. 즉 자아는 변화에 저항하며 일관성을 유지하고자 애쓴다. 자아는 일관성과 조직화된 세계를 구축하기 위해 가능한 한 변화에 저항한다. 그러나 자아는 조건에 따라서는 변화할 수 있다.[6]

---

6. 안범희 역, *자아개념과 교육*(서울: 문음사, 1992), pp.26~35.

3. 자아 개념의 발달적 특징

자아 개념은 생득적인 것이 아니라 환경과의 상호 작용을 통해 형성, 발달한다. 인간은 자아 개념을 형성하기 위해 자신과 구별되는 다른 대상으로부터 자기 자신을 인식할 수 있어야 한다. 그리고 자신에 대한 다른 사람들의 평가를 자각할 수 있을 때 비로소 환경을 지각할 수 있다.

자아는 인간의 경험에 의해 형성된 독특한 개념이며, 인간의 행동에 강력한 영향을 미친다. 자아 개념은 기대 체계를 통하여 개인에게 내적 일관성을 갖도록 작용하며, 그가 현재 및 과거의 경험을 해석하는 것을 돕는다. 또한 자아 개념은 인간의 다른 바람직한 특성들과 정적인 관계가 있다. 자아 존중의 발달 및 유지와 관련하여 특히 중요한 것은 내면적인 언어와 자아 개념간의 관계이다.

자아 개념은 발달적이며 분화적인 특성을 지니고 있다. 유아기에는 자아와 환경이 분화되지 않지만, 성장하면서 경험이 증가됨에 따라 자아 개념은 점진적으로 분화, 발달되어 간다. 자아 개념은 한 개인이 성장함에 따라, 또한 그가 속한 환경과 자신에 대한 지각이 증가함에 따라 다면성을 보이면서 구조화된다.

인간은 여러 가지 환경 속에서 사회적 상호 작용을 통해 자신의 행동 방향을 결정한다. 자아 의식은 이러한 행동 방향을 결정하는 중요한 요소 중의 하나이다. 자아 개념은 선천적인 것이 아니라 주어진 환경 속에서 사람 또는 사물과의 상호 작용을 통해서 점차적으로 발달한다.

자아의 발달 과정은 구조화와 성장의 과정으로 나누어지는데, 자아의 발달은 구조화의 과정을 통해서 다시 체계화되며 창조의 과정을 경험하게 된다. 자아의 형성은 감각의 세계로부터 어떤 항구적인 것을 찾아내고자 하는 보편적인 인간의 욕구가 특별한 모습으로 나타나는 과정이라고 할 수 있다. 자아는 개인이 성장하면서 겪게 되는 경험의 축적을 통해서 생겨나고 수정된다.

자아는 인간이 자신의 환경이나 다른 사람들로부터 자기 자신을 구별함에 따라 서서히 발달한다. 대부분의 사람들의 경우, 생후 8개월이 지나면서부터 다른 사람을 확인하는 감각이 먼저 발달하고, 생후 3년간에는 생활의 장에서 자기에 대한 감각, 동일성, 자존심 등의 자아의식이 형성되며, 그 후 언어의 발달과 함께 자아 의식은 급속히 발달된다. 청소년기에는 직업이라든가 인생의 목표 선택 등과 같은 자기 고유의 새로운 측면이 자아 개념에 덧붙여진다.

자아 개념은 다른 사람들의 평가에 대한 지각을 통해서 형성되며, 한 시기에 갑자기 발달하는 것이 아니다. 개개인은 다양한 자아 개념을 소유하고 있으며, 자아 개념은 한 인간이 성장함에 따라 그 명확성의 정도를 달리한다. 또한 자아 개념의 발달은 인간이 태어나서 죽을 때까지 이루어진다. 특히 청소년기의 급작스런 신체적 성장과 인지적 발달은 자아 개념의 재구조화를 촉진한다. 청소년기는 자아 의식의 고양기이다. 청소년기의 자아 의식 발달 과정에서 나타나는 반항 현상(antagonism)은 자아 개념에 기초한 자기 주장의 표현 방식이라고 할 수 있다.

자아 개념의 발달에 따른 인간 행동의 변화는 연속성과 비연속성, 안정성과 불안정성이라는 두 가지 차원에서 설명될 수 있다. 자아 발달의 연속성과 비연속성이라는 차원은 행동의 질적인 변화 여부에 따라 설명된다. 연속성은 행동의 질적인 변화를 수반하지 않는 개념이고, 비연속성은 행동의 질적인 변화를 수반하는 개념이다. 예를 들어, 청소년기를 '질풍 노도'의 시기라고 한다면 이는 비연속성의 개념이다. 한편 자아 발달의 안정성과 불안정성이라는 차원은 개인차의 측정을 반영한다.[7]

---

7. *Ibid.*, pp.65~70.

4. 자아와 그 기능

자아 개념은 개인의 지각적 장의 중심에 위치하여 환경을 선택적으로 지각하고 경험을 해석하며 행동의 방향을 결정한다. 또한 자아 개념은 중요한 타인과의 상호 작용, 자신의 능력과 가치를 인정받을 수 있는 중요한 과제에서의 성패 경험과도 밀접히 관련된다. 인간은 자신의 현실적 자아의 잠재적 능력을 개발하여 그의 생활과 조화를 이루도록 자아를 활용한다.

(1) 자아와 사회

자아는 개별적인 것이지만 사회적 근원을 가지고 있다. 미드(G. H. Mead)는 자아의 사회적 근원을 강조하는데, 그에 의하면 자아는 근본적으로 사회적 구조이며 사회적 경험을 통하여 형성된다.[8] 설리반(H. S. Sullivan)도 자아의 발달을 언급할 때 사회적 영향을 강조하는데, 그의 '인간 상호 관계 개념'은 건전한 자아 발달을 중시한다.

설리반에 의하면, 자아는 '반사된 평가'로 이루어져 있다. 자아의 발달에 영향을 주는 최초의 경험은 자신의 환경 속에서 이루어진다. 어린이의 최초의 자아 평가는 다른 사람들이 자기를 어떻게 생각하고 느끼는가에 달려 있다. 즉 자아의 시작은 주위 사람들에 달려 있다고 할 수 있다.[9]

주위 사람들의 태도와 감정은 한 개인이 무엇이 일어나는가를 지각하고 의식적으로 깨닫기 전에 감정 이입의 과정을 통해 그에게 전달된다. 그리고 주위 사람들의 태도에 의해 형성된 경험들은 자아 속에

---

8. Mead, *op. cit.*, pp.36~37.
9. H. S. Sullivan, *Conceptions of modern psychiatry*(Washington, D. C.: William Alanson White Pstchiatric Foundations, 1947), p.53.

통합된다. 만일 어떤 사람의 자아를 형성하는 '반사된 평가'들이 경멸적이라면 그의 자신에 대한 태도도 역시 경멸적일 것이다. 다시 말해 주위 사람들의 지배적인 태도가 적대적이고 비난적이며 불만족스런 것이라면 사람들은 그런 태도로 세상을 대하게 될 것이다.

자신에 대한 태도와 타인에 대한 태도 사이에는 밀접한 상호 관계가 있다. 자기 자신을 존경하는 사람은 남도 존경할 수 있다. 만일 어떤 사람이 자신에 대해 진실된 태도를 갖는다면 그의 이러한 태도는 분명 타인에게도 나타날 것이다. 사람들은 스스로를 평가하는대로 평가를 받는 것은 아니지만, 자신을 평가하는대로 다른 사람들을 평가한다.

(2) 자아와 학습 과정

학습자들의 자아는 복잡하게 얽힌 주관적 체계이다. 학습 과정에서 야기되는 경험은 자아와 지속적으로 상호 작용을 한다. 학습자는 자아 체계를 계발하는 학교에서 그가 당면하는 것을 지각 · 판단 · 주장하고 수용하거나 거부한다. 자아의 건전한 발달 과정은 학습자가 새로운 경험, 자신의 능력에 대한 새로운 발견, 자신의 한계, 자기 자신과 타인과의 관계 등을 조화시키고 통합하는 지속적인 과정이다.

보편적으로 받아들여지고 있는 자아 개념의 한 측면은 자아 개념이 학습된다는 것이다. 인간은 이미 형성된 자아 개념을 가지고 태어나지 않는다. 인간은 자아 개념의 발달에 영향을 미칠 수 있는 어떤 특성을 가지고 태어날 수는 있으나 자아 개념은 학습 과정에서 실질적으로 발달한다. 따라서 자아 개념이 학습을 통해 발달되는 과정을 이해하는 것은 개인에 따라 자아 존중도가 다른 이유를 밝히는데 중요한 단서가 될 것이다.

자아 개념이 중요하다면, 그리고 자아 개념이 학습된 것이라면 그 학습 과정을 체계적으로 규명해 볼 필요가 있다. 인간의 학습에 관한 연구들로부터 일반화될 수 있는 두 가지 결론이 자아 개념의 발달을 이해하는데 도움을 줄 수 있다고 생각되는데, 그 하나는 인간 자신이 원하는 것을 얻을 수 있는 일을 하려는 경향이 있다는 것이고, 다른 하나는 인간은 모방과 관찰을 통해서 학습한다는 것이다.

자아 개념의 발달과 고양을 도울 수 있는 두 가지 학습 과정은 강화와 모방이다. 자기 강화는 학습 이론과 자아 개념을 연결시켜 주는 역할을 한다. 그리고 자아 존중의 학습은 자기 생활 속의 의미 있는 타인에 의해서 촉진될 수 있다.

(3) 자아의 근원

자아 존중은 소속감, 능력감, 가치감을 통하여 발달된다. 학교는 학생들이 자아를 발견하고 그들의 잠재력을 실현시키는 거대한 새로운 영역이다. 자아는 만들어지는 것이 아니라 획득하는 것이다. 자아는 타고난 능력과 성향에 따라, 그리고 삶의 경험에 따라 인간의 성장과 더불어 발달한다. 앞에서 살펴본 것처럼 자아의 발달은 다른 사람들과의 관계에 의해서 크게 영향을 받는다. 그리고 자아의 발달은 지각과 상상력, 가치와 책임에 대한 인식, 어떤 문제에 대한 찬·반 의사 등에 의해서도 영향을 받는다.

자아는 분화의 과정을 통해 발달한다. 인간은 그의 성숙 정도에 알맞는 자유와 학습 기회가 주어질 때 자기 발견을 위한 첫발을 내딛기 시작한다. 이때부터 인간은 그의 힘을 실험해 보고, 다른 사람들과의 관계를 탐구하며, 대인 관계의 정서적 한계를 실험해 본다.

상상력의 발달은 자아의 발달에 중요한 영향을 미친다. 상상력은 인간이 창의적이고 생산적인 일을 하는데 큰 도움이 된다. 인간은 상상력에 의해 자신의 약점과 한계를 극복할 수 있으며, 현실에서 당면한 문제를 회피할 수 있다. 인간은 상상력을 통해서 현실 세계에서 빠져 나올 수 있다.

(4) 자아의 유지

인간은 형성된 자아를 유지하고자 노력한다. 사람들은 옳거나 그르거나 자신에 관한 스스로의 개념과 태도에 따라 살아가려고 노력한다. 인간은 자신의 성격적 일관성을 유지하려고 노력한다. 자기 중심으로 세상을 보는 사람은 그가 제시한 평가에 상반되거나 일치되지 않는 것에는 저항할 가능성이 높다. 그는 자신의 자아 내에서 재인식되지 않는 한 어떠한 새로운 가치도 수용하지 않는다.

그러므로 자아는 성장, 변화하는 반면, 성장과 변화를 거부하기도 한다. 인간은 비록 잘못된 것이라 할지라도 자신의 자아를 보존하려 한다. 많은 방어 기제, 특히 자아 방어는 자아를 유지하기 위한 과정에서 발생된다.

학생들은 자신들의 자아에 대립되는 것을 학습해야만 할 때, 그 학습이 그들의 삶을 잠재적으로 개선시킬지라도 방어 상태에 돌입한다. 자신의 의견과 다른 것을 배우는 것은 곧 자아 개념의 수정과 변화를 의미하므로 고통스러운 일이다. 가장 가치 있는 학습은 가장 고통스럽다고 할 수 있다.

자신의 능력과 재능에 적합한 상태에서 자기 내면의 어떤 변화를 경험하게 되는 학습은 고통 없이도 이루어질 수 있을 뿐만 아니라 오히려 즐거울 수도 있다. 그러나 자신이 마음 속에 깊이 간직하고 있는 것을 포기해야만 하는 학습은 고통스러울 것이다. 따라서 만일 학교가 학생들의 자아 이해를 증진시키려 한다면 이는 학생들 입장에서는 고통스러운 경험이 될 것이다. 물론 교사들도 그러한 프로그램을 성공적으로 수행하기 위해 상당한 고민을 하게 된다.

(5) 자아 수용과 자아 거부

자아 개념은 정신 건강을 이해하는데 핵심적이라고 할 수 있는데,

정신이 건전한 사람은 그 자신에 대해 진실하며, 타인과 원만한 인간 관계를 맺을 수 있는 능력을 소유하게 된다. 그는 "네 이웃을 네 몸처럼 사랑하라"는 계율을 강제가 아닌 그의 생활 양식 원리로서 받아들이며, 동시에 자아에 대해 건전한 사랑을 지니고 있다. 자아 개념에 관한 이러한 진술은 대부분 자아 수용에 관한 것이다.

자아 수용은 정신 건강에 기본적이다. 자아 수용은 정신이 불건전한 상태인 자아 거부에 상대되는 말인데, 이는 독선이나 자만, 또는 스스로를 완전하다고 생각하는 것과는 다르다. 사실 자아를 수용하는 사람은 자신을 완전한 것으로 꾸미지 않는다. 오히려 자아를 수용하는 사람은 자신에게 완전하려는 충동을 느끼지 못하는 불완전한 사람일 수도 있다. 그는 스스로의 한계를 인식하고 자신의 능력 내에서 최선을 다한다.[10]

2 자아와 윤리

자아는 인간이 자신을 알고 있는 정도, 즉 그가 누구이며 무엇인가에 대한 개념으로 구성된 사고와 느낌들의 총체이다. 자아는 인간이 성장하면서 겪게 되는 경험에 의해 발달되고 수정된다. 자아는 성장과 자아 실현의 가능성을 지니고 있다. 자아는 보수적인 특성도 가지고 있지만, 자아의 가변성과 융통성은 윤리 의식 발달의 가장 큰 특징이라고 할 수 있다. 또한 자아 실현과 윤리 의식의 형성은 환경과도 밀접한 관련이 있다.

1. 자아 성장의 원천

인간은 태어나서 끊임없이 성장하며 변화한다. 한 개인의 자아가

---

10. 이재창, *자기성장과 인간관계*(서울: 한국가이던스, 1992), pp.38~39.

형성되는 데 있어 주된 영향을 미치는 것은 그의 신체적 용모, 내면적 언어, 의미 있는 타인 등이다. 다시 말해서 인간이 자신을 발견하기까지에는 많은 관계된 자극의 도움을 받게 되는데, 그 중 중요한 자극원(刺戟源)은 신체 영상, 언어의 발달, 의미 있는 타인의 영향, 적당한 성 역할 모형, 어린이 양육 방법 등이다.

(1) 신체 영상

감각적 지각을 통해서 이루어지는 신체 인식과 신체 영상은 자아 개념과 자아 정체감이 형성되는 핵심적 원천이다. 사람들은 주위 사람들이 바람직하지 않게 생각하는 특성을 가지게 되면, 자신에 대한 개념을 바람직하지 않게 형성하기 쉽다. 특히 인간의 신체적 용모는 자아 개념에 중요한 영향을 미친다. 만일 어떤 개인의 신체 및 신체적 능력이 정상적이지 못하다면 그의 자아 개념은 부정적인 영향을 받기가 쉽다. 일반적으로 신체 장애아는 신체 정상아보다 부정적인 자아 개념을 가지는 경우가 많다.

한 개인의 신체적 외모는 그의 능력과 관계 없이 자아 개념에 큰 영향을 미친다. 만일 어떤 사람이 그 사회에서 정상적이지 못한 것으로 인식되는 신체적 외모를 지니게 된다면, 그는 사회적 상호 작용을 통하여 그 사회가 그의 신체적 외모에 부여하는 것과 똑같은 부정적 의미로 자신을 볼 가능성이 크다.

신체적 외모와 자아 개념의 상관성에 관한 연구들에 의하면, 개개인의 신체적 외모는 세 가지 유형, 즉 세장형(linearity)과 근육형(muscularity), 그리고 비만형(corpularity)으로 분류된다. 그 연구 결과에 의하면, 세장형은 주위 사람들로부터 긍정적인 평가를 받기도 하고 부정적인 평가를 받기도 하며, 근육형은 긍정적인 평가를 받고 비만형은 부정적인 평가를 받는다.

만일 체형에 대한 사회적 평가가 신체적 특성에만 국한된다면, 그것은 자아의 손상을 초래하지 않을 수도 있다. 그러나 체형에 대한 부정적 평가는 도덕적 · 인격적 측면에까지 확대되기도 한다. 어린이를 대상으로 한 연구들을 보면, 대개의 경우 둥근 체형이 '천박하고 바보스럽게' 평가되는 경향이 있음을 알 수 있다.

사람들은 자신의 체형에 대한 사회적 평가에 따라서 스스로를 평가하는 경향이 있다. 많은 연구들은 소년 소녀들이 체형에 따라 다른 자아 개념을 갖고 있다는 것을 보여주고 있다. 대부분의 경우 둥글고 뚱뚱한 체형을 가진 사람들은 자기 자신을 낮게 평가한다.

체형과 자아 개념간의 관계는 교사의 역할에도 시사하는 바가 크다. 개개 학생에 대한 교사의 첫 반응은 학생들의 외형적 특징에 의해서 결정되는 수가 많다. 만일 교사가 학생의 체형 때문에 부정적 반응을 보인다면, 그 학생은 출발부터 불리한 상황에 놓이게 된다. 비만형이나 둥근 체형을 가진 학생은 이러한 자아 개념의 문제에 끊임없이 직면하게 된다. 따라서 교사는 바람직하지 않은 체형을 가진 학생들이 다른 사람들의 부정적인 평가에 직면하여 긍정적인 자아를 형성, 유지할 수 있도록 도와주어야 한다.

(2) 언어 진술

자아 존중의 발달 및 유지와 관련하여 특별히 중요한 것은 내면적 언어와 자아 개념간의 관계이다. 언어는 자아 개념의 발달에 있어서 중핵적인 요인이다. 언어는 수많은 송환 작용에 대한 이해를 촉진시킬 뿐만 아니라 자아와 타인의 분화 과정을 돕는다. 맥캔들리스(B. R. McCandless)에 의하면, 인간은 생후 18개월에서 만 2세에 이르는 시기에 언어의 발달과 함께 자아 개념을 형성하기 시작한다.

자아 개념이 발달하게 된다는 것은 환경 속의 사물이나 다른 사람과 구별되는 '자아'(self) 또는 '나'(me)라는 말을 사용할 수 있게 되는 것을 말한다. 언어는 사물을 일반화하고 추상적으로 다룰 수 있게 하는 역할 외에 자아 개념에도 중요한 영향을 미친다. 즉 언어의 역할은 자아 개념의 형성에 있어서 중요하다.

인간은 내면적인 언어를 통해 스스로에게 어떤 지시를 할 수 있게 되는데, 이는 행동에 대한 통제력을 증가시키게 되는 발달적 과정이라고 할 수 있다. 언어적인 자기 보상 과정은 행동에 의미 있는 영향력을 행사한다. 언어에 의해서 자기를 보상하는 것은 자아 개념과 깊은 관계가 있다. 개인이 자아 개념을 형성하는 과정에서 나타나는 언어적인 진술은 그가 자기 자신에 대하여 표현하는 단어나 문장이라고 할 수 있다.

인간이 내면적인 언어를 사용하는 것은 자아 개념과 외현적인 활동을 연결시키는 하나의 방법이 될 수 있다. 특히 긍정적인 자기 언어는 자아 개념과 깊은 관계가 있다. 학생들이 자신들에 대하여 말할 때 선택한 문장은 그들의 자아 개념과 관련이 있다.

또한 자기 강화(self reinforcement)와 자아 개념간의 관계는 학생들의 언어적 발달이라는 측면에서 교사들에게도 중요한 의미를 제공한다. 따라서 교사는 학생들의 언어 발달 과정에서 그들이 사용하는 내면적인 언어, 특히 학생들이 자신들을 평가하거나 강화 또는 비난하기 위해서 사용하는 언어에 대해서 주의 깊은 관심을 기울여야 한다. 만일 학생이 자기 자신을 평가하는 최초의 용어로서 '나쁜'이라는 단어를 배웠다면, 그것은 그 학생의 사회적 환경이 그에게 자아 존중보다는 자아 경멸(self derogation)을 가르치도록 설계되어 있음을 의미한다.

(3) 의미 있는 타인

자아 개념은 우리가 일상 생활에서 겪는 경험들, 예를 들면 부모와 타인들로부터의 계속적인 평가 속에서 형성된다. 즉 동료 집단이나 부모와 같이 중요하고 의미 있는 타인들의 영향은 자아 개념을 형성하는데 중요한 역할을 한다. 인간은 부모나 타인들이 자신을 어떻게 보느냐에 따라 자아 개념을 달리 형성한다. 따라서 학생들의 자아 성장은 부모나 교사들의 일차적인 관심 대상이 되어야 한다.

한 인간이 자기 자신이 누구이며 무엇인지를 인식하고 받아들일 때 자아 개념이 형성되는데, 이때 중요한 역할을 하는 것이 의미 있는 타인이다. 의미 있는 타인이라는 개념은 어떤 사람에게 중요하고 그의 자아관에 영향을 미치는 사람들을 말한다. 의미 있는 타인은 개개인의 능력에도 중요한 영향을 미친다.

인간의 자아 평가(self evaluation)는 자신에 대한 타인의 평가에 보다 직접적으로 영향을 받는다. 다시 말해서 타인들로부터 인정받고 수용되는 것은 자기 자신을 승인하고 수용하는데 전제가 된다. 그리고 이러한 전제에서 개인의 능력, 태도 등에 대한 자아 개념이 형성된다.

유아들의 경우, 자아와 타인을 구별하지 못하다가 자기 신체와는 다른 어떤 대상을 인식하기 시작할 때부터 서서히 자기 지각(self awareness)이 발달한다. 이때 가장 중요한 역할을 하는 것이 부모이다. 즉 유아는 자기 부모와의 상호 작용을 통해 자아를 발달시켜 나간다.

인간은 유아기에 그들의 부모가 갖고 있는 힘, 능력, 매력, 양육 태도 등에 의해 동일시 유형을 확립한다. 유아기의 동일시 과정에서 나타나는 성 유형(sex type)과 의식 발달은 '나는 누구인가?'라는 어린이의 질문에 대한 스스로의 대답에 중요한 요인이 된다. 어떤 사람의 유아기에 있어서의 이러한 부모와의 동일시 과정은 그 후 초등학교 시기에 있어서의 그의 자아 관념 형성에 결정적인 영향을 미친다.

초등학교 시기는 여러 가지 측면에서 자신의 가치를 발견할 만한 폭넓은 경험이 부족하기 때문에 스스로의 가치를 평가할 때 타인의 기준과 직관적인 경험에 크게 의존한다. 초등학교에서의 학습 경험은 부모나 교사의 기대 및 평가와 관련된 중요한 현실적 경험이므로 자아의 평가에 큰 영향을 미친다. 특히 어린이의 자아관은 부모가 그를 어떻게 평가해 주느냐와 밀접한 관계가 있다. 또한 어린이의 행동은 그에게 의미 있는 사람들의 기대와 함수 관계가 있다. 다시 말해서, 의미 있는 타인들의 기대는 자아 지각을 내면화시키는 역할을 한다.

사람들이 자신의 자아를 확립하고 학습하는 과정은 모방, 관찰 학습, 중요한 타인들의 행동을 내면화하는 과정 등을 포함한다. 청소년기에 있어서도 의미 있는 타인들의 존재는 자아를 재발견하는데 중요한 역할을 한다. 생활의 장에서 타인과 자신 사이에 발생하는 긴장을 통해 청소년들은 자아를 재발견하게 된다. 청소년들은 자신과 타인과의 비교에 의해서 또는 타인에 의해서 제공되는 자신에 대한 모든 관점을 수용하며, 이로부터 안정적인 자아 개념이 구성된다.

사람은 누구나 타인에 대한 태도를 가지며, 동시에 자기 자신에 대한 타인의 태도를 지각한다. 만일 자신에 대한 타인의 태도가 부정적이거나 고통스러운 것일 때는 그것을 피할 수도 있지만 그렇게 할 수 없는 경우가 더 많다. 개인이 타인의 부정적 태도로부터 자신을 방어하는 하나의 방법은 자기 합리화이다. 이는 잘못이 그러한 태도의 대상에 있는 것이 아니라 그러한 태도를 가진 사람에게 있다고 주장하는 것을 의미한다.

어떤 개인은 다른 사람들이 자기를 싫어한다고 느끼면 그 사람들을 피하던가 아니면 그 사람들이 틀렸다고 합리화할 수 있다. 그러나 그 개인은 자신에 대한 부정적 태도를 가진 사람들이 나쁘다고 말할 수 있을지 모르지만, 자신이나 자신의 상황에서 완전히 벗어날 수는 없다.

2. 자아와 환경

자아 개념은 항상성을 유지하려는 경향이 있으나 부단한 자각의 경험을 통하여 변화되기도 한다. 이러한 자아 개념은 여러 가지 환경 속에서 다른 사람들과의 상호 작용을 통하여 변화, 발전되어 간다. 인간은 환경으로부터 제공되는 자료에 기초하여 자신에 대한 결론을 끌어내며, 자신을 추상적 용어로 설명하기 시작한다.

인간은 지각적 경험을 통해 자기가 어떤 사람인가를 평가하며 자신에 대한 일련의 태도를 형성한다. 인간은 환경을 지각하고 이 지각들로부터 자아에 대한 내면적 생각을 발달시킨다. 그리고 이러한 내면적 생각으로부터 다시 자아를 대상으로 하는 태도를 발달시킨다. 즉 사람들은 태도를 가지며, 자신을 그 태도의 대상으로 삼을 수 있다.

(1) 유년기의 지각 환경

인간은 유년기에 다양한 지각 환경과 접촉하게 됨으로써 자아 개념을 형성 · 발달시키게 된다. 유년기는 인간이 자기 자신에 대한 의견을 형성함에 있어서 가장 결정적인 시기이다. 부모는 유년기의 자아 개념 형성에 최초로 영향을 미치는 사람들이다. 부모는 여러 가지의 행동을 통해 어린이의 지각 환경을 결정한다. 부모 중에서도 어머니는 특별히 중요한 의미를 갖는 전략적 위치에 있다.

부모는 어린이의 자아상(self image)의 형성과 유지에 결정적인 역할을 한다. 어린이의 자아관은 부모가 그를 어느 정도 평가해 주느냐와 밀접한 관계가 있다. 어린이의 행동은 부모와 같이 그에게 의미 있는 사람들의 기대와 함수 관계에 있다. 다시 말해서 어린이에게 의미 있는 사람들의 기대는 어린이의 자아 지각을 내면화시키는 역할을 한다. 따라서 부모는 그들의 자녀들이 자아 존중감(self respect)이나 자기 확신(self confidence)을 가질 수 있도록 도와주어야 한다.

유년기에 있어서 가치감 형성의 일차적 공헌자는 부모이다. 어린이가 부모의 보호를 받는 것은 그가 부모에게 가치 있는 존재이기 때문이다. 어린이가 활동하는 환경의 범위가 점차 넓어짐에 따라, 그의 가치감은 그가 습득한 능력에 상당한 정도로 의존하게 된다. 또한 어린이가 어떤 일을 할 수 있는 능력에 근거하여 자신을 가치화하는 과정은 그가 집밖으로 활동 범위를 넓혀감에 따라 더욱 확대된다.

어린이가 소속감과 안전감을 갖는다는 것은 어떤 사람이 그를 특별한 존재로 인정한다는 것을 의미한다. 소속감과 안전감을 발달시키지 못한 어린이는 더 넓은 세계로 활동 영역을 확대할 때 어려움을 겪기 쉽다. 안전감은 어린이가 두려움 없이 세계에 직면할 수 있는 신뢰의 기초를 제공한다. 어린이가 넓은 세계로 그의 활동 범위를 확대하면서 발달시킨 능력은 긍정적인 자아 존중 개념을 향상시킨다. 반면에 어린이가 그의 능력 발달을 저해하는 공포감을 가지고 있거나 자신의 지각 환경에 대해 신뢰감을 가지고 있지 못하다면 그것은 그의 부정적 자아 개념을 강화한다.

인간은 유년기에 자기 자신의 지각 환경을 통해 기본적인 자아 개념을 학습하며 자아 평가도 하게 된다. 특히 어린이가 학교에 들어오면, 교사는 어린이들이 안전감을 갖도록 유의할 필요가 있다. 왜냐하면 안전감은 그들로 하여금 사회 집단의 일원으로 수용되고 있다는 소속감을 갖게 하기 때문이다.[11]

교사는 어린이들의 능력감을 발달시키기 위해 노력해야 한다. 그리하여 어린이들이 곧 유능해질 수 있다는 신뢰감을 가지고 학습에 임할 수 있도록 도와주어야 한다. 또한 교사는 어린이의 능력을 신장시키고 어린이를 가치 있는 존재로 대함으로써 어린이로 하여금 자기 자신을 가치롭게 보도록 세심한 주의를 기울여야 한다. 어떤 사람의 유년기에 있어서 교사의 역할은 부모의 역할 못지 않게 중요하다. 그러나 그 중요성은 교사가 제공하는 강화에 있는 것이 아니고, 학생들이 자기 격려와 자기 칭찬을 활용하도록 가르치는 데에 있다.

---

11. 안범희, *op. cit.*, pp.70~78.

(2) 가정의 정서적 환경

가정은 승패와 타산성에 의해서 이합 집산하는 이익 사회(Gesellschaft)가 아니고, 친화를 본질로 해서 결합되는 공동 사회(Gemeinschaft)의 성격을 가지고 있으며, 인간이 태어나서 죽을 때까지 준거하는 운명적인 소집단이다. 인간은 가정 속에서 그 가정의 독자적인 언어, 사고 방식, 감정에 의존하면서 인생 초기의 자아 발달을 이루어 간다. 또한 가정은 한 사회가 소중히 여기고 지켜온 가치를 가르치는 가장 중요한 장이다.

인간은 태어나서 얼마 동안 가족의 사랑과 보호에 전적으로 의존한다. 이러한 사랑과 보호는 인간이 자신이나 세계를 보는 방식에 지대한 영향을 미친다. 인간의 사랑할 줄 아는 능력은 자신이 사랑 받고 있을 때, 또는 서로 사랑하는 사람들이 주위에 있을 때 촉진된다.

사람은 가정에서 그의 삶에 중요한 의미를 부여하는 가족들로부터 무조건적인 사랑을 받으면서 한 인간으로 성장하기 시작한다. 인간의 자아는 그를 보호하고 있는 가족들로부터 그가 필요한 존재이고, 사랑스러우며 가치 있다는 대우를 받음으로써 고양된다. 어떤 사람이 착하게 성장하느냐 그렇지 않게 되느냐 하는 것은 그의 가족들의 반복되는 행동 여하에 따라 좌우된다.

자아의 발달에 있어서 가정의 정서적 분위기는 가정의 사회적 · 경제적 형편보다 더 중요한 요인으로 알려져 있다. 놀랍게도 부모의 교육 수준이나 수입, 심지어는 사회 계층이나 인종적인 배경 등도 인간의 자존감 형성과는 무관한 것으로 나타나고 있다. 인간의 자존감을 낮추는 결과를 초래하는 가정의 정서 부재 현상은 불우한 처지의 가정뿐만 아니라 유복한 가정에서도 나타날 수 있다.

가정에서의 일상적인 경험은 인간의 자아 발달에 중요한 영향을 미친다. 일반적으로 한 개인의 자아 개념 발달은 그의 능력에 대한 가족의 기대와 그의 가족이 그를 어떻게 보느냐에 큰 영향을 받는다. 특히 부모의 영향은 청년기 동안에도 계속된다. 다시 말해서 부모는 그들 자녀의 자아 개념 형성 및 발달에 보다 중요하고 지속적인 역할을 한다.

부모는 자녀에게 긍정적인 관심과 온정을 표현하는 것이 바람직하다. 왜냐하면 성공적인 학생들은 자아를 긍정적으로 보려는 성향이 있으며, 인생을 성공적으로 살아갈 수 있는 능력에 대해 확신을 지니고 있는 것으로 나타나기 때문이다.

가정 환경을 보다 정서적으로 개선하기 위해서는, 그 안에서 성장하는 개인이 자신에게 가치를 부여하고 가치 있는 객체로서 자신을 볼 수 있도록 한계를 명확히 해야 한다.[12] 이때 결정적인 요인이 되는 것은 그가 자신에 대한 부모의 태도를 어떻게 받아들이느냐 하는 것이다. 자녀들이 긍정적인 자아 개념을 발달시킬 수 있는 가정 환경을 조성하려는 부모는 그들 자녀에 대한 표현에 있어서 심사숙고하는 태도를 가져야 한다. 동시에 부모는 이러한 태도가 자녀들에게 어떻게 받아들여지고 있는가를 감지할 수 있어야 한다.

3. 자아 실현과 인간 교육

인간 교육의 궁극적인 목표는 자아 실현인을 양성하는 것이다. 교육을 통하여 자아 실현을 달성하려는 인간 교육의 전통은 고대 그리스의 아리스토텔레스로부터 시작하여 르네상스 시대의 인문주의자들과 그 이후의 루소와 페스탈로치 등으로 이어져 왔다. 또한 자아 실현의 의미를 구체적으로 밝힌 사람들은 공통적으로 교육의 비인간화를 막고 교육의 인간화를 구현하기 위해 노력하였다.

---

12. *Ibid.*, pp.78~82.

(1) 자아 실현의 의미

마슬로우(A. H. Maslow)는 자아 실현을 위해서는 신체적인 욕구, 안전의 욕구, 소속감과 사랑에 대한 욕구, 자기 존중의 욕구 등 4단계의 욕구가 충족되어야 한다고 주장하였다.[13] 이는 결국 자아 실현이 각 개인의 모든 능력을 유지하고 실현하고자 하는 것으로, 인간 교육과 밀접한 관련이 있음을 의미한다. 자아 실현이 이기주의적이며 자기 중심적인 행동을 싹트게 한다는 이유로 자아 실현의 개념에 반론이 제기되기도 하였으나, 이는 자아 실현의 의미를 잘못 이해한 데에서 비롯되었다고 할 수 있다.

실버만(C. E. Silberman)은 교육의 목표를 기계적인 사람이나 지식인을 길러내는 것이 아니라, 생각하고 느끼면서 생활하는 전인적 존재의 육성에 두었다. 그에 의하면, 전인적인 사람은 인간을 사랑하고 깊이 느끼며, 내적 자아를 확대하고 창조하는 사람이다.[14] 로저스(C. R. Rogers)는 성공적인 교육을 통해서 형성된 최적 인간(the optimal person)에서나 볼 수 있는 그와 같은 사람을 충분 기능인(fully functioning person)이라는 개념으로 발전시켰는데, 충분 기능인이 추구하는 목적이 바로 자아 실현이다. 로저스에 있어서 자아 실현의 의미는 자기의 독특한 심리적 특성과 잠재력을 개발하여 자기 자신의 것으로 만드는 과정이다.[15]

긍정적인 자아 개념을 가진 사람이 부정적인 자아 개념을 가진 사람보다 모든 일에서 성취도가 훨씬 높다. 로저스가 발전시킨 충분 기

---

13. A. H. Maslow, Personality problems and personality growth, in *The Self: Explorations in Personal Growth*, ed., C. E. Moustakas(New York: Harper and Row, Publishers, 1956), pp.232~256.
14. C. E. Silberman, *Crisis in the classroom*(New York: Random House, 1970), pp.196~203.
15. C. R. Rogers, *op. cit.*, pp.25~31.

능인은 내외적인 자극에 대하여 개방적이고, 실존적으로 삶을 영위하며, 유동적이고 내부적으로 자기의 행위를 통제한다. 또한 충분 기능인은 실존적 상황에서 만족스런 행동에로 이끄는 가장 믿을 만한 수단은 자기 자신이라고 생각한다.

자아 실현은 잠재 가능성과 역량 및 재능의 계속적인 실현, 자기 본래의 특질에 관한 지식의 충분한 수용, 개체 안에서의 합일 및 동시 작용을 향한 끊임없는 노력 등을 의미한다. 패터슨(C. H. Patterson)은 인간 교육의 방법론을 체계적으로 제시하고 있는데, 그는 자아 실현의 조건을 실행하기 위한 방법들을 다음과 같이 지적하였다.

첫째는 경청이다. 교사는 학생들의 말을 귀담아 들으려는 의지와 경청하는 능력을 보일 때 공감적 이해가 가능하다. 학생들의 이야기에 대한 경청은 교사가 학생들에게 깊은 관심을 가지고 있다는 것을 학생들에게 전달하게 된다. 또한 경청은 교사로 하여금 학생들의 말 이면에 내재해 있는 감정이나 이유를 판독할 수 있게 하여 대화의 심도를 더해 갈 수 있게 한다.

둘째는 반응이다. 경청만으로는 불충분하며, 이해했다는 반응을 보이는 것이 필요하다.

셋째는 한계 설정이다. 교사는 교실에서 수락되는 행동에 대해 제한을 두어야 한다.

넷째는 기대이다. 교사의 기대는 학생들이 수행하는 실제적인 행동을 결정하는 강력한 요인이다.

다섯째는 도구로서의 자아이다. 교사 자신의 자아는 가르치는 도구가 될 수 있기 때문에, 교사는 자신의 자아를 학생의 발달을 촉진시키는 도구로 이용하는 방법을 익혀야 한다.

여섯째는 학생에 대한 수용적 태도이다. 교사는 학생들을 이해하고 존중하는 것도 필요하지만 학생들의 입장에서 받아들이고 지각할 수 있어야 한다.

(2) 자아 실현인의 특성

자아 실현인은 자신의 가능성을 최대한으로 활용하는 사람이다. 즉 자아 실현인은 자기의 재능과 능력 등을 충분히 실현하고, 자기가 할 수 있는 것을 혼신의 힘을 다해 해내는 사람으로, 가능한 최선의 인물이 되도록 노력하여 왔고, 또 노력하고 있는 사람이라고 할 수 있다. 마슬로우는 자아 실현인의 특징을 다음과 같이 제시하고 있다.[16]

① 자아 실현인은 환경을 인간적인 것이든 물리적인 것이든 있는 그대로 정확하게 인지하고 있다. 그리하여 그는 현실을 보다 능률적으로 지각하며, 현실과 보다 편안한 관계를 맺고 있다.

② 자아 실현인은 자신과 타인을 똑같이 존중한다. 즉 그는 자신과 타인 및 자연에 대해 수용적 태도를 가지고 있으며, 더 나아가 개방적이고 솔직하며 가식이 없다.

③ 자아 실현인은 성장과 발달, 잠재 가능성의 실현이라는 내면적 동기를 갖고 있다. 즉, 그는 매사에 자발적이다.

④ 자아 실현인은 자신의 발전을 위해 노력하며, 자신의 가능성 및 잠재력을 바탕으로 끊임없이 성장의 길을 걷는다. 또한 그는 문화와 환경으로부터의 독립성과 자율성을 지니고 있다.

⑤ 자아 실현인은 일상적 생활에서 외경, 즐거움, 경이로움을 경험한다. 다시 말해서 그는 참신한 감수성을 지니고 있으며, 신비한 경험을 할 수 있다.

⑥ 자아 실현인은 모든 인간에 대해 깊은 공감, 동정, 연민의 정을 가진다. 즉 그는 공동체적 감정을 지니고 있다.

⑦ 자아 실현인은 타인과 깊은 인간 관계를 맺는다. 그리하여 그는 다른 사람이 자신을 존경하거나 따르도록 하는 매력을 지니고 있다.

⑧ 자아 실현인은 창의성을 지니고 있다. 따라서 그는 사물을 참신하고 천진 난만하게 직접적으로 볼 수 있다.

---

16. A. H. Maslow, *op. cit.*, pp.161~162.

⑨ 자아 실현인은 자아 중심적이 아니고 자기의 외부에 있는 문제에 많은 관심을 가지고 있으며, 임무 지향적이고 책임감과 의무감이 강하다.

⑩ 자아 실현인은 고독과 사생활을 즐긴다. 또한 그는 초월적이기 때문에 비사교적인 인상을 주기조차 한다.

⑪ 자아 실현인은 민주적인 인격을 갖고 있으며, 계층, 교육 수준, 인종, 혹은 피부 색깔 등을 이유로 사람들을 차별하지 않는다.

⑫ 자아 실현인은 매우 윤리적이다. 그는 수단과 목적을 분명하게 구분하고, 수단을 목적에 종속시킨다.

⑬ 자아 실현인은 철학적이고 악의 없는 유머 감각이 있다. 그의 유머는 사려 깊고 상황에 내재적이며, 적의나 우월감이 담겨져 있지 않다.

또한 로저스는 자아 실현인의 특징으로 경험의 개방성, 실존적 삶, 유기체적인 신뢰감, 경험적 자유, 창조성 등을 주장하고 있다.[17]

이상을 요약하면, 자아 실현인은 자신에 대하여 긍정적이고 자기 성장의 욕구가 강하며, 자신의 삶을 내재적으로 규정한다. 또한 자아 실현인은 개방적인 태도를 지니고 있기 때문에 자아와 타아 사이의 관계를 잘 형성하고 유지하며, 창의적으로 행동한다.

인간 교육이란 결국 인간의 타고난 본성 그 자체를 잘 보전하고 사회적 맥락에서 그것을 잘 실현하도록 돕는 교육 활동이다. 즉 인간의 본성을 신뢰하고 그것을 원형대로 조화롭게 보존 · 발전시키며, 도덕적인 인간을 육성하는 것이 바로 인간 교육의 목표이다. 따라서 인간 교육은 사회 문화적으로 형성된 어떤 기존의 실체를 강제로 주입하는 것과는 거리가 있다. 인간 교육은 학생 개개인의 잠재 능력의 자율적인 계발을 보다 존중하는 교육이다.

인간 교육에 있어서는 자유로운 환경을 조성하여 학생들로 하여금 거기에서 역동적인 인간 관계를 형성 · 발전시키고, 적극적인 자아 영상을 지니도록 하는 일이 중요하다. 다시 말해서, 인간의 타고난 본성

17. C. R. Rogers, *op. cit.*, pp.21～33.

과 잠재력을 위축시키거나 왜곡하지 않고 격려, 고무하는 것이 무엇보다 중요하다.

모든 교육은 긍정적인 인간관과 적극적인 학생관에 근거하고 있다. 특히 인간 교육에서는 긍정적 · 적극적 · 낙관적인 학생관을 바탕으로 교사와 학생 사이의 관계가 상호 신뢰적이어야 하며, 학생들의 자율적인 성장 욕구가 스스로 발현될 수 있도록 하여야 한다. 인간 교육은 교수보다는 학습에 초점을 맞추어야 한다. 왜냐하면 학생들은 학습하는 데에서 자신의 잠재 가능성을 실현할 수 있기 때문이다. 인간 교육에 있어서는 학생들로 하여금 그들의 필요와 욕구를 자율적으로 탐구하고 실현하도록 조력하는 것이 가장 중요하다.

③ 교육의 인간화

인간 교육은 인간 자체를 위한 교육이며, 교육 본래의 모습이다. 그럼에도 불구하고 인간 교육이 자주 강조되는 것은 교육의 인간화를 저해하는 어떤 요인이 작용하고 있다는 반증이다. 교육의 인간화를 위해서 우선적으로 고려되어야 할 점은 자유로운 환경을 조성하여 그 안에서 개방적인 분위기가 유지되어야 한다는 것이다.

1. 인간 중심 교육

우리 나라에서는 입시 위주의 교육이 지배적이기 때문에 인간 교육은 구호에 지나지 않으며, 많은 교과목의 수업이 비정상적으로 이루어지고 있는 것이 사실이다. 그러나 이러한 현실을 개탄하기만 한다고 해서 그것이 개선되는 것은 결코 아니다. 현실의 문제점이 무엇이며 어떻게 하면 보다 성과 있는 교육이 될 것인가를 꾸준히 연구하는 자세가 아쉽다고 하겠다. 왜냐하면 지금까지의 우리 나라 인간 교육의 가장 큰 문제점은 그 성과를 확인할 수 없거나 거의 성과가 없었던 것으로 드러났기 때문이다.[18] 학생들이 원하건 원치 않건 상관 없이 똑같은 내용을 모든 학생에게 일방적으로 가르치고 훈련하는 것으로 일단 교육의 문제가 해결되었다고 믿는다면 이는 크나 큰 오산이다.

교육의 인간화를 교육 과정의 필수 불가결한 요소로 등장시키느냐 등장시키지 않느냐 하는 것은 결국 교사의 손에 달려 있다. 학생의 가치와 존엄성에 대해 교사가 지닌 기본적 느낌은 학생들의 자아 개념 형성에 중요한 역할을 한다. 교육에 있어서 학생 개개인이 중요하며 가치 있는 존재이고, 학습할 수 있는 충분한 능력을 갖고 있다고 믿는 교사의 느낌보다 더 중요한 교육적 측면은 없다. 때때로 우리 교사들은 인간 존중의 중요성을 잊고 학생들의 개인적 사고와 행동을 무시하기도 한다. 그러나 교사가 학생을 참으로 가치 있게 여기고 존중한다면, 이는 우리의 상상 이상으로 학생이 행하는 모든 일에 매우 의미 있는 영향을 주게 된다.

동서 고금을 막론하고 모든 사람은 교육을 하고 교육을 받는 존재일 수밖에 없다. 따라서 교육의 문제는 모든 사람의 문제이고 삶의 문제이다. 학교에서 경험하는 교육적 기회는 바로 공동 생활을 통해 자연스럽게 생기는 타인과의 사귐이다. 학교 생활에서 교우들이나 선생님들과 아무런 이해 관계나 전제 조건이 없이 순수한 인간 관계를 형성하는 경험이야말로 학생들에게는 미래의 건강한 삶을 영위하는 토대가 된다. 따라서 학교 교육은 학생들 스스로가 자신의 삶의 목적과 의미를 찾도록 자율성을 제고하는 방향으로 전환되어야 할 것이다.

우선 학교 교육의 인간화를 위해서는 어떤 특정한 접근 방법을 새

18. 정세구, *국민윤리교육론*(서울: 교육과학사, 1983), pp.65~71.

롭게 시도하기 전에, 이미 학교에서 시행하고 있거나 실시하도록 되어 있는 교육 활동들이 본연의 모습대로 충실히 전개되도록 노력하는 것이 무엇보다 중요하다. 이를 위해서는 지금까지의 각급 학교 교육을 근본적인 시각에서 재검토하여 인간 교육을 본격적으로 시도하려는 의지가 필요하며, 학생들이 인간다운 인간으로서 갖추어야 할 가치관과 덕목을 내면화, 생활화하기 위해 적절한 방법과 원리를 모색해야 할 것이다. 인간 교육을 위해 사용될 수 있는 원리로는 흔히 자기 주도적 학습의 원리, 학습 방법의 학습 원리, 자기 평가의 원리, 감정 교육의 원리, 심리적 안정 유지의 원리 등이 제시되고 있다.

다음으로, 인간 교육이 교육 현장에 정착되기 위해서는 인간 교육에 대한 이론 체계가 정립되어져야 할 것이며, 그러한 이론을 올바로 적용시키려는 노력이 필요하다. 또한 인간 교육을 제대로 실현하기 위해서는 여러 가지 비인간적인 교육 여건과 풍토를 개선해야 할 것이며, 인간 교육의 목표에 부합되는 질적 평가 도구의 개발과 적용, 인간적인 교사와 교수의 확보 문제, 교육 시설 및 각종 기자재의 현대화 문제, 지식 중심의 교육 등이 시급히 개선되어야 할 것이다.

그리고 우리가 더욱 관심을 가져야 할 것은 학생 개개인의 자연스러운 학습 과정을 보호하고 유지시켜 줄 수 있는 조건을 마련해 주는 것이다. 즉, 사회 변동에 개방적이며 평생 교육의 차원에서 계속 학습하려는 인간을 육성하는 것이 중요하다. 우리는 생각할 수 있고 느낄 줄 아는 사람을 필요로 하며, 지성뿐만 아니라 감성에 근거를 두고 행동할 수 있는 사람을 필요로 한다. 또한 우리는 타인을 이해할 수 있는 사람, 자신은 물론 타인을 수용하고 존경할 수 있는 사람, 책임과 의무를 다하는 사람을 필요로 한다.

따라서 인간 교육의 목표는 유물론적인 기계적 인간이나 지식인이 아니라, 생각하고 느끼면서 생활하고 행동하는 인간적이고 인간다운 전인적 존재를 양성하는 것이다. 전인적인 사람은 깊이 있게 느끼고 사랑하며, 내면적인 자아를 확장하고 창조하며, 부단하게 스스로 배워 나간다. 다시 말해서, 인간 교육의 목표는 자신의 기능을 충분히 발휘하는 인간으로서 타인과 어울려 살아갈 수 있도록 인간의 성장과 발달을 촉진하는 것이다. 왜냐하면, 사회가 변화할 수밖에 없는 것이라면 그 변화는 오직 인간의 변화를 통해서만 가능하기 때문이다.

과거에는 가정에서의 경험이 교육적으로 큰 비중을 차지했지만, 오늘날에는 학교 교육이 차지하고 있는 시간적 · 공간적 비중이 상당히 크다. 따라서 학교 교육은 인간성이 형성되는 토대가 된다고 말할 수 있다. 지난날의 학교 교육에서는 학생들에게 어떤 내용을 학습시키면 그것이 학생의 인간성 속에서 그대로 구현될 수 있다고 전제하는 단순한 교육 이론에 지나치게 의존해 왔던 것이 사실이다. 즉 학교 교육을 통해 무엇을 얼마나 가르칠 것이냐 하는 데에는 많은 관심을 가졌지만, 학생들의 경험이 얼마나 다양하고 복합적인 것이며, 학생들의 올바른 인간성을 형성하려는 교실에서의 학습 경험은 얼마나 부분적이며 쉽게 소멸 · 변질될 수 있는 지에 대한 관심은 거의 없었다. 교육 내용과 방법은 계속 개선되고 강화되어 왔지만, 학교 환경이나 학생들을 위한 복지 시설, 그리고 학생들의 인간성 형성에 미치는 요소들에 대해서는 등한시했던 것이 부인할 수 없는 사실이다.

바람직한 인성은 학생 각자가 삶의 과정에서 스스로 형성해 가는 것이지, 어떤 고정된 노형에 의해 획일적으로 주조할 수 있는 것이 아니다. 학생은 학교 생활을 통해 자신의 처지와 삶에 대해 행복을 느끼고 긍지를 가질 수 있어야 한다. 또한 학교에서의 삶의 환경과 조건은 학생들이 '나는 이러 이러한 인간이 되고 싶다'고 할 수 있도록 자발성과 다양성을 조장할 수 있어야 한다. 이를 위해서 특히 초등 교육 단계에서는 교사의 인격이 무엇보다 중요하다고 할 수 있다. 왜냐하면 인간 교육은 교사의 인격이 학생들의 사표(師表)가 되어야만 성공할 수 있기 때문이다. 그리고 중등 교육 단계에서는 초등학교에서 도야된 기본적인 도덕적 품성의 기반 위에서 전인 교육을 위한 교육 계획을 수립하고, 학교의 환경을 인간적인 분위기로 조성하며, 학생들끼리의 자발적 활동을 자극하고 지도하는 일이 중요하다. 또한 고등 교육 단계에서는 자율성과 창의성을 바탕으로 매사를 실천하고 책임지도록 가르치는 것이 무엇보다도 중요하다.

학교 교육의 의미는 학업 성취에만 있는 것이 아니다. 따라서 교육의 인간화를 위해서는 학교에서의 평가 제도가 점수나 석차를 기준으로 하는 방법을 지양하고, 보다 포괄적이고 융통성이 있는 방법으로 다양화되어야 한다. 다시 말해서 교실에서의 학업 성취와 관련되는 것만을 평가의 대상으로 삼을 것이 아니라, 학생의 학교 생활 전체가 전인적 평가의 대상이 되어야 한다. 이를 위해서는 학교 및 학급 규모의 축소, 학교 시설의 인간화 등 학교 교육과 관련된 전반적인 조건이 개선되어야 할 것이다.

현대 사회는 인간 소외를 특징으로 하며, 각급 학교에서는 삶을 영위하는데 별로 도움이 되지도 않는 지식의 전수가 지나치게 강조되고 있는 실정이다. 그러므로 교육의 인간화는 인간 본래의 바탕을 되찾고, 지식을 생활과 연계시키는 일에서 출발해야 한다. 또한 교육의 인간화는 조화로운 교육, 인간의 타고난 본성을 존중하고 신뢰하는 교육, 도덕적인 품성을 도야하는 교육을 통해서 이루어질 수 있다. 이러한 의미에서 우리 모두는 인간 중심 교육자가 되어야 한다.

2. 학교 교육의 문제

지난 십 여 년 동안 각급 학교에 대해 가해졌던 비판은 크게 두 가지로 요약될 수 있다. 하나는 학교가 양적으로는 괄목할 만한 성장을 했지만, 질적으로는 저급한 수준에 머물러 왔다는 점이고, 다른 하나는 학교가 학생들에게 비인간적인 대우를 하고 있으며, 따라서 많은 경우 학교는 학생들이 생활하기에 부적합한 곳이라는 점이다. 첫 번째 비판에 대해서는 수업 모형의 개발 등 다양한 개선책이 시도되고 있으나, 학교 교육 안에 도사리고 있는 비인간화를 극복하기 위한 처방책은 그리 광범위하게 모색되지 못하였다.

최근 우리 사회에서도 교육 문제가 거론될 때마다 많은 사람들이 답답함을 호소하고 있다. 그 동안 학생이나 교사를 포함한 우리 모두는 교육에 관한 한 본래적인 모습을 상실한 채, 파행적인 경쟁에 시달려 왔다. 다시 말해서, 우리가 살고 있는 현재의 세계에서 교육이 목표로 삼아야 할 것은 개개인이 지닌 잠재력을 신장시키는 일인데, 우리는 이 점을 너무 소홀히 취급하여 왔다.

해방 이후 현재에 이르기까지 우리 나라의 학교 교육은 지식이나 기능을 갖춘 인재 양성에는 성공했는지 몰라도, 인간다운 인간을 양성하는 교육에는 실패했다고 말해도 과언이 아니다. 학교는 그 동안 지혜가 아니라 지식만을 가르쳐 왔고, 교육이 아니라 훈련의 장으로 변질되어 버렸다. 교육 본래의 모습은 지혜를 가르치고 배우는, 그래서 대화가 있고 사랑이 있으며 신체적 · 심리적 · 지적 모험이 있는 그런 교육이어야 즐겁게 마련이다.[19]

오늘날 가장 심각한 학교 교육의 문제는 교육의 수단화, 비인간화라고 할 수 있다. 이러한 학교 환경에서 학생들의 자아 발달, 자아 실현은 한낱 구호에 지나지 않게 되었으며, 비인간화의 심각성이 더해감에 따라 학교는 죽어가고 있다는 비난마저 듣게 되었다. 따라서 교육의 내재적 가치를 중시하고 인간화를 도모할 수 있는 학교 환경의 개선은 아무리 강조해도 지나치지 않을 것이다.

학교가 학생을 위해 변화하기보다는 학생이 학교에 적응하도록 기대하는 것이 일반적인 경향이다. 이러한 경향을 확인이라도 하려는

19. 홍용희, *사회와 윤리*(서울: 문원각, 1997), pp.143~144.

듯이 학교는 상과 벌, 성공과 실패를 구분하는 여러 가지 장치를 갖고 있다. 처벌과 유급과 비난은 학교의 상징처럼 되어 있으며, 학생들은 복종에 대한 보상, 우등상, 장학금 등을 위해 서로 경쟁한다.

오늘날 학습에 대해 부정적인 자세가 형성되는 곳이 바로 학교라는 주장이 제기되고 있는데, 이는 많은 학교에서 부정적인 자아 개념을 형성해서는 안 된다는 원리가 무시되고 있음을 의미한다. 학교는 너무나도 빈번히 학생들에게 실패와 거부와 자신들의 한계를 일깨워 주는 장소가 되고 있다. 처벌 위주의 부정적인 교육 활동은 학생들을 억지로 형식적인 틀에 얽매이게 하기 때문에 좋지 않다.

제각기 다른 사회적 배경과 개인의 능력 차, 그리고 개성, 적성 등을 무시한 경쟁적인 평가는 초등학교에 입학하면서부터 시작되어 학생이 학교에 다니는 한 지속된다. 학생들을 성적에 따라 등급화하는 일은 보통이고, 학생들간의 경쟁은 고무 · 격려된다. 학생들은 그들의 동료에게 우월성을 과시함으로써 그들 자신이 향상되는 것처럼 생각하기 쉽다.

학교 생활에 적응하지 못해 포기하는 학생들의 입장에서 보면 학교는 때로 혐오의 대상이며, 성공의 경험을 가장 필요로 하는 그들에게 실패와 낙망을 주는 장소이기도 하다. 실제로 학교의 이미지는 점차 덜 긍정적으로 되고 있으며, 많은 학생들은 개인적으로 학교 생활에 적응하지 못하고 있다.

만일 자아 개념에 대한 이해가 학교에서 보다 중요하고 큰 비중을 차지한다는 사실을 받아들인다면, 우리는 학생들에게 부정적인 자아 개념을 확산시키지 않도록 교육적 방법을 모색해야만 한다. 학생은 학교가 자신을 위하여 존재하는 것이 아니고 오히려 자신에게 위협과 걱정만 가져다주는 장소라고 단정하게 되면 더 이상 성취의 기대를 가질 수 없게 되고 윤리성도 상실하게 된다. 이는 학생 개개인은 물론이고 학교 자체에도 위협적인 상황이 될 것이다. 따라서 학교는 부정

적인 환경을 극복하고 학생들에게 긍정적이고 현실적인 자아 개념을 심어주기 위해 노력해야 한다.[20]

또한 교사는 중산층 이상 출신의 학생들에게 호의적이라는 연구 결과가 있다. 이는 교사가 하류층 출신 학생의 성취나 발전에는 무관심하다는 의미로도 해석될 수 있다. 만일 교사가 학생을 한 사람의 인간 그 자체로 인정하기보다는 그 개인의 출신에 따라 차별한다면, 교육의 인간화는 요원하다 하겠다.

앞에서도 지적했지만, 인간 교육은 그리스의 시민 교육(국가에 필요한 유능하고 애국적인 시민 양성을 목적으로 하는 아테네와 스파르타의 교육)과 미국의 진보주의 교육 운동에서 그 근원을 찾을 수 있는데, 우리 나라에서도 인간 교육은 각급 학교의 교육 목표 설정에서 가장 중요한 부분을 차지하여 왔고, 또한 그 방안들도 이론적으로 제시되었으나, 각급 학교 현장에서의 교수-학습 활동에서는 그것이 체험적이고 구체적으로 실천되지 못했다.

그러므로 도덕성을 함양하여 학생들을 인격체로 만들고, 민주 시민의 자질 및 전인적(全人的) 능력을 계발해 궁극적으로 자아 실현으로 이르게 하는 인간 교육은 우리 나라 교육이 당면한 중요한 과제라고 하겠다.

---

20. *Ibid.*, pp.146~147.

제3장 전통 사상과 윤리

기계 인간의 출현이 운위되고 있는 오늘날, 윤리는 인간이 지켜야 할 가장 기본적인 행위 규범이라고 할 수 있다. 인간은 과거를 지니고 있는데, 과거는 현재의 우리에게 삶의 기본 원리를 제공해 준다. 인간의 윤리적 규범의 역사는 바로 인간이 과거로부터 어떻게 사는 것이 인간다운 삶인지를 추구해 온 역사라고 할 수 있다. 따라서 우리는 인류의 역사와 더불어 발전되어 온 수많은 전통 사상들에 접함으로써, 인간과 자연에 대한 폭넓은 진리와 지식을 습득하게 되고, 이를 토대로 인간답게 살아가는 지혜를 배울 수 있다.

1 동양의 윤리 사상

유학과 도교 및 불교는 아직도 우리 민족의 삶에 지배적인 영향력을 행사하고 있는 사상으로서, 우리의 윤리 의식의 기초를 형성하고 있다. 동양의 윤리 사상은 우리 인간에게 도덕의 주체로서의 자기 자신을 확인시켜 주며, 내면의 윤리적인 품성과 덕성을 닦아 도덕적 행위를 실천하게 할뿐만 아니라, 인간 본성에 대한 깊은 신뢰와 함께, 인간 스스로 본성적이고 자연적인 성향에 관심을 갖도록 만든다. 우리 조상들의 기본 정신에 큰 영향을 미친 동양의 윤리 사상을 고찰하는 것은 도덕성의 붕괴가 심각한 오늘의 시점에서 그 의의가 매우 크다고 하겠다.

1. 유학 사상

공자(孔子: B.C. 551~479)와 맹자(孟子: B.C. 374~289) 및 순자(荀子: B.C. 298~238)의 윤리 사상으로 대표되는 유학 사상은 물질주의와 이기주의가 팽만한 시대를 살아가고 있는 우리들에게 바람직한 가치관의 확립을 촉구하고 있다고 할 수 있다.

공자는 당시의 사회적 혼란상이 개개인의 도덕성 상실에서 유래한다고 보았기 때문에, 도덕성의 회복책(回復策)으로 인(仁)을 역설하였고, 이의 실현을 위해 효제(孝悌)의 교육을 강조하였다. 또한 그는 내면적인 도덕성인 인과의 조화를 위해 외면적인 사회 규범인 예(禮)를 강조하였는데, 공자의 이러한 사상은 맹자와 순자에 의하여 계승, 발전되었다.

공자에 의하면, 인이란 곧 인간다움을 의미하는데, 그는 인간다움의 바탕으로 부모에 대한 효(孝)와 형제에 대한 우애를 들었다. 또한 그는 이들을 바탕으로 해서 남을 사랑하고, 내가 하기 싫은 일을 남에게 강요하지 않으며, 내 마음을 미루어서 남을 헤아리는 마음가짐이 인이라고 하였다. 따라서 인이란 가정과 이웃에서 자연스럽게 일어날 수 있는 소박한 윤리 의식을 보편적인 인간 관계에까지 확대 적용시킨 것이라고 할 수 있다. 공자는 이러한 인이 회복될 때, 사회의 혼란이 극복될 수 있다고 생각했다.

한편, 인의 바탕이 가정과 이웃이라는 혈연적, 지연적 유대에서 비롯된다는 사실은 잘못하면 편협된 혈연 및 지연의 이기주의를 가져올 수도 있다. 그러나 공자는 모든 종류의 이기적 욕심을 버리고 공공의 정당한 윤리 규범인 예를 따르는 것을 인이라 함으로써 그러한 가능성을 불식시켰다. 인간의 내면적인 도덕성을 인이라 한다면, 예는 외면적인 사회 규범과 사회 제도를 가리킨다.

예는 사람이 지켜야 할 마땅한 바를 형식으로 나타낸 규범이다. 다시 말해서, 예는 인간 생활의 도의규정(道義規定)이며 사회 질서의 준칙이라고 할 수 있는데, 예가 성립되려면 반드시 마땅한 바가 전제되어야 한다. 그러한 마땅히 지켜야 할 바는 곧 의(義)이며, 이의 근거는 인이므로 인에 합치되는 것이 바로 마땅한 것이다. 공자에 의하면, 인이라는 뿌리와 의라는 줄기는 바로 예를 통하여 꽃을 피우고 열매를 맺는다. 그에 의하면, 인을 인되게 하는 것은 예에 있기 때문에, 극기복례(克己復禮)의 수양을 계속해 나갈 때에만 '가까운 자기를 가지고 남의 입장을 비겨 아는' 애인(愛人)의 정신이 발휘될 수 있다.

공자에 의하면, 외면적인 사회 규범인 예는 내면적인 도덕성인 인을 기반으로 해서 실현될 때에만 정당하다. 즉, 인과 예는 서로 조화되어야만 한다는 것이다. 다시 말해서, 내면적인 인은 외면적인 예로 실현되어야 하며, 또한 외면적인 예는 내면의 도덕성을 반영해야 한다는 것이다. 이처럼 공자는 건전한 사회 질서를 회복하는데 있어 인과 예를 필수적인 두 원리로 내세웠는데, 이 두 원리를 체득한 사람을 군자(君子)라 하여 이상적인 인간상으로 삼았다.

맹자는 그의 '인성론(人性論)'에서 인간은 본래 착한 본성을 지니고 태어났다는 성선설(性善說)의 입장을 견지했다. 맹자가 생각했던 인간의 내면적인 본성은 인과 의라는 두 가지 덕목으로 요약되는데, 공자의 인 사상을 더욱 발전시킨 것으로 평가되고 있는 이러한 인의(仁義) 사상은 왕도(王道) 정치라고 일컬어지는 정치 사상으로 발전되었다.

맹자에 의하면, 사회의 혼란은 인간의 착한 본성에 기반해서만 극복될 수 있는데, 인간과 사회의 원래 모습은 서로 사랑하고 아껴 주며, 옳은 일을 좋아하고, 옳고 그름의 구분이 명확하게 인식되는 이상적인 질서의 상태이다. 공자에 있어서와 마찬가지로 인이 소박한 공동체 윤리 의식에 기초한 따뜻한 사랑을 의미한다면, 의는 보다 냉철한 사회 정의의 관념을 표현했는데, 맹자는 이러한 두 가지 모두를 인간의 내면적인 본성이라고 생각했다. 맹자는 인간의 이러한 착한 본성을 발견하고 그를 실현함으로써, 현실의 무질서와 혼란을 극복할 수 있다고 보았다.

맹자는 사회 혼란의 원인으로 욕심과 두려움을 들었는데, 그에 의하면 이기적인 욕심은 인간의 착한 본성을 가려 서로를 미워하게 만들며, 두려움은 의로운 일 앞에서 주저하게 만든다. 맹자는 이러한 욕심과 두려움을 몰아 내고 어떤 유혹이나 위협에도 굴하지 않는 참된 용기를 지닌 사람을 대장부(大丈夫), 또는 대인(大人)이라 하였고, 이를 실현하기 위해 옳은 일을 계속하여 호연지기(浩然之氣)를 기를 것을 역설하였다.

맹자의 성선설에 있어서 성선(性善)이란, 인간 고유의 본질로서 인성이 선하다는 것인데, 그것은 후천적으로 인간의 경험에 의하여 좌우되는 성선의 뜻은 아니다. 그러므로 성선은 윤리적인 의미에 있어서나 심리적인 작용에 있어서 기능하는 것이라기보다는 도덕의 가능 근거라고 할 수 있다. 인생은 선을 행할 수도 있고, 악을 행할 수도 있다. 그러나 인간의 본성적인 경향에 비추어 볼 때, 인성(人性)은 선의 방향으로 나아가는 것이 보다 자연적이라고 할 수 있는데, 이는 맹자가 성선설을 주장하는 근거이다.

특히, 성선설은 '4단(四端)'에서 잘 설명되고 있는데, 맹자는 인간은 누구나 '불인지심(不忍之心)'이 있다고 주장하면서 구체적으로 네 가지를 들었다. 즉, 측은히 여기는 마음(惻隱之心), 수치와 악을 미워하는 마음(羞恥之心), 사양하는 마음(謙讓之心), 시비와 선악을 가리는 마음(是非之心) 등이 그것이다. 그에 의하면, 이 네 가지 마음은 누구나 태어날 때부터 가지고 있다.

따라서 맹자는 본심을 잘 보존하면서 본성을 옳은 방향으로 계발해 나갈 것과 4단을 넓혀 가면서 채워나갈 것을 강조하였다. 이상에서 볼 때, 맹자의 성(性)은 불변적인 것이고, 만인이 공통으로 타고난 순수한 인성으로서, 감각적이고 심리적인 인욕지성(人欲之性)과는 구별되기 때문에, 인간이면 누구나 보편적으로 받아들이는 것이며, 예나 지금이나 다를 것이 없는 향덕성(向德性)으로서의 성임을 알 수 있다.

한편, 순자는 맹자와는 달리, 인간은 본성적으로 이익을 좋아하고 쾌락을 추구하려는 호리(好利)의 기질이 있다고 주장하였다. 그는 사회의 무질서와 혼란의 원인이 인간의 이러한 기질에서 연유된다고 보아, 이를 제한하는 정당한 이유와 기준으로 예의 규범적 가치를 강조하였다. 그런데 순자의 예 규범은 사회의 각 개인에게 일률적으로 적용되는 질서가 아니라, 차별적인 대우를 당연한 것으로 여기는 특성을 지니고 있다.

다시 말해서, 맹자가 인간의 본성을 착하다고 본 반면, 순자는 인간의 본성을 악하다고 보았다. 그에 의하면, 인간의 욕구는 이기적인 것으로서 무한하다. 따라서, 만약 사회의 각 개인이 제각기 자신의 욕구를 채워나가려 한다면, 더 많은 재화를 차지하기 위한 싸움이 일어나게 되고, 그것이 바로 사회의 무질서와 혼란의 원인이 된다는 것이다. 순자는 예야말로 그러한 무질서와 혼란을 극복하는 최선의 수단이라고 보았는데, 원래 예는 봉건적인 신분적 차별을 가정한 질서 원리였지만, 그는 예에 새로운 내용을 불어넣었다. 즉, 능력에 따른 차별이라는 논리가 바로 그것이다.

한 가정 내에서 아버지와 아들의 역할이 다르고, 또한 이에 따라 그들 각자에 대한 대우에 있어서 차이가 날 수밖에 없는 것처럼, 현실의 사회는 각기 다른 능력과 자질을 가진 개인들로 구성되며, 그 구성원들은 각자의 능력과 자질에 따라 제각기 다른 대접을 받아야 한다는 것이다. 즉, 사회의 부와 재화는 이러한 능력에 따른 차별 원칙에 의해 분배되어야 한다는 것인데, 그러한 원칙을 현실적인 제도로 만들어 놓은 것이 예라는 것이다. 순자는 예의 원칙에 따른 부와 재화의 정당한 분배를 통해 사회 구성원들의 욕구를 적절히 조절할 수 있다고 생각했다.

예를 중시하는 것은 공자 이래로 유가(儒家)의 전통이다. 맹자는 예의 정신적 내용을 강조한 반면, 순자는 그 기능적, 형식적인 측면을 강조하였고, 그것에 절대적인 권위를 부여함으로써 예 지상주의의 이론을 전개하였다.

유학은 송대에 이르러 보다 이론적으로 체계화되었는데, 성리학자들은 세계가 이(理)와 기(氣)라는 두 가지의 질서 원리로 구성되어 있다는 생각을 견지하였다. 이가 세계의 참 모습을 가리킨다면, 기는 세계의 현실적 모습을 구성하고 있는 것들을 가리킨다고 할 수 있다. 그러나 이기설(理氣說)은 시대가 흐르면서 이와 기를 확연히 구별하는 이원론의 입장과, 이와 기는 하나이면서 둘(一而二)이라는 입장, 또는 둘이면서 하나(二而一)라는 입장 등, 유학이 마치 이기론(理氣論)으로 대표되는 학문인 것처럼 잘못 인식된 때도 있었다.

2. 노장 사상

공자와 맹자 및 순자의 유학 사상과는 달리, 당시 사회의 무질서와 혼란의 원인을 전혀 나른 시각에서 찾았던 사상적 흐름이 있었는데, 이는 곧 노자(老子: B.C. 604?~531)와 장자(莊子: B.C. 369~286)로 대표되는 도가 사상이다.

노자는 당시의 사회적 혼란의 원인이 제도적 장치의 부재(不在)나 미비(未備)에 있다고 보지 않고, 오히려 제 규범을 제도적으로 강제하려는 인위적 노력이라고 할 수 있는 국가 권력 자체에 무질서의 원인이 있다고 보아, 자연의 이법(理法)에 따라 살아갈 것을 강조하는 '무위자연(無爲自然)'을 역설하였다.

다시 말해서, 노자는 사회 혼란의 원인은 오히려 무엇을 해야 한다고 강요하는 강제 자체에 있다고 보았다. 즉, 선하게 살아야 한다는 도덕적 명령이나 규범, 그리고 그 규범을 제도적으로 강제하는 국가의 권력에 사회 혼란의 원인이 있다고 본 것이다. 그에 의하면, 강제는 인간의 자연적 본성에 위배된다. 인간의 본성은 악할 수도 있고 선할 수도 있으나, 그것이 중요한 게 아니라는 것이다. 인간의 본성은 그러한 가치 판단으로부터 독립되어 있기 때문에, 인간의 본성에 선악이라는 가치 판단을 내리고, 또 어떻게 해야만 한다고 주장한다면, 그것은 인간의 자연스러운 본성을 해치게 된다는 것이다.

노자에 의하면, 인간은 자연의 일부로서, 자연 속에서 자기의 고유한 본성에 따라 자유롭게 살 때 가장 행복하며, 그 때 비로소 사회는 참된 질서를 이룰 수 있다. 그는 자연에 따라 사는 것을 무위자연이라고 불렀는데, 억지로 무엇을 하려 하지 않고 스스로 자연의 이치에 따라 사는 모습을 이상적인 삶으로 보았다. 그러나 그것은 자기 멋대로 하는 방종을 의미하는 것은 아니다. 노자는 오히려 자연의 순리에 따라 서로의 생명과 자유를 존중해 주고, 남에게 무엇을 강요하지 않는 소박한 공동체의 삶을 강조하였다. 그는 모든 사물과 가치의 배후에 있는 참된 자연의 원리인 도(道)에 따라 사는 것을 이상적인 삶으로 여겼다.

이와 같은 맥락에서, 억지로 하지 않는 것이 '무위(無爲)'이고, 자연적으로 그렇게 될 수밖에 없는 인간 본성의 표출이 '자연(自然)'이다. 이처럼 '무위'와 '자연'은 불가분의 관계에 있기 때문에, 노자의 사상을 '무위자연' 사상이라고 부른다. '무위자연' 사상에서는 인간의 지혜, 욕구, 행위, 그리고 인간이 규정한 세속적 가치 등을 일단 반성하고 성찰하는 의미에 있어서 부정의 논리가 전개되는데, 무지(無知), 무욕(無慾), 무위(無爲), 무명(無名) 등은 노자의 도에 접근하는 관문인 동시에 방법론이다.

그러나, 무위자연은 무지와 무욕 등을 강조하면서도 '무지를 알아라', '무욕을 욕(欲)하라' 하는 것과 같은 적극적인 주장이 내재해 있음을 우리는 알아야 한다. 노자는 아는 것이 병이라 하였고, 지혜로운 자로 하여금 감히 하지 못하게 할 것이니, '함이 없음을 할 것(爲無爲)' 같으면 다스려지지 않음이 없다고 하였다. 이 때의 '위무위'라 함은 단순한 '무위'가 아니라, '무위'를 적극적으로 행한다는 뜻이다. 즉, 지혜로운 자가 사회에 해독을 많이 끼칠 수 있다고 생각한 노자는 지혜가 생김으로써 큰 거짓이 있게 되었다고 주장하였으며, 따라서 그들로 하여금 경거망동(輕擧妄動)하지 못하게 해야 하는데, 그것을 '위무위'라고 하였다.

노자는 윤리 도덕을 부정했다고 생각하기가 쉽지만, 그는 결코 윤리성을 부정하지 않았다. 노자의 《도덕경(道德經)》에는 종래의 도덕적 개념을 부정하는 문구가 상당히 나오지만, 이는 진정한 도덕적 행위를 하는 사람이 거의 없고, 허위로 분식(粉飾)된 당시 사회인들의 기만성을 비판한 것이라고 볼 수 있다.

노자는 높은 곳을 피하고 낮은 곳으로 나가며, 굳세고 강한 것을 취하지 않고 유(柔)하고 약한 것을 잡는 사람을 바람직한 인간상으로 여겼다. 세상 사람들은 무(無)보다 유(有)를 귀하게 생각하지만, 노자는 유(現象界)는 무(本體)로부터 생겨난 것이라고 설명하였고, 보이지 않고 들리지 않는 무의 세계가 우리를 유용하게 해 주는 근본이라고 강조하였다.

하지만 세상 사람들은 이러한 진리를 망각한 채, '무'를 싫어하고 '유'만을 추구하기 쉽다. 또한 사람들은 약한 것을 싫어하고 강한 것을 좋아한다. 그러나 노자는 약한 것이 강한 것을 제어하는 이법을 설파하였다. 즉, 그는 천하에서 가장 유(柔)하다고 할 수 있는 물이 천하에서 가장 견고하다는 금석(金石)을 깨뜨려 굴린다고 역설하였다. 이처럼 노자는 동(動)보다는 정(靜), 만(滿)보다는 허(虛), 진(進)보다는 퇴(退), 교(巧)보다는 졸(拙), 백(白)보다는 흑(黑), 웅(雄)보다는 자(雌)를 더욱 가치 있는 것으로 생각했다.

노자는 일체의 인위적인 기교에서 벗어나 자연의 순수성을 보장, 육성하는데 중점을 두었기 때문에, 인위적 가식을 탈피하고 본래의 소박한 바탕인 자연성을 회복하는 것이 참다운 인간 형성이며, 또한 참다운 사회를 건설하는 계기가 된다고 보았다.

노자가 공자와 거의 같은 시대의 인물이라고 한다면, 장자는 맹자와 거의 같은 시대의 인물이라고 할 수 있다. 장자는 노자의 뒤를 이어 그의 사상을 발전시켰는데, 그는 모든 사상(事象)을 도의 관점에서 조망할 것을 역설하였다. 그에 의하면, 근원적인 도의 관점에서 보면 선악, 미추(美醜), 자타(自他)의 구별은 무의미하다. 따라서 장자는 자연과 내가 합일되는 물아일체(物我一體)의 경지를 누릴 것을 강조하였다.

장자에 의하면, 너와 나의 구별을 넘어선 근원적인 도에로 자신을 합치시킴으로써, 우리는 자기 자신의 유한한 한계를 넘어 무한한 절대의 자리에 이를 수 있다. 그는 그러한 경지를 절대 자유로 이해했는데, 이러한 장자의 사상은 결국 일체의 사회 규범과 제도를 거부하는 극단적인 개인주의적 요소도 지니고 있다고 할 수 있다. 왜냐하면, 사회 규범과 제도는 궁극적으로 선과 악, 너와 나라는 구별을 전제하는 것이고, 또한 개인의 자유를 불가피하게 제약하는 경우가 있기 때문이다.

노자의 사상을 '무(無)'로 집약할 수 있다면, 장자의 사상은 '무'에서 더 나아가 '허(虛)'의 세계를 소요(逍遙)하고 있다고 할 수 있다. 장자는 인간의 언어와 지식의 한계성을 분석하고 그 상대적인 결함을 논하였는데, 그는 오히려 실천적인 망아(忘我)의 경지에서 참된 본래의 제 모습을 드러내어 천지 자연과 일체가 되는 것을 사상적 요체로 삼았다.

장자의 초탈설(超脫說)은 현실에서 도피하려는 것이 아니라, 편견을 버리고 근본으로 돌아가 진정한 인간과 사회를 본원적으로 구현하려는 것이다. 그가 생각하는 바람직한 인간상은 성인(聖人), 신인(神人), 또는 지인(至人)이라고 할 수 있는데, 이러한 경지의 인간은 명(名)과 공(功) 및 자기 자신을 부정한다.

자기를 부정하는 것은 장자 사상의 본질적 특징이다. 자기가 있으므로 자기를 표준화하여 이해와 득실을 판단하기 때문에, 인간은 만물 평등의 이법을 이해할 수 없다는 것이다. 따라서 장자는 자기 중심적 사고 방식이 남을 이용하고 수단화하는 편견을 갖게 한다고 보았다. 그에 의하면, 무기(無己), 즉 무아(無我)이면 생(生)에 집착하고 사(死)를 두려워 할 자기도 없게 된다. 장자는 생사(生死)의 문제는 대자연의 기(氣)의 변화에 불과하다고 보았다. 따라서 그는 생사가 일여(一如)함과 같이, 꿈을 꾸고 깨는 것도 다름이 없다고 생각하였다. 즉, 장자는 생사도, 꿈과 생시(生時)도 변화의 일단이라고 보았는데, 그의 진리 접근 방법에 의하면, 인간은 상대적 감각의 세계를 부정하고, 언어와 지식의 유한성을 초극하며, 자기 자신의 주체성을 부정할 때에 비로소 자연적 대도(大道)에 다가설 수 있다.

그러나, 도가 사상은 인간의 작위(作爲)에 대립되는 자연스러움과 자유를 중시했던 그 본래의 특성에서 벗어나, 한편으로는 현실에서의 영원한 삶을 추구하는 신선술(神仙術)로, 다른 한편으로는 일반 민중의 소박한 민간 신앙과 결합하여 종교화되었는데, 후자를 도가 사상과 구별하여 도교(道敎)라고 부르기도 한다.

3. 불교 사상

불교 사상은 본래 고대 인도에서 일어났다. 당시의 인도에서는 고타마 싯다르타(석가모니: B.C. 563?~483?)가 출현하여 기존 사상의 문제점들을 비판하고, 인간이 스스로 도덕적 책임을 자각하고 착하게 살아갈 수 있는 지혜를 설법하였다. 이러한 불교 사상은 석가의 근본 사상인 연기설(緣起說)과 사성(四聖)제설, 그리고 삼법인설(三法印說)로 대표된다.

(1) 연기설

인간은 누구나 자기를 아끼는데, 그것은 당연하고 자연적인 모습이다. 그런데 자기와 남을 포함하여 이 세상의 모든 것은 수시로 변화하는 여러 가지 조건에 의하여 생겨나고 지속되며, 또한 없어진다. 우리 자신이 우주 만물 및 타인들과 불가피한 인과 관계로 맺어져 있다는 연계성과 상호 의존성을 철저히 깨닫게 되면, 내가 소중하듯 남도 소중함을 알게 된다. 그리하여 남의 기쁨을 함께 기뻐하게 되고, 남의 슬픔도 같이 슬퍼하게 되는데, 이것이 바로 자비(慈悲)이다. 자비는 타율적으로 강요되거나 규정되는 것이 아니라, 연기성(緣起性)에 대한 자각을 통해 자연적으로 발생되는 윤리이다.

삼법인에 관한 설을 종합한 것이 연기설인데, 연기설은 인연설(因緣說)이라고도 한다. 인연이란 '인(因)'과 '연(緣)', 즉 원인과 연줄을 의미한다. 따라서 인연이란 여러 가지 원인에 의해 생기는 연줄의 원리이며, 현상의 상호 의존 관계를 가리킨다. 현상은 언제나 생멸(生滅), 변화하는 것이지만, 그 변화는 무궤도적(無軌道的)인 것이 아니라, 일정한 조건하에서는 일정한 움직임을 보이는데, 그 움직임의 법칙이 인연이다.

인연설의 핵심은 "이것이 있으면 그것이 있고, 이것이 생기기 때문에 그것이 생긴다. 이것이 없으면 그것이 없고, 이것이 멸하기 때문에 그것이 멸한다."라는 말에 담겨 있는데, 인연과 법은 불교의 근본적인 특징으로서 인연설은 불교의 근본 원리이다. 따라서 우리는 인연설을 충분히 이해하면 불교 자체에 쉽게 접근할 수 있다.

이처럼 인연설은 불교의 중심 사상인 동시에, 불교가 다른 종교 철학과 구별되는 특징을 지니고 있다. 인연설은 우주와 인생의 문제를 시간적 · 공간적 · 논리적으로 고찰하는 것이지만, 불교는 철학이나 과학이 아니고, 인생 문제를 구체적으로 해결하려는 종교이기 때문에, 우주와 인생의 단순한 객관적인 움직임을 연구하는 것이 아니라, 인간의 고뇌를 해결하기 위하여 필요한 사회와 인생의 움직임을 인연으로 설명한다.

(2) 사성제설

사성제란 석가모니가 깨달은 네 가지 성스러운 진리, 즉 고성(苦聖)제, 집성(集聖)제, 멸성(滅聖)제, 도성(道聖)제 등을 말한다.

고성제는 현실 세계의 결과를 말하는데, 인생 그 자체가 고통이라는 것이다. 생(生), 노(老), 병(病), 사(死)가 잘 알려진 대표적인 고통이다. 다시 말해서, 삶이 고통이고 늙음도 고통이며, 병도 고통이고 죽음도 고통이다. 또한 미운 사람을 만나는 것도 고통이고 사랑하는 사람과 헤어지는 것도 고통이며, 구하는 것을 얻지 못하는 것도 고통이라는 것이 '고통에 관한 신성한 진리'이다.

집성제는 현실 세계에서의 고(苦)의 원인을 말하는데, 마음 속의 번뇌와 갈등이 고통의 원인이라는 것이다. 다시 말하면, 정감(情感)의 측면에서는 애욕(愛慾)이, 이지(理智)의 측면에서는 무명(無明)이 근원적인 고통의 원인이다. 즉, 윤회 재생으로 이끌고, 기쁨과 탐욕을 수반하여 도처에서 즐기려는 열애 욕구는 '고통 생기(生起)의 원인에 관한 신성한 진리'이다.

멸성제는 이상 세계의 결과를 말하는데, 이는 고통의 원인이 소멸된 상태를 말한다. 즉, 열애 욕구를 멸하여 버리고 아무 것에도 집착하지 않는 것이 '고통의 멸에 관한 신성한 진리'라는 것이다. 불교 사상은 애욕과 무명을 초월하여 열반(涅槃)이나 해탈(解脫)의 경지에 도달하는 것을 궁극적인 목적으로 본다.

도성제는 이상 세계의 원인을 말하는데, 이는 열반의 경지에 이르기 위한 수행 방법을 설명한 것이다. 이는 지나친 쾌락에 빠져서도 안 되고, 지나친 계율이나 고행에 빠져서도 안 되는 '중도(中道)'를 견지하는 것을 의미한다. 이러한 중도는 팔정도(八正道)로 세분하여 설명될 수 있는데, 정견(正見: 바른 견해), 정사유(正思惟: 바른 판단), 정어(正語: 바른 말), 정업(正業: 바른 신체적 행동), 정명(正命: 바른 생활법), 정정진(正精進: 바른 노력), 정념(正念: 바른 생각과 의식), 정정(正定: 바른 명상과 정신 통일) 등이 바로 그것이다. 이 여덟 가지의 신성한 도(八支聖地)야말로 '고통의 멸에 이르는 도에 관한 신성한 진리'라는 것이다.

(3) 삼법인설

삼법인설은 불교의 근본 교의(教義)라고 할 수 있는데, 법인(法印)으로는 '제행무상(諸行無常)', '제법무아(諸法無我)', '일체개고(一切皆苦)'의 삼법인, 또는 여기에 '열반적정(涅槃寂靜)'을 포함시켜 사법인을 내세우기도 한다.

① **제행무상**(諸行無常)

제행무상이란, 우리가 감각할 수 있는 모든 현상은 영구 불변하는 것이 아니라, 항상 생멸(生滅), 변화하고 있다는 것이다. 여기에는 나 자신의 존재마저도 순간마다 변화한다는 만물유전(萬物流轉)의 세계관이 담겨 있다. 즉, 제행이란 생멸, 변화하는 일체의 현상을 가리키는 것으로 유위(有爲)와 같은 뜻이다. 다시 말하면, 모든 현상은 한 순간의 정지도 없고 무상하며, 생멸 · 변화한다는 것이 제행무상이다.

불교에서 말하는 제행무상은 우리가 일상적으로 경험하고 있는 사실이며, 특별한 증명을 요하지 않는 자명한 일로서, 법인 중에서는 제행무상이 가장 강조되고 있다.

② **제법무아**(諸法無我)

제법무아란, 현상의 모든 존재는 인과 연에 의해 생긴 것이므로 고정된 실체가 없다는 것이다. 즉, 모든 것은 끊임없이 변화되고 있으므로, 일상적인 자아도 참된 실체로서 존재하는 것이 아니라, 헛된 집착의 산물에 불과하다는 것이다.

제법이란 제행과 마찬가지로 현상으로서의 일체법, 즉 '현상의 물(物)'을 의미한다. 무아란 비아(非我)라고도 해석되는데, 대승(大乘) 불교가 되자 무아라는 말보다 '공(空)'이라는 말이 더 많이 사용되었다. 또한 중국의 선종(禪宗)에서는 '무(無)'라는 말이 사용되었는데, 이는 모두 같은 뜻이다. 여기에서의 '공'이나 '무'라는 것은 본체론적인 의미가 아니라, 현상이 공이나 무의 상태에 있는 것을 말한다. 따라서 무아와 공은 실체가 없다는 뜻이 아니라, 제법이 무아와 공의 상태에 있는 것을 가리킨다.

무아와 공은 자기를 공허하게 한 상태이므로, 거기에는 자기 중심의 탐욕이 없고, 공연히 남을 두려워하거나 싫어하지 않으며, 남에게 아부하거나 남을 업신여기지도 않고, 화를 내거나 질투 · 시기하는 일도 없다. 또한 언제나 남의 입장, 전체의 입장에 서서 바른 것을 생각하고 행동하기 때문에, 남에게 폐를 끼치는 일도 없다. 따라서 사람은 물론 미물에 대해서까지도 자비와 연민의 마음을 갖게 된다.

이처럼, 제법무아는 이 세상에 존재하는 모든 것은 인과 연에 의해 서로 연관이 있고, 서로 의존하게 마련이며, 고립된 '나[我]'라는 것은 실체가 없다는 것을 의미한다. 그럼에도 불구하고 세인(世人)들은 '나'라는 실체가 있는 것처럼 행동하고, '나'를 내세우며 서로를 등지고 있기 때문에 필연적으로 분쟁이 발생한다는 것이다.

③ **일체개고**(一切皆苦)

일체개고는 '일체고행(一切苦行)' 또는 '제행개고(諸行皆苦)'라고도 하는데, 인생살이 자체가 고통과 번뇌로 이루어져 있다는 것이다. 대부분의 사람들은 내가 실재하며, 현실의 세계는 항상 고정되어 있다고 착각하고, 또한 거기에 집착하게 되는데, 이로 인해서 인생의 모든 고뇌가 생긴다는 것이다.

불교 사상은 소승 불교에서 보살행(菩薩行)을 강조하는 대승 불교로 발전적 전환이 이루어졌는데, 대승 불교의 윤리관은 자비의 실천을 강조하는 데에서 더욱 구체화되었다. 한편, 진(晉)대에서 남북조(南北朝)를 거쳐 수(隋)대에 이르러서 불교는 천태종(天台宗), 화엄종(華嚴宗), 선종(禪宗)의 세 종파로 나누어져 발전해 나갔다. 천태종과 화엄종은 인도 불교의 경전에 나타난 교리를 중시한 반면, 선종은 일정한 경론이나 전통을 중시하지 않는 경향이 있었다.

4. 한국의 전통 사상

우리의 전통 사상에 대한 이해는 우리 민족의 기본 윤리는 무엇이며, 이러한 윤리 의식이 각 시대의 생활 양식 속에서 어떻게 구현되어 오늘날에 이르게 되었는지를 파악하게 함으로써, 우리 자신을 근원적으로 이해하고, 이를 바탕으로 해서 현재를 살아가는 슬기와 새로운 민족 문화의 창조에 기여할 수 있는 가치관을 정립하도록 하여 준다.

(1) 한국 윤리 사상의 원류

역사가 고대로 소급되어 올라 갈수록, 역사에 대한 인식은 집단적 성격을 통해서 나타난다. 왜냐하면, 인간은 자신들의 사고를 집단 속에서, 또는 집단에 의해서 표출하기 때문이다. 바로 그러한 집단 의식의 성격이 한 민족의 공동체적 윤리 의식으로 펼쳐진다고 할 수 있는데, 이러한 윤리 의식을 올바로 이해하기 위해서는 그 정신의 로고스(logos)적 측면과 파토스(pathos)적 측면을 동시적으로 고려하여 인식하여야 한다.

한국 윤리 사상의 원류로는 상고 시대의 원시 신앙과 단군 신화(檀君神話)를 들 수 있다. 우리 나라의 원시 신앙은 다양한 씨족들의 신앙에서 찾아볼 수 있는데, 당시의 우리 조상들은 하늘이나 자연계(自然界)의 모든 대상들이 초월적인 놀라운 힘과 영혼을 지니고 있다고 생각했으며, 이것들을 숭배하는 의식(儀式)을 통해 복(福)을 기원하고, 불안과 두려움을 해소하고자 하였다. 고대 부족 국가가 확립되기 이전에 형성된 이러한 원시 신앙은 당시의 씨족 사회의 생활 윤리 규범을 제공하였고, 우리 민족의 독자적인 공동체 의식과 전통 문화를 형성하는 데에도 크게 기여하였다.

특히, 구복 신앙(求福信仰)으로서의 원시 신앙은 단군 신화에서 더욱 구체화되었는데, 여기에서 나타난 홍익 인간(弘益人間)과 재세 이화(在世理化)는 바로 단군 정신의 로고스라고 할 수 있고, 영고(迎鼓)·동맹(東盟)·무천(舞天)·가배(嘉俳) 등은 그 파토스적인 측면의 발현이라고 할 수 있다.

단군 신화의 내용은 "천제(天帝) 환인(桓因)의 아들인 환웅(桓雄)이 홍익 인간의 뜻을 품고 인간 세상에 내려와 바람[風伯]과 구름[雲師], 그리고 비[雨師]를 관장하는 신하를 거느리고 곡식과 인간의 수명, 질병, 형벌, 선악 등을 주관하면서 세상을 다스리고 교화하였다. 그리고 곰[熊女]과 결합하여 단군을 낳았는데, 단군은 인간을 널리 이롭게 한다는 홍익 인간의 이념에 따라 세상을 다스려 광명 세계를 개창하였다."고 요약되는데, 이러한 단군 신화는 당시 한민족의 생활관과 자연관 및 세계관의 전형을 보여주고 있다. 신화를 소유하고 있는 대부분의 다른 민족들도 신화를 통하여 은연중에 그 민족 고유의 사유 형식과 생활 양식을 드러내는 것처럼, 단군 신화 역시 우리 민족의 원초적인 관념과 생활 양식을 보여준다고 할 수 있다.

단군 신화가 지니고 있는 우리 민족의 정신사적 의의는 크게 세 가지로 요약되는데, 첫째, 단군 신화는 천상(天上)의 세계와 지상(地上)의 세계를 조화시켜 통일된 세계관을 지향하였다는 점, 둘째, 단군 신화는 근본적으로 인본주의적 성격을 띠고 있다는 점, 셋째, 단군 신화는 우리 민족의 공공 질서 의식과 민족 의식을 고취시켰다는 점 등을 들 수 있다. 또한, 단군 신화를 통해 고취된 공공 질서 의식이나 민족 의식은 우리 민족의 주체성을 회복시켜, 고대 국가 형성의 기반을 다지는 데에도 크게 기여하였다.

(2) 한국 윤리 사상의 특징과 의의

지금까지 한국 윤리 사상의 원류라고 할 수 있는 상고 시대의 원시 신앙과 단군 신화에 대해 알아보았는데, 이들 사상은 삼국 시대로 넘어오면서 중국이나 인도로부터 전래된 유교와 불교 및 도교 사상과 융합되어 현대에 이르고 있다. 한국 윤리 사상의 특징과 현대적 의의를 요약하면 다음과 같다.

첫째, 한국 윤리 사상은 경천 사상(敬天思想)을 기초로 한 인간 존중 사상이다. 원시 신앙에서 하늘을 숭배하는 경천 사상은 단군 신화에서의 인간 존중 사상으로 발전되었다. 또한 우리 민족의 건국 이념인 홍익 인간, 재세 이화, 광명 이세(光明理世) 등의 이념에는 인간 세상을 밝은 빛으로 교화하고 다스려 널리 이롭게 한다는 인간 존중의 정신이 반영되어 있는데, 이러한 인간 존중 정신은 삼국 시대에 유교 및 불교와 결합되어 더욱 발전하였다.

조선 시대의 승려인 보우(普雨)는 "하늘이 곧 사람이요, 사람이 곧 하늘이다."라고 하면서, 모든 사람이 다 부처가 될 수 있다는 자비의 정신을 강조하였다. 그리고 조선 시대의 성리학도 인간의 성품 속에는 하늘의 이치와 합일(合一)될 수 있는 선한 도덕성이 있다고 했는데, 이러한 주장 역시 인간 존중 사상을 잘 보여주고 있으며, 동학 사상도 "인간을 하늘처럼 섬기고 존중해야 한다."고 하여 인간의 존엄과 가치를 강조하고 있다.

둘째, 한국 윤리 사상은 민본주의(民本主義) 정신을 구현하고자 했다. 민본주의는 백성을 나라의 근본으로 여기는 통치 이념인데, 이는 인간 존중 사상을 사회 구조나 국가 제도를 통해서 구현하고자 한 것이라고 할 수 있다. 따라서 국왕은 백성을 통치의 수단이 아닌 목적으로 삼으면서 선정(善政)을 베풀고자 노력하였다. 홍익 인간의 이념에서 비롯된 이러한 민본주의는 유교의 인의(仁義) 사상과 결합되어 왕도정치(王道政治) 이념으로 발전되었다.

셋째, 한국 윤리 사상은 공동체의 생활 윤리를 구현하고자 했다. 유교 윤리 사상은 개인적인 차원에서 성(誠), 경(敬), 신독(愼獨), 극기(克己), 수기(修己) 등의 정신을 강조하였는데, 성은 말한 바를 반드시 이루도록 정성을 다하는 마음의 본체로서, 개인 행동의 근본적 덕목이고, 경이나 신독은 성실한 마음에 도달하기 위한 수양 방법으로서, 매사에 거짓이 없고 도리에 어긋남이 없도록 행동을 삼가는 것을 말한다. 이러한 개인 윤리는 가족 생활과 사회 생활 및 국가 생활에서의 실천 윤리와 연계되어 효(孝), 경애(敬愛), 예(禮), 충(忠) 사상 등으로 발전되었다.

또한 불교 사상에서도 개인적인 해탈은 자비심이나 보살행 등으로 나타나, 모든 중생을 구제하고 남과 함께 사는 이상적인 공동체를 건설하고자 하였는데, 이는 원효나 의천, 지눌 등이 제시한 부분과 부분의 조화, 전체와 개체의 조화 사상에 잘 나타나 있다. 그리고 도교에서도 개인적인 심신의 단련이나 인격의 도야는 공동체 구성원들 간의 결속을 강화하여 이상 사회를 건설하는 것을 궁극적인 목적으로 삼았다. 이처럼 공동체의 생활 윤리를 구현하고자 했던 우리 민족의 전통 윤리 사상은 이웃과 상부상조(相扶相助)하는 관습을 낳았는데, 품앗이, 계, 향약, 두레 등이 그 대표적인 예라고 할 수 있다.

넷째, 한국 윤리 사상은 자주적인 민족 의식을 고취하여 우리 나라가 단일 민족 국가로서 부단히 발전해 오도록 하는데 기여하였다. 우리 나라는 옛날부터 지정학(地政學)적으로 요충지였기 때문에, 고대 국가 이후 수백 차례에 걸쳐서 이민족의 침입을 받아왔지만, 우리 민족은 유교에서 강조하는 의리 정신이나 불교에서의 호국 사상을 구국 이념으로 승화시켜서 이민족의 침입에 저항하였다. 또한 우리 민족은 외래 사상을 주체적으로 수용하여 자주적인 단일 민족 사상과 문화로 발전시켜 왔다.

우리는 이러한 한국 윤리 사상의 특징과 의의를 새롭게 발견하여, 현대 사회를 살아가는데 필요한 생활의 지혜와 규범으로 삼아야 한다. 왜냐하면, 우리 사회도 이제 고도 산업 사회로 발전했고, 또한 미래 사회에서도 전통 윤리 사상은 인간성의 회복, 정의로운 사회의 실현, 새로운 민족 문화의 창조 등의 기능을 담당할 수 있을 것이기 때문이다.

2 서양의 윤리 사상

대부분의 윤리 사상은 그 원류를 가지고 있으며, 그 원류는 인류의 문명과 함께 발전되어 왔고, 그 특징 또한 각 시대의 생활 양식 속에서 찾아볼 수 있다. 서양의 윤리 사상은 대체로 서로의 사상을 대비시켜 그 특성을 이해할 수 있는데, 이러한 대립적 관점은 서양 윤리 사상의 변증법적인 발전을 가져왔으며, 동시에 그 대립적 견해와 사상 자체가 인간의 본성을 설명하는 윤리설이라고 할 수 있다.

1. 서양 윤리의 전통

서양 철학은 기원전 6세기경부터 고대 그리스에서 시작되어 오늘날까지 그 윤리적 전통을 이어가고 있는데, 때로 우리는 서양의 윤리적 전통에 대한 관심을 비난하기도 하며, 서양에 대한 구속으로부터 해방되어야 할 것을 요구받기도 한다. 그러나 진정으로 서양적인 것으로부터 자유롭게 되는 길은 그것의 영향으로부터 벗어나는데 있는 것이 아니라, 그것의 의의를 올바로 이해하는데 있다고 할 수 있다. 따라서 여기에서는 서양에 대한 이해를 돕기 위해 서양의 윤리적 전통을 간략히 다루었다.

(1) 소피스트(sophist)

소피스트는 그리스어로 '현명한 사람'의 뜻인데, B. C. 5세기 후반 주로 아테네의 자유민으로서 필요한 지식과 웅변술을 가르치고 그 대가를 받았던 직업적인 교사들을 말하며, 그 대표자들로는 프로타고라스(Protagoras), 고르기아스(Gorgias), 프로디코스(Prodikos), 힙피아스(Hippias) 등이 있다. 소피스트는 프로타고라스처럼 덕(德)을 가르친다고 주장했던 사람도 있었지만, 공통적으로는 변론술(辯論術)을 가르쳤다. 이는 당시의 민주 정치적인 요구에 따른 것으로서, 변론에 탁월한 것이 출세의 지름길이었으므로 그들 주변에는 많은 청년들이 모여들었다.

그런데 소피스트들은 이 세상에서의 성공과 진위(眞僞)에는 상관없이 자기에게 유리하도록 변론하는 재능에만 중점을 두었기 때문에, 진리의 문제나 윤리, 도덕의 규준(規準)에 관하여는 회의적인 분위기를 불러 일으켰다. 그들이 아테네의 문화적 발전을 위하여 이루어 놓은 계몽적 공적은 높이 평가되지만, 그들은 흔히 악평의 표적이 되었고, 마침내는 백(白)을 흑(黑)이라고 우기는 궤변(詭辯)의 무리, 또는 도덕의 파괴자로 지칭되어, 근대 이후 유럽에서는 소피스트라는 말에 멸시의 의미가 붙어 다니게 되었다.[1]

(2) 소크라테스의 윤리 사상

소크라테스(Socrates)에 의하면, '덕은 곧 지식'이며, 덕과 선에 대한 지식은 동일하다. 그에 의하면, 무엇이 옳은 것인지를 아는 사람은 그 지식으로 인하여 옳은 것을 행할 수 있고, 무지한 사람은 그른 일을 행할 것이므로, 악한 행위는 무지에서 연유된다. 그러므로 도덕적인 행위를 할 수 있는 사람은 자기 자신에 대한 지식과 그를 둘러싸고 있는 사물들의 관계에 대한 정확한 지식을 갖고 있는 사람이라는 것이다.

델포이 신전(Delphoi 神殿)에 쓰여 있던 "너 자신을 알라"라는 구절은 소크라테스의 중요한 금언이 되었다. 소크라테스 윤리 사상의 대전제는 선이 무엇인지 아는 사람은 필연적으로 그것을 추구할 것이며, 자신에게 해로운 일이라는 것을 안다면 누구도 그것을 고의적으로 수행하지는 않을 것이라는 점이다.

그러나 이와 같은 소크라테스의 윤리 사상은 사람들은 알면서도 악을 행하는 경우가 적지 않다는 점에서, 또한 많은 노이로제 환자들은 그들이 알고 있는 바람직한 행위를 하려고 해도 감정을 억제할 수 없는 경우가 있으며, 정상적인 사람들도 성적인 충동 때문에 그들의 현명한 판단과 배치되는 행위를 하는 등 감정의 희생양이 되는 경우가 있다는 점에서 비판의 대상이 되기도 하였다. 소크라테스는 이러한 비판에 대하여, 사람들이 감정과 욕망의 작용에 대한 충분한 사전 지식을 가지고 있지 않으며, 자기 자신을 통제하는데 필요한 지식을 결

1. 김태길 외 역, *서양철학사*(서울: 을유문화사, 1974), pp.44~51.

여하고 있기 때문에 그러한 결과가 초래된다고 주장하였다.[2]

(3) 플라톤의 이데아

이데아 또는 에이도스(eidos)의 원 뜻은 '눈에 보이는 형상(形相)'인데, 소크라테스의 윤리 사상을 계승 · 발전시킨 플라톤(Platon)에 있어서, 이데아는 육안으로 보이는 형상을 기연(起緣)으로 하며, 사유의 눈에 의하여 관득(觀得)되는 제 사물의 진실재(眞實在)를 의미한다. 플라톤은 선(善)의 이데아를 모방하여 실현해 나가는 것을 참된 삶이라고 하였는데, 이는 인간이 자신의 잠재 능력을 계발하여 자아 실현을 도모하는 삶의 방식을 말한다. 그에 있어서, 자아 실현은 지혜, 용기, 절제가 상호 조화를 이루어 정의를 구현할 때 가능한데, 이러한 사주덕(四主德)은 그 이후 서양의 윤리 사상에서 주요한 덕목으로 강조되었다.

플라톤의 경우, 이데아는 근세의 철학자들이 해석하는 것과 같은 의식의 대상으로서의 의미를 명확히 지니고 있었던 것은 아니었다. 그러나 그의 경우에 있어서, 단순한 감각적 지각이 아닌 이성적인 인식이 확실한 지식이라는 입장은 명백히 밝혀져 있었고, 그러한 견지에서 이데아는 특히 이성에 관계되는 영원 불변한 것이라는 의미를 가진다.[3]

(4) 아리스토텔레스의 행복론

아리스토텔레스(Aristoteles)에 의하면, 인생의 궁극적인 목적은 행

---

2. 황경식 외 역, William S. Sahakian, *Ethics: An Introduction to Theories and Problems*(New York, Evanston, San Francisco, London: A Division of Harper & Row, Publishers, 1974), *윤리학의 이론과 역사*(서울: 박영사, 1988), pp.14~21.
3. 강성위 역, *서양철학사*(서울: 이문출판사, 1988), p.142.

복을 얻는 것이고, 행복을 얻는 길은 이성에 따라 자신의 능력을 조화롭게 발휘하는데 있다. 그는 이성적 활동에 의해 발생되는 습관을 덕(德)이라고 하였다.[4]

아리스토텔레스의 행복주의(eudaemonism)는 그리스어 'eudaemonia'에서 유래한 말로서, 쾌락뿐만 아니라 복지와 행복한 정신, 그리고 마음의 쾌적한 상태까지 포함한 행복의 철학을 의미한다. 그는 "행복이란 가장 훌륭하고 고상한 것이며, 이 세상에서 가장 즐거운 것이다."라고 하면서, 개인의 행복한 상태는 이성과 절제, 그리고 잠재력의 실현을 통한 건전한 생활에서 결과되는 것이라고 주장하였다.[5]

아리스토텔레스의 철학은 모든 측면에서 철저하게 목적론적이다. 그에 의하면 "자연은 결코 불필요한 것을 생산하지 않기" 때문에, 인간과 동물, 그리고 식물에 이르기까지 이 세상의 모든 사물은 그 자체의 목적을 지니고 있다. 또한 그에 의하면, 인간이 달성해야 할 목적은 선의 실현에 있다. 따라서 그에 있어서 모든 인간 활동의 목적은 '덕과 일치하는 영혼의 활동'으로 정의되는 선을 추구하는 것이다. 그에 의하면, 인간의 최고 목적인 선은 행복으로 귀착될 뿐만 아니라, 그 자체로서 행복한 상태이다.

소크라테스는 "지식은 덕이고, 덕은 곧 행복이다(知德福合一說)"라고 주장했지만, 아리스토텔레스는 소크라테스의 이러한 주장에 극히 제한적으로만 동의하면서, 덕이 비록 행복을 산출한다고 하더라도 모든 덕이 다 지적인 덕은 아니라고 역설하였다. 왜냐하면, 어떤 덕은 도덕적인 덕으로서 실현되기 위해서는 실천적인 의지에 의존해야 하기 때문이라는 것이다.

아리스토텔레스는 유덕한 행위를 규칙적으로 반복하다 보면 덕에

---

4. *Ibid.*, p.287.
5. 황경식 외, *op. cit.*, pp.59~60.

습관이 붙게 된다고 하면서, 덕을 습관화된 중용(中庸)으로 규정했다. 그에 의하면, 중용이란 '올바른 이성이 명령하는 것'으로서, 중용은 양편에 악과 덕을 모두 두고 있는 중도적인 것을 의미한다. 결국 그에 따르면, 인간은 중용의 덕을 지님으로써 행복해질 수가 있다.

(5) 스토아 학파의 윤리 사상

스토아(Stoa) 학파는 키니크(Kynik) 학파를 계승하고, 헤라클레이토스(Heracleitos)의 로고스(logos: 세계를 합목적적으로 지배하는 법칙)설을 발전시킨 학파인데,[6] 그 창시자는 제논(Zenon)이다. 제논은 인생의 궁극적 목적인 최고선과 행복이 이성의 활동에 의해 정념(情念)이 없는 마음의 상태, 즉 '아파테이아(apatheia)'를 유지해 나갈 때에 비로소 실현된다고 역설하였다. 또한 그는 이를 위한 구체적인 생활 태도로서 보편적인 우주이성(宇宙理性)에 의해 지배되는 자연 법칙이나 신(神)의 법칙에 따르는 생활을 들었는데, 이는 자연 법칙과 신의 법칙에 따라 사는 것이 바로 양심적인 생활이며, 또 선하고 유덕(有德)한 생활이기 때문이다.

이러한 스토아 학파의 윤리 사상은 그 후 2세기경에 이르러 아우렐리우스(Aurelius)에 의해 더욱 발전되었고, 로마의 만민법(萬民法)과 중세 및 근대의 자연법(自然法) 사상에 이론적 기초를 제공했으며, 범신론(汎神論: 신과 자연과의 관계를 다른 것으로 보지 않고, 자연의 모든 것을 신이라고 보는 입장)적 윤리 사상의 형성에도 큰 영향을 미쳤다.

(6) 에피쿠로스 학파의 윤리 사상

에피쿠로스(Epicouros)는 인류를 죽음의 공포와 신이나 초자연력의

6. 학원사, *철학 대사전*, 1972, p.613.

공포로부터 해방시키려고 노력하였다.[7] 그는 유일 최고의 선인 정신적인 쾌락을 통해서만 고통으로부터 해방될 수 있고, 정신적인 평정의 상태, 즉 '아타락시아(ataraxia)'를 얻을 수 있으며, 진정한 행복도 실현할 수 있다고 주장하였다. 또한 그는 행복을 실현하기 위한 방법으로서 플라톤이 제시한 사주덕(四主德)을 받아들였는데, 지혜, 용기, 절제, 정의 등의 덕들은 신과 죽음에 대한 공포로부터 인간을 해방시켜 주고, 행위를 정당하게 판별할 수 있게 해 주며, 검소한 생활을 할 수 있도록 해 준다고 역설하였다. 이러한 에피쿠로스 학파의 윤리 사상은 그 후 근대 영국의 경험론과 공리주의(功利主義) 윤리설의 형성에 영향을 미쳤다.

(7) 자연법 사상

자연법(自然法)은 사회, 또는 인간의 본성에 근거한 법칙이나 윤리 규범을 말하는데, 스토아 학파는 진정한 법은 자연과 조화된 바른 이성이며, 보편적이고 영구적이라고 주장하였다. 중세의 자연법 사상은 토마스 아퀴나스(T. Aquinas)에 의해서 완성되었다고 할 수 있다.[8] 그에 의하면, 모든 법률들이 뿌리박고 있는 근원은 자연법이다.

인간은 그의 존재에 대한 본성적인 경향을 가지고 있고, 종족의 번식과 자식들의 부양에 대한 자연적인 성향을 가지고 있다. 또한 이성적인 존재로서의 인간은 진리를 탐구하고, 신에 관해서 추구하는 자연적인 경향을 가지고 있다. 이성은 인간의 목적을 달성하는데 필요한 모든 것을 명령하지만, 그것이 이성에 의해서 언명되고 지시된 것이라고 할지라도, 그것은 한마디로 자연법에 의거한 것이라고 할 수 있다.

7. 임석진 역, *세계 철학사*(서울: 분도출판사, 1980), p.258.
8. Heinrich A. Rommen, *The Natural Law*(New York: Arno Press, 1970) 참조.

토마스 아퀴나스에 의하면, 신의 지혜는 인간의 행위를 섭리(攝理)대로 다스리며, 영원법(eternal law)을 이루고 있다. 그 영원법은 신 안에 존재하는 것이므로, 그것은 자연법의 기원이며 원칙이다. 즉, 자연법은 영원법의 분신(分身)이라고 할 수 있다.

자연법 사상은 서구의 윤리, 법, 정치, 사회의 이론과 실천에 큰 영향을 끼쳤다. 자연법은 로마법의 이념적 기초이자 근대법 형성의 보편적 기초이다. 따라서 자연법은 모든 역사적 제도에 대해 원리적, 이상적 의의를 가진다고 할 수 있다. 또한 자연법은 실정법(實定法)의 이론적인 근거이자 그 비판의 기준이 되며, 실정법을 초월하여 영구불변적으로 존재하는 법이다. 가톨릭적 자연법론에서는 양심법(良心法)이 곧 자연법인데, 이 때의 '자연'은 인간의 이성적인 본성을 의미한다.

① **토마스 아퀴나스의 자연법론**(自然法論)

⊙ 법의 본질적 특성

- 모든 인간은 사회의 한 부분이므로 법은 공동선을 목표로 해야 한다.
- 법의 의무는 인간의 행위를 정의의 질서에 따라 인도하는 것이다.
- 법 제정의 의도는 인간을 선하게 만드는 것이다.

⊙ 법의 구분

- 영원법: 모든 행위와 운동을 주관하는 신(神)적인 지혜의 계획으로서 태초부터 존재하며, 자연법에 반영됨.
- 자연법: 인간 이성에 의해 인식되는 영원법으로서 자연 법칙과는 달리 도덕적인 성격을 가짐.
- 실정법(人定法): 자연법의 구체적 적용.
- 신법(神法): 신의 계시로서, 법적인 원리와 도덕적인 원리에 대

한 인간의 이해를 돕고 확장시켜 줌.

② **자연법, 실정법, 실증법**(實證法)

⊙ 자연법

- 도덕적인 관점에 기초하고 있으며, 자유의 내적(內的) 규범이라고 할 수 있다.
- 인간의 본성을 결정하는 신적 이성은 불변(不變), 완전하므로 자연법은 불변적이다. 실정법 위에 존재하는 자연법은 쓰여지지 않으며(unwritten), 인간이 원하든 원하지 않든 언제 어디서나 지켜져야 할 법이다.

⊙ 실정법

- 사회적인 관점에 기초하고 있으며, 자유의 외적(外的) 규범이라고 할 수 있다.
- 인간의 이성은 가변(可變), 불완전하므로 실정법은 가변적이다. 실정법은 특정한 시대와 사회에서 효력을 갖는 법규범이다.

⊙ 법실증주의(法實證主義)

- 자연법을 배척하는 관점이다.
- 법은 이성이나 신법에서 유래된 것이 아니라 단순한 역사적 산물이다. 따라서 실정법만이 법이다. 일단 적법한 절차에 따라 제정된 법은 정의에 관계없이 악법(惡法)이라 할지라도 구속력(拘束力)을 갖는다(kelsenism).

③ **자연법과 윤리학**

하나의 과학, 기술로서가 아니라 자연 도덕법의 원리로서의 윤리학은 인간을 개인적, 사회적 목표에로 인도할 수 있다. 그러므로 자연도덕법에 근거하고 있는 이성적 윤리학은 독자성과 가치를 지니고 있다고 할 수 있다.

2. 서양 윤리 사상의 전개

우리는 지금까지 서양 윤리 사상의 원류라고 할 수 있는 고대 그리스와 로마 및 중세의 대표적인 사상들을 알아보았는데, 여기에서는 그러한 사상들이 현대에 이르기까지 어떻게 전개되었는지 알아보고자 한다. 이를 위해서는 근대 초기(14~16세기)의 르네상스(Renaissance, 文藝復興) 및 종교 개혁의 윤리 사상, 자연 과학의 발달과 함께 확립된 근대적 사고의 유형들,[9] 근대 중기의 영국의 경험론과 대륙의 합리론 사조, 계몽 사상에 나타난 시민 사회의 윤리, 근세 후기의 독일 관념론과 영국의 공리주의 윤리 사상, 현대의 윤리 사상 등을 살펴볼 필요가 있다.

(1) 르네상스 및 종교 개혁

근대 초기의 윤리 사상이 형성될 수 있었던 계기는 르네상스와 종교 개혁 운동에서 찾아볼 수 있다. 르네상스 운동은 중세의 신(神) 중심의 사고 방식에서 벗어나, 자연적이고 현실적인 인간의 본성을 다루었던 고대 그리스와 초기 로마 시대의 문예(文藝)로 되돌아가자는 운동인데, 기본적으로는 인본주의(人本主義, Humanism)의 성격을 띠고 있었다. 이러한 르네상스 운동은 고대 사상으로의 맹목적인 복귀만을 추구하지 않고, 고대 사상 중에서도 형이상학(形而上學)적이 아닌, 인간의 현실에 기초한 지식이나 진리를 추구하고자 하였다.

---

9. 근세의 자연 과학에서 주로 사용된 방법론은 크게 두 가지로 구분되는데, 그 하나는 사유(思惟)와 지식의 근원을 경험으로 보고 경험적 관찰이나 실험에 의해서 얻은 지식을 중시하는 '귀납적(歸納的) 방법'이고, 다른 하나는 사유와 지식의 근원을 이성(理性)으로 보고 과학적 논리나 추리에 의해서 얻은 지식을 중시하는 '연역적(演繹的) 방법'이다.

한편, 르네상스 운동과 비슷한 시기에 일어난 종교 개혁 운동의 기본 정신은 세속화된 중세 교회의 영향력에서 벗어나 순수했던 초기 교회의 신앙으로 되돌아가자는 것이었다. 종교 개혁은 1517년 독일의 루터(M. Luther)에 의하여 시작된 중세 보편 교회(普遍敎會)에 대한 반항 운동이었다. 그 결과 중세 기독교 세계의 통일은 깨어지게 되었고, 신교라고 불리어지는 새로운 교회와 교파들이 생겨났으며, 종래의 중세 교회는 구교, 또는 가톨릭 교회로 불려지게 되었다.

종교 개혁이 일어나게 된 원인은 여러 가지가 있다. 첫째, 중세 교회나 교황권은 봉건 사회와 매우 밀접한 관계를 갖고 있었는데, 그 봉건 사회의 붕괴가 종교의 변화를 가져왔다고 할 수 있다. 둘째, 봉건 사회의 붕괴는 교황권의 쇠퇴를 초래하였고, 셋째, 당시의 교황청 및 교회의 부패와 타락도 개혁의 한 요인이 되었으며, 마지막으로는, 이러한 중세 교회와는 상반되는 새로운 운동 및 경향이 태동된 것이 종교 개혁 운동의 원인이 되었다.[10]

종교 개혁 운동은 그 후 스위스의 츠빙글리(U. Zwingli), 칼뱅(J. Calvin) 등에 의해 계승되었고, 전 유럽으로 확산되어 프로테스탄티즘(protestantism: 루터를 중심으로 한 종교 개혁자들의 신조에 기초한 크리스트교의 새로운 사조로서, 크리스트교를 내면화함으로써 신앙의 영역에서 개인의 주체성을 회복하려고 함)을 형성시켰다.

또한 이로 인해 영국에서는 16세기 후반에 청교도주의(puritanism: 엄격하고 순결한 생활 태도를 유지하는 데에서 청교도라는 명칭이 유래되었는데, 순수한 칼뱅주의[11]에 입각한 개혁을 주장하였다)가 나타나기도 하였다.

---

10. 임석진 역, *op. cit.*, pp.24~26.
11. 예정설(豫定說)과 금욕적 직업윤리 및 소명(召命)으로서의 직업 등을 강조했는데, 서구의 크리스트교 문화권에서는 직업을 "신(神)으로부터 부름을 받는다."는 의미로 사용해 왔다.

(2) 경험론과 합리론

경험론은 인식론(認識論)에 있어서 지식의 기원을 경험에 두는 학설을 말한다. 역사적으로는 고대의 소피스트, 키레네 학파, 스토아 학파, 에피쿠로스 학파 등과 중세의 유명론(唯名論) 등이 경험론적이라고 할 수 있으나, 합리론에 대립할 수 있는 확고한 기반은 18세기에 이르러서 확립되었다.

17세기 합리론의 이성주의(理性主義) 철학이 종교적 · 절대적 이성의 입장을 취한데 반하여, 18세기 경험론의 철학은 인간적 · 상대적 이성의 입장을 견지하였는데, 이러한 경향의 선구자는 17세기 후반의 로크(J. Locke)이다. 로크의 사상은 영국의 버클리(G. Berkeley)와 흄(D. Hume)에 의하여 발전되어 영국의 경험론을 형성하였고, 그 영향을 받은 프랑스에서는 콩디약, 달랑베르의 실증론(實證論)과 돌바크의 유물론(唯物論)이 생겨났다. 한편, 현대 미국의 제임스(W. James)를 대표로 하는 실용주의(pragmatism)도 경험론에서 파생된 한 유파라고 볼 수 있다.[12]

영국 경험론의 대표적인 인물로는 베이컨(F. Bacon)을 들 수 있는데, 그는 현실 생활에 도움을 주는 지식이 보편적인 지식이라고 보았으며, 이러한 지식의 원천은 경험이라고 역설하였다. 즉, 그는 관찰과 실험에 의해서 인간과 외부의 사물을 인식하고, 또한 그것을 통해 얻어 낸 지식이 유용한 참된 지식이며, 이를 통해서 행복한 삶이 실현될 수 있다고 주장하였다.

그러나 그는 우리가 실제 생활에서 참된 지식을 인식하지 못하는 이유는 인간의 지각에 내재하는 선입견과 편견 때문이라고 보고, 이를 타파할 것을 역설하였다. 그는 이러한 선입견과 편견을 우상(Idola)

---

12. 김태길 외, *op. cit.*, p.386.

이라고 불렀는데, 그 대표적인 것으로는 동굴의 우상(개인 특유의 성격에서 유래된 편견), 극장의 우상(자기 자신의 사색에 의하지 않고, 권위나 전통에 의지하려는 편견), 시장의 우상(언어의 부적당한 사용에서 생기는 편견), 종족의 우상(인류의 본성에 바탕을 둔 편견) 등을 들 수 있다. 이러한 경험론에 입각한 베이컨의 윤리 사상은 그 후 홉스(T. Hobbes)와 로크 등을 거쳐 공리주의 윤리 사상으로 발전하였다.

한편, 대륙의 합리론은 데카르트(R. Descartes)에 의해서 시작되었는데, 그는 이성 활동에 의한 진리 탐구 방법을 '방법적 회의'라고 하였다. 그는 수학과 자연의 연구에 흥미를 갖고 있었는데, 특히 수학적 방법에 의해 '확실하고도 명증적(明證的)인 인식'으로서의 학문을 정립하려고 노력하였다. 즉, 데카르트는 종합과 분석 등 수학적인 방법에 입각해서 물질적인 사상 일반(事象一般)을 다룰 것을 주장하였는데, 그는 물질의 모습이나 크기와 같은 기하학적인 성질에 의해서 그것을 파악하려고 시도하였다. 그러나 이러한 태도는 자연히 종래의 스콜라(schola) 철학적인 물질관과 대립하게 되었다.[13]

데카르트는 확실하고 자명한 진리를 연역해 내기 위해서는 절대로 의심할 수 없는 기본 명제를 그 출발점으로 삼아야 한다고 생각하였다. 따라서 그는 이러한 기본 명제를 찾기 위하여 수많은 의심을 해본 결과, 내가 지금 사유한다는 사실만은 결코 의심할 수 없다는 결론에 이르게 되어 "나는 생각한다. 그러므로 나는 존재한다."라는 명석한 진리를 제시하였다. 데카르트는 이를 '사유의 제1원리'라고 하였으며, 여기에서 출발하여 모든 보편적인 지식을 연역하고자 하였다.

데카르트는 이성에 근거하여 보편적인 지식을 추구하고자 함으로써 근대적 사고의 전형(典型)을 보여주었는데, 그는 이러한 진리관을 토대로 합리론적인 윤리 사상을 제시하였다. 즉, 그는 인간이 인간다운

---

13. 강성위 역, *op. cit.*, pp.159~162.

이유는 참과 거짓을 분별할 줄 아는 이성을 지녔기 때문이라고 역설하였다.

그러나 그는 신체적 자극에 의해서 생겨난 정념이 이성의 활동을 방해할 경우, 사람들은 참과 거짓을 분별하기가 힘들고, 이로 인해 도덕적인 과오를 범하게 된다고 보았다. 따라서 그는 일상 생활에서 중요한 것은 정념에 지배되지 않으려는 이성적 자유 의지의 확립과 그것에 기초한 올바른 도덕적 판단 및 실천이라고 역설하였다.

(3) 계몽 사상

계몽 사상은 주로 18세기 독일과 프랑스에서 나타났는데, 반종교적(현세적)이고 반형이상학적(과학적)인 사고 방식을 자연에 대한 인식에 있어서 뿐만 아니라, 사회에 대한 인식에 있어서까지도 확장시키고, 이 같은 사고 방식을 교육을 통하여 보급, 계몽함으로써 사회적 부자유와 불평등을 제거하려고 시도했던 사조(思潮)이다. 이러한 생각은 근대 초 17세기 후반에 영국에서도 나타났는데, 로크가 그 대표적인 사상가이다.

로크는 형이상학에 대하여 비판적인 태도를 취하여 과학적 인식론의 창시자가 되었고, 정치와 윤리 및 종교에 관하여 자유주의의 입장을 명백히 하였다. 그러나 당시 영국은 이미 17세기 중엽 이후 시민혁명을 성취하였으므로, 자유주의는 어느 정도까지는 이미 형성되어 있었기 때문에 엄격한 현실 비판의 형태를 취하지 않아도 무방하였다. 그러나 프랑스에 있어서는 18세기에 들어와서도 절대주의(絶對主義)가 존속되고 있었기 때문에, 로크의 사상이 볼테르와 몽테스키외에 의하여 전파되자 영국에서는 볼 수 없었던 급진적인 경향을 띠게 되었고, 계몽 사조라는 형태를 갖추게 되었다.

한편, 독일의 경우에는 아직 근대 국가로서의 통일 국가를 이루지 못한 상태에 있었으므로, 프랑스 계몽 사상이 지니고 있었던 사회 개혁적 정열이 충분히 나타나지 못했다. 즉, 독일의 계몽 사상은 다분히 형이상학적이고, 라이프니츠의 제자 볼프(C. Wolff)의 합리론적 체계가 지배적이었다. 계몽 사상을 일반적으로 요약하면, 이론적으로는 과학적 자연주의(유물론이나 실증주의)를 취했고, 윤리적으로는 다분히 상대주의적인 이성과 도덕 내지는 공리주의를 취하였으며, 종교적으로는 성립 종교(成立宗教)에 반대하고 이성 종교(理性宗教) 내지는 무신론(無神論)적인 입장을 취하여, 역사에 있어서의 진보를 확신하였다고 할 수 있다.[14]

(4) 근대 후기의 윤리 사상

근대 후기(18~19세기)에 전개된 윤리 사상으로서 독일의 관념론(觀念論)은 칸트(I. Kant)로부터 시작되는데, 그는 계몽 철학과 그에 반대하는 여러 사상을 완전히 소화하는 동시에, 그에 대한 철저한 비판을 가함으로써 진정한 근대 사상의 체계를 완성하였다. 칸트는 뉴튼의 자연 과학적 방법에 기초하여 인간의 이성 능력을 비판함으로써, 현실과 이상의 괴리 사이에서 고민하는 독일 국민들에게 확고한 사상적 기반을 확립하여 주었다.

칸트의 '순수 이성 비판'은 1781년 당시에는 학자들의 주목을 받지 못하였으나, 제2판이 출판된 1790년경부터는 칸트 철학이 독일의 각 대학 강단을 지배하게 되었다. 그는 인간의 인식 능력에는 그 이상 도달할 수 없는 한계가 있다고 주장하면서, 이론 이성으로는 형이상학의 정립이 불가능하다는 판단을 내리는 동시에, 실천적인 이성 능력으로서만 그것이 가능하다고 주장해, 이른바 '실천 이성의 우위'를 역설하였다.

또한 피히테(J. G. Fichte)는 이러한 칸트의 사상을 더욱 철저히 계

14. 임석진, *op. cit.*, pp.91~134.

승하여, 실천 이성의 주체인 자아의 실천적 행동을 강조하였고, 셸링(F. W. J. Schelling)은 인간과 자연의 동일성을 주장하는 동일 철학(同一哲學)을 확립하려고 시도하였다. 그리고 헤겔(G. W. F. Hegel)은 인간의 정신 활동을 근본적으로 분석하여, 정신 활동에 의하여 인류의 역사가 이루어지며, 사회의 개혁도 그것을 통하여 가능하다는 사실을 역사 발전 단계에 비추어 논리적으로 입증함으로써, 방대한 정신 철학과 역사 철학 및 사회 철학을 정립하였다.

이러한 독일의 관념론은 후진적인 독일 봉건 사상의 극복이었으며, 선진 국가인 영국과 프랑스의 근대 사상에 대한 독일적인 반응, 또는 대결의 산물이었다고 할 수 있다.[15]

근대 후기에 나타났던 또 다른 윤리 사상으로는 영국의 공리주의를 들 수 있는데, 공리주의 윤리설에 의하면, 인간은 누구나 태어날 때부터 쾌락을 추구하고 고통을 회피하려는 경향을 가지고 있다. 공리주의 윤리설이 표방하는 제일의 행위 원칙은 '최대 다수의 최대 행복'인데, 이러한 공리주의 윤리설을 주장한 대표적인 인물로는 벤담(J. Bentham)과 밀(J. S. Mill)을 들 수 있다.

벤담에 의하면, 인생의 주요한 목적은 쾌락의 추구이다. 이 쾌락은 계산으로 그 정도를 확인할 수 있는데, 그는 쾌락과 고통을 양으로 나타내어 계산하되 주관적인 평가를 피하고 객관적인 표준에 의하여 도덕의 내용에 보편 타당성을 제공하려고 하였다. 따라서 그에 있어서 문화적 가치는 부정되고, 다만 강도(強度), 지속성, 확실성, 범위 등을 기초로 하여 계산된 결과, 가장 많은 쾌락으로 나타나는 행위가 바로 선(善)이 된다.

그러나 밀은 공리성(功利性)의 개념에 의거하여 쾌락이 선이고 고통은 악이라고 한 점은 벤담과 동일하지만, 쾌락이 모두 계산될 수 있

15. 강성위, *op. cit.*, pp.393~394.

다는 것을 부정하면서, 어떤 종류의 쾌락은 다른 종류의 쾌락보다도 질적으로 우세하다고 하여, 쾌락을 단순한 감각적 쾌락에서 정신적 쾌락에까지 확대시켰다. 그는 쾌락의 본질은 자율과 책임 위에서만 존재한다고 보았으며, 또한 사회적 이익이 개인의 쾌락보다 우선한다고 역설하였다.

벤담이 쾌락의 양(量)을 중시한 반면, 밀은 쾌락의 질(質)을 중시하였다. 다시 말해서, 벤담이 쾌락의 양적 차원에 다소 구속되는 측면이 있었다면, 밀은 쾌락의 질적인 차이를 주장함으로써 벤담의 공리주의를 보완하였다고 할 수 있다. 즉, 밀은 질적인 쾌락을 인정함으로써 개인이 공익을 위해서 행동할 수 있는 근거를 마련하였다고 할 수 있다.[16]

한편, 19세기경 프랑스에서는 영국의 산업 혁명에 영향을 받아 과학적인 방법에 입각한 윤리 사상이 강조되었는데, 콩트(A. Comte)를 중심으로 한 실증주의(實證主義)가 바로 그러한 윤리 사상이라고 할 수 있다. 콩트는 인간의 지식과 실천을 과학적이고 실증적인 방법으로 구명(究明)하여 새로운 사회 윤리를 제시하고자 하였다.

(5) 현대 윤리 사상

19세기 말과 20세기에 대두된 서양의 현대 윤리 사상은 일반적으로 합리론과 관념론에서와 같은 주지주의(主知主義)적이고 이성적인 윤리 사상에 반대하고, 인간의 현실 생활 자체를 중시하는 경향이 있었는데, 그 대표적인 사상으로는 유물론(唯物論), 생철학(生哲學), 실존주의(實存主義), 실용주의(實用主義) 등을 들 수 있다.

유물론은 하나의 윤리 사상이라기보다는 자본주의 경제와 당시의 종교를 비판하기 위하여 대두된 사회 사상이라고 할 수 있다. 유물론

---

16. 소광희 외, *철학의 제문제*(서울: 지학사, 1985), pp.420~422.

은 포이에르바하(L. A. Feuerbach)와 마르크스(K. Marx)에 의해서 체계화되었는데, 그들은 자연의 물질들을 대상으로 하는 노동에서 인간의 본질을 찾고자 노력하였다. 즉, 인간은 노동이라는 자기 창조적 활동을 통해 자신을 실현해 간다는 것이다. 이러한 유물론적 인간관은 나중에 공산주의적 인간관으로 발전되었다.

또한, 생철학은 쇼펜하우어를 시조로 하여 니체, 베르그송, 딜타이, 짐멜 등에 의해 대표되는 철학인데, 계몽 철학의 주지주의와 헤겔의 이성주의적 관점을 비판하면서 인간의 의지를 중시한 철학 사조이다. 생철학자들은 생(生)을 고정된 것이 아니라, 항상 역동적으로 변화하는 것으로 이해하였다. 그리하여 그들은 직관적이고 비합리적인 방법을 통해 생의 의의와 가치 및 본질을 파악하고자 하였다.

그리고, 실존주의는 반이성적 사조에 포함되는 윤리 사상으로서, 20세기 상황에서 대두된 인간의 실존 문제를 중시하였다. 실존주의는 인간으로 하여금 자기의 선택과 자유에 의해 본질적인 삶을 살도록 함으로써 자기 존재의 의의와 가치를 찾게 하며, 추상적이고 관념적인 교육적 인간상에서 탈피하여 실존적 자아를 발견하게 한다. 또한 실존주의는 본질보다 실존의 우위성을 강조하고 개별성을 중시한다는 점에서 현대의 인간주의를 대표하는 윤리 사상이라고 할 수 있는데, 자신의 삶에 대하여 책임을 질 수 있는 능력과 의지를 강조하였고, 대화, 참여, 만남 등을 중시하였다.

실존주의의 대표자로는 키에르케고르(S. A. Kierkegaard), 야스퍼스(K. Jaspers), 사르트르(J. P. Sartre), 하이데거(M. Heidegger), 마르셀(G. Marcel), 마리탱(J. Maritain), 부버(M. Buber), 볼노브(O. F. Bollnow) 등을 들 수 있는데, 특히 키에르케고르는 불안과 죽음의 문제를 극복하고, 참된 실존을 회복하기 위해서 신 앞에 선 '단독자'로서 인간의 주체적 결단을 강조하였다.

또한 야스퍼스는 '한계 상황(죽음, 고뇌, 투쟁, 책임 등)' 속에서의 인간의 실존을 해명하고자 하였고, 하이데거는 시간의 흐름 속에서 인간 존재의 본질(現存在)을 해명하고자 노력하였다. 하이데거는 인간이 시간의 흐름 속에서 언젠가는 죽음에 이르게 된다는 것을 자각하고, 이러한 죽음을 직시함으로써 인간은 비로소 본래적인 실존을 되찾을 수 있다고 역설하였다.

마지막으로 실용주의는 19세기 후반 미국을 중심으로 일어난 새로운 철학 사조인데, 이는 진화론(進化論)을 출발점으로 하여 19세기에 발달한 생물학과 생리학 및 심리학의 영향을 많이 받았고, 그 철학적 기초를 구체적 경험에 두고 있기 때문에, 관념론의 아프리오리즘(a-priorism: 先天主義)과는 대립된다.[17]

실용주의의 대표자로는 퍼스(C. Peirce), 제임스(W. James), 듀이(J. Dewey) 등을 들 수 있는데, 특히 듀이는 일상 생활 속에서 획득한 경험적 지식에 의해 미지의 세계를 실험하면서 실용적인 진리를 발견해 간다는 '도구적(道具的) 실용주의'를 주장하였다. 그의 방법론은 자연 과학적인 실험에서 명백히 예증되는데, 그에 의하면, 진리, 이론, 관념, 개념 등의 정신 내용은 현실적인 활동의 도구이다.

---

17. 임석진, *op. cit.*, pp.363~364.

제2부

사회와 윤리

■

제4장 직업과 윤리

우리는 일상 생활을 영위해 나가면서 윤리라는 용어를 수없이 생각하게 되는데, 이는 우리가 다양한 관점에서 제기되는 사회적 규범의 틀 속에서 살아가기 때문이다. 이처럼 윤리는 인간이 사회 생활을 하면서 필연적으로 직면하게 되는 본질적인 문제이기 때문에 직업 생활에서도 윤리는 중요한 연구 주제가 되고 있다.

여기에서는 먼저 직업의 의미와 일과 윤리의 상관성을 알아 본 다음, 직업 윤리의 이론적 기초를 모색하기 위해 직업관의 변화, 직업 윤리 의식, 직업 윤리의 근본 원리 등을 살펴보았다. 또한 사회 변화에 따라 직업 윤리도 변화하게 마련이므로, 정보화 사회에서의 직업 윤리와 전문 직업인의 윤리 문제를 현대적 의미에서 분석하였다. 그리고 직업 윤리는 넓은 의미에서 기업 윤리(business ethics)를 포함하기 때문에 기업의 사회적 역할과 책임을 중심으로 기업 윤리 문제도 다룸으로써 우리 사회의 건전한 발전과 바람직한 직업 윤리의 정립을 위한 시사를 얻고자 하였다.

1 직업의 의미와 윤리성

직업이라는 말은 천직(天職)으로서의 '직'의 의미와 생업(生業)으로서의 ‘업’의 의미를 동시에 지니고 있다고 할 수 있다. 따라서 우리는 삶에 있어서 직업의 의미를 생각할 때, 직업은 왜 윤리적이어야 하는가를 묻지 않을 수 없다. 다시 말하면, 우리들이 직업 생활을 하면서 실천하고 있는 구체적인 행동들은 우리가 갖고 있는 직업의 특수성을 감안한 윤리와도 무관할 수 없다.[1]

1. 직업의 의미

우리는 직업을 통해서 자신의 정체성을 확인할 수 있기 때문에 직업을 상실하는 경우, 자아 정체성의 위기에 빠져 심한 고독감과 무력감 및 소외감을 경험하게 된다. 인간은 누구나 사회적 존재로서의 삶을 영위할 수밖에 없기 때문에 자신이 원하든 원하지 않든 어떤 사회적 역할을 하면서 살아 갈 수밖에 없다.

그러므로 일과 직업은 사회 생활의 기초를 이루며, 개인을 사회 구성원으로 만드는 필수적인 자격 요건이 되기도 한다. 또한 직업 생활은 사회 생활의 핵심적 부문이라고 할 수 있는데, 특히 현대 사회에서 직업이 차지하는 비중은 과거 어느 때 보다도 크며, 직업이 개인 생활에 대하여 가지는 의의 또한 그 어느 때 보다도 크다고 할 수 있다.[2]

오늘날 직업은 개인적으로는 생계 유지의 수단인 동시에 자아 실현(self-actualization)을 위한 터전이며, 사회적으로는 인간이 공동 생활에 참여하는 통로이다. 일반적으로 현대 산업 사회에서는 모든 사람들이 어떠한 형태로든지 노동에 참여하게 되며, 직업이 없이는 삶의

1. 진교훈, “직업 윤리 일반의 방향에 관한 연구”, *철학사상의 제문제(I)*(한국정신문화연구원, 1983), p.287.
2. Aron Levenstein, *Why People Work*(New York: The Crowell Collier Press, 1962), pp.164~165.

보람과 의미를 찾기가 어렵다고 할 수 있다.[3]

직업은 성인들의 일상적인 활동 가운데 경제적으로 보상되는 활동을 일컫는 말인데, 직업을 성인들의 활동으로 제한하는 것은 미성년자들이 장래의 직업을 위해 준비하는 학습 활동 등은 직업이라고 말할 수 없기 때문이다. 또한 직업을 성인들의 일상적인 활동이라고 보는 것은 성인들이 휴식과 여가를 위해 보내는 시간을 제외한 대부분의 시간을 생산적인 활동, 즉 일을 위해 사용하고 있을 때에만 그들은 직업을 가지고 있다고 말할 수 있기 때문이다.

그리고 사람들이 일상적인 일을 가지고 있다 하더라도 그 일이 경제적으로 보상되지 않을 때에는 직업이라고 부르지 않는다. 예를 들어, 가정 주부가 집안 일을 하는 것은 분명히 성인의 일상적인 생산 활동이지만, 우리가 그것을 직업이라고 부르지 않는 이유는 그러한 가사 활동이 경제적으로 보상되지 않기 때문이다. 그러나 같은 가사 노동일지라도 파출부나 가정부가 그것을 할 때에는 경제적으로 보수를 받는 일상적인 활동이기 때문에 우리는 그것을 직업이라고 분류할 수 있다.

한편, 어떤 사람들은 전혀 경제적인 보수를 받지 않고 일상적인 생산 활동에 참여하기도 하는데, 그러한 활동은 직업 활동이라기보다는 자선 활동이나 자원 봉사 활동이라고 해야 옳을 것이다. 자선 활동가나 자원 봉사자들은 경제적인 보상보다는 일 자체에 더 큰 관심과 목적을 갖고 있기 때문에 어떤 반대 급부나 보수에 관계없이 생산적인 활동에 참여하게 된다.

그러나 직업을 '경제적으로 보상받는 성인들의 일상적인 생산 활동'이라고 정의한다고 해서 직업의 개념이 아주 명확하게 규정되었다고 말할 수는 없다. 미성년자가 생계를 유지하기 위해 일상적으로 일을

3. Abraham Maslow, *Motivation and Personality*(New York: Harper & Row, 1954), pp.3~4.

하는 경우도 있고, 어떤 경우에는 어느 정도 경제적인 보상을 받으면서도 소득보다는 일 자체가 좋아서 일을 하는 사람도 있으며, 또한 시간제나 기간제로 일을 함으로써 일을 일상화하지 않는 사람도 있다. 그리고 어떤 사람은 유산이 많기 때문에 별다른 일도 하지 않으면서 경제적으로 여유 있는 생활을 하기도 한다. 그러므로 우리는 직업의 개념을 완벽하게 정의할 수는 없지만, 직업은 대체로 성인들이 경제적 소득 등을 위해서 수행하고 있는 일상적이고 생산적인 활동이라고 그 개념을 정리할 수 있다.

직업은 거의 모든 사람에게 있어서 매우 중요한 위치를 차지하고 있다. 물론 예외적인 경우도 있지만, 대부분의 사람들은 미성년기를 장래의 직업적 활동을 위한 준비 기간으로 보내고, 성인이 되고 난 다음에는 은퇴할 때까지 직업적 활동을 계속하는가 하면, 은퇴 이후에도 자신의 직업과 관련해서 살아가게 된다고 할 수 있기 때문에, 사람들은 평생을 직업과의 관련 속에서 살아간다고 할 수 있다. 다시 말해서, 직업은 인간에게 있어서 가장 중요한 삶의 과정이고 현장이라고 할 수 있다.

이처럼 직업은 인간에게 소중한 것이기 때문에, 우리는 결코 직업을 소홀히 생각해서는 안 된다. 그럼에도 불구하고 적지 않은 사람들이 깊은 생각 없이 직업을 선택하기도 하고, 다른 사람들이 하는 대로 적당히 해 나가면 된다는 식으로 직업 생활을 하는 경우도 있다. 이는 인생에 있어서 가장 중요한 삶의 부분을 분명한 목적 의식 없이 살아가는 것과 마찬가지이다.

만일 우리가 자신의 인생을 소중하게 생각하고, 나와 내 가족, 그리고 이웃이 함께 하는 공동체 생활을 뜻 있고 보람있게 영위하려면, 우리는 자신의 직업이 가지는 의미와 중요성, 그리고 직업을 통해 무엇을 어떻게 성취해 나아갈 것인가에 대해서도 깊은 생각을 하지 않으면 안 될 것이다. 다시 말해서, 우리는 확고한 직업 윤리 의식을 가지

고 우리의 삶을 보람있게 영위해 나아가려는 노력을 해야 한다.[4]

우리는 직업을 통해서 사회와 연관을 맺으며, 또한 직업을 통해서 다른 사람과 삶을 공유하기 때문에, 직업은 삶의 가치 및 방식과 관련될 수밖에 없다. 즉, 인간은 직업을 통해서 자아 실현을 도모하고 개성을 발휘하며, 사회 발전에도 참여한다. 인간은 누구나 행복한 삶을 원하는데, 이는 직업을 통해서 자신을 완성해 갈 수 있을 때 비로소 가능하다. 그러므로 직업은 행복의 조건이 되며, 궁극적으로는 자아실현의 계기가 된다.

한편, 서구의 크리스트교 문화권에서는 직업의 의미를 "신으로부터 부름을 받는다."는 것으로 해석하였는데, 이는 자기 자신의 직업에 충실히 임하는 것이 바로 신의 부름에 응하는 것이라는 생각이다. 그러므로 직업은 소명(召命)을 의미하며, 노동은 신성한 것이 된다. 그러나 후기 산업 사회에 들어오면서, 노동의 분화 등으로 말미암아 노동의 참된 의미가 점차 사라져 가고 있다.

2. 일의 윤리적 의미

인간의 역사는 곧 일의 역사라고 할 수 있다. 왜냐하면 일의 조건과 양태는 다를지라도 일은 항상 인간과 함께 계속되어 왔기 때문이다. '일하는 인간(homo laborans)'이 인간의 본질이기 때문에, 사람은 누구나 일을 하면서 살기 마련인데, 앞에서도 지적했지만 일반적으로 일은 성인들의 생산적인 활동을 의미한다. 따라서 일은 노동과 동의어로 사용되기도 한다.

노동은 인간이 삶의 보람과 가치를 실현하기 위하여 행하는 정신적·육체적인 활동이다. 다시 말해서, 인간의 노동은 다른 동물의 행동처럼

4. 김태길 외, *삶과 일*(서울: 고려원, 1994), pp.139~141.

기계적이거나 본능적인 충동의 작용이 아니므로 단순히 육체적 노동으로서만 끝나는 것이 아니고 정신적인 것도 포함된다. 또한 인간의 노동은 목적 지향적이며, 자아를 실현해 나가는 과정이라고 할 수 있다.

그러나 노동은 때로는 귀찮고 힘들며 괴롭기도 하다. 하지만 우리는 자기 자신은 물론 가족과 이웃을 위하여 어떤 일을 하지 않을 수 없다. 인간은 누구나 자기가 속해 있는 공동체를 위하여 무엇인가를 해야 한다. 인간이 자신에게 맡겨진 일을 기꺼이 행하는 것은 자신과 공동체를 발전시키는 원동력이 된다.

인간은 노동에 대한 응분의 보상을 원하는데, 특히 노동에 대한 보상이 물질적으로 많으면 좋은 직업이고, 그렇지 못하면 좋지 않은 직업이라고 생각하기가 쉽다. 그러나 만일 우리가 물질적인 보상만이 노동의 목적이라고 생각하여 일 그 자체에 윤리적 의미와 가치를 부여하지 않는다면, 노동은 단지 돈을 버는 수단에 불과하게 되고, 또한 일은 인간에게 고통을 주고 자유를 속박하는 것으로 전락하게 되며, 결국 사람들은 노동을 회피하려고 할 것이다.

인간은 일을 하는 존재이며, 누구나 다 일을 하면서 살고 있지만, 왜 일을 하고 있으며, '일은 반드시 해야만 하는가'라는 질문에 대해서는 모두가 자명한 대답을 가지고 있는 것은 아니다. 사람들 가운데는 왜 내가 그토록 심한 일을 평생 동안 하면서 살아야 하는지를 모르는 사람들이 있을 뿐만 아니라, 일에 대해 회의적이면서도 할 수 없이 일을 하면서 사는 사람들도 있다.[5]

또한 인간은 일을 하면서 사는 존재일 뿐만 아니라, 일에 대하여 생각하면서 사는 존재이다. 물론 동물들도 일을 하기는 하지만, 일에 대하여 어떤 생각을 하면서 일하는 존재는 아니다. 그러므로 동물들의 일은 그 방법과 양식에 있어 별로 변함이 없다. 그러나 인간은 일

---

5. Levenstein, *op. cit.*, p.166.

에 관한 생각을 통해 일을 변화 · 발전시켜 왔으며, 일에 윤리적 의미를 부여해 왔다고 할 수 있다.

인간의 일에 관한 생각에는 일을 어떻게 하면 편하고 쉽게 빨리 할 수 있을 것인가 하는 기술적인 것도 있지만, 인간은 왜 일을 해야 하고, 얼마만큼 일을 하는 것이 좋으며, 어떻게 협동해서 일을 할 것인가 하는 윤리적이며 사회적인 생각들도 있다. 인간은 도덕적 · 윤리적인 존재이기 때문에 일을 하는데 있어서도 어떤 가치관과 태도를 가지고 일을 하는 것이 옳은 것이며, 어떻게 일을 조직하고 분배하는 것이 옳으냐는 물음이 생기게 되는 것은 당연하다.

일에 관한 윤리적인 물음에는 여러 가지가 있을 수 있겠으나 무엇보다도 중요한 것은 일에 관한 윤리적인 태도와 가치관이라고 할 수 있다. 우리는 살기 위해서 일하는 것인가, 아니면 일하기 위해서 사는 것인가? 일은 인간에게 행복을 가져다주는가, 아니면 고통만을 남기는 것인가? 일에는 귀천이 있는가, 아니면 일의 종류와 일하는 사람의 능력에 따라 일에는 차이와 차별이 있을 수 있는가? 이러한 문제들에 대한 여러 가지 윤리적인 생각들은 사람들에게 일에 대한 어떤 태도와 의식을 형성하게 하며, 이는 또한 인류의 문명과 역사를 서로 다르게 만드는 중요한 요인이 되기도 한다. 즉, 일에 관한 사람들의 윤리적인 태도는 인간과 사회의 운명을 좌우하는 관건적 요소라고 하겠다. 또한 우리가 일에 대하여 어떤 윤리적 태도를 가져야 하는가 하는 것은 우리 민족의 장래와도 직결되는 중요한 문제이기도 하다.[6]

그리고 일은 인간이 어떤 도구나 수단을 사용하여 자연물을 채취, 포획하거나, 자연물을 개조하여 생활에 이용하는 활동을 말한다. 즉, 일은 합목적적이고 의식적인 인간의 활동이며, 인간이 자신의 행위를 통해서 자연과의 신진 대사를 매개하고 조정하며 규제하는 과정이다.

6. 김태길 외, *op. cit.*, pp.71~72.

그러므로 일은 육체적·정신적으로 수행되는데, 이러한 노동과 일의 성격 및 가치, 그리고 일의 결과와 전망 등은 자본주의 사회의 발전과 더불어 점차 비판적 논의의 대상이 되어 왔다.

특히, 독일 고전 철학자 헤르더는 인간은 노동을 통해서 자신의 환경 조건에 영향을 끼치고, 또한 역으로 환경 조건은 인간을 규정한다고 하였으며, 피히테는 노동은 감성적 내지는 육체적인 인격체가 마땅히 수행해야 할 의무이며 생존 조건이라고 하였다. 그에 의하면, 국가는 노동 가능성을 보장해야 하며, 또한 노동 관계의 조정은 결코 시장 기능에 맡겨져서는 안 된다. 그리고 헤겔은 노동을 인간과 자연의 관계, 또는 인간과 인간의 관계로 보았다. 그는 노동을 물질적 부의 원천으로만 파악한 영국 고전 경제학파와는 달리, 노동이 지닌 인격적이고 사회 문화적이며 역사적인 의미를 강조하였는데, 이러한 생각은 나중에 마르크스에게 지대한 영향을 끼쳤다.

그러나 일의 윤리적인 의미라는 차원에서 볼 때, 서구의 인간 중심적인 자연관에서 나온 노동의 개념은 편향된 감을 주고 있다고 할 수 있다. 즉, 일은 윤리적 가치를 추구하는 인간이 자연물을 단지 대상으로서만 다루는 것이 아니라, 자연과의 조화와 합일 및 공존을 추구하는 본질적인 노력 과정이라고 할 수 있다.

2 직업 윤리의 이론적 기초

최근 우리 나라에서는 직업을 부와 권력과 자기 과시를 위한 수단으로만 생각하는 경우가 많아졌는데, 이와 같은 사고 방식이 생기게 된 근본적인 원인은 아마도 사람들이 올바른 직업 윤리 의식을 가지고 있지 못하기 때문일 것이다. 우리는 직업에 대한 어떤 태도를 강조하기에 앞서 직업에 대한 인간의 생각과 태도 및 윤리적 의식이 어떻게 변화되어 왔으며, 직업 윤리에는 어떤 것들이 있는가를 알아 볼 필요가 있다.

1. 직업관의 변화

양(洋)의 동서를 막론하고 전통적인 사회에서는 전체주의적인 직업관이 지배적이었다. 왜냐하면 개인의 독립과 자각이 실현되기 이전의 유기적 사회에서는 전체주의적 직업관이 가장 설득력이 있었기 때문이다. 폐쇄 사회는 하나의 유기체에 비유될 수 있는데, '국가 유기체 이론'이나 '생물학적 이론'은 전통적인 폐쇄 사회에 그대로 적용될 수 있다. 다시 말하면, 사회 전체는 하나의 유기체이기 때문에 사회를 구성하고 있는 개인들은 유기체를 구성하는 세포에 해당된다고 할 수 있다. 그러므로 그 유기체는 하나 하나의 세포가 자신에게 부여된 역할을 충실히 수행할 때에만 온전히 유지된다.

이러한 유기체와 같은 폐쇄 사회의 특징은 가급적 변화를 억제하고 현상을 유지하고자 하는 것이다. 따라서 전통적인 폐쇄 사회에서는 계층간의 자유로운 이동이나 변화가 용인되지 않는다. 왜냐하면, 유기체 내의 세포나 조직들은 영양분을 얻기 위해 서로 경쟁할 수 있을지는 모르지만, 다리가 머리가 되고자 한다던가 팔이 심장이 되고자 하는 경향은 존재하지 않으며, 또한 존재할 수도 없기 때문이다. 그리하여 전통적인 폐쇄 사회에서는 직업의 세습과 전체주의적인 직업관이 정당화되었다.

그러나 근대 시민 사회의 형성과 더불어 개인의 자각과 독립성이 신장됨에 따라 직업관에 있어서도 일대 변화가 일어났다. 즉, 직업을 사회 전체에 대한 개인의 무조건적인 봉사와 희생이라는 측면에서가 아니라, 개인이 개성을 발휘하고 자아를 실현시키는 과정으로 보게 된 것이다. 이때부터 직업 선택의 자유가 기본권으로서 주장되기 시작했으며, 전체주의적인 직업관 대신에 자아 실현적인 직업관이 지배적인 흐름을 형성했다. 특히, 베버(M. Weber)는 이러한 직업관의 변화 과정을 유기적 직업 윤리와 금욕적 직업 윤리[7]로 설명하였다.

그러나 다른 한편으로는 산업화가 가속화됨에 따라 기계화와 분업화 및 관료제화가 추진되었고, 직업을 자아 실현의 과정으로 해석하기가 어려운 측면들도 나타나기 시작하였다. 왜냐하면 대다수의 일의 내용이 단편적인 작업의 반복으로서 이루어졌기 때문이다. 또한 자동화와 기계화가 심화됨에 따라 개인의 역할 분담이라는 측면도 점차 그 의미를 상실해 가는 상황에까지 이르게 되었다. 그리하여 현대 사회에서는 인간 소외 문제가 심각하게 대두되었고, 직업을 개인의 욕구를 충족시키는 수단으로만 해석하려는 이기주의적인 직업관이 다시 등장하게 되었다.

우리 나라의 경우에는 근대 사회로의 이행이 서구보다 늦었고, 근대 사회로의 발전 역사가 비교적 짧은 관계로 근대적인 자아 실현적 직업관이 완전히 형성되었다고 하기가 매우 어려운 실정이다. 다시 말해서, 우리 나라의 경우에도 전통 사회의 붕괴와 함께 전체주의적인 직업관은 어느 정도 사라졌다고 할지라도, 이기주의적인 직업관은 우리의 오랜 전통인 가족주의와 더불어 아직도 지배적이라고 할 수 있다. 이는 기업은 망해도 기업가는 잘 산다는 우리 나라의 기업 풍토에서도 쉽게 확인할 수 있다.[8]

또한 우리 나라에는 아직도 잘못된 직업관을 가진 사람들이 적지 않고, 전통적인 직업관의 요소들도 남아 있다. 예를 들면, 전근대적인 관

7. 베버는 루터(M. Luther)의 종교적 소명론과 칼뱅(J. Calvin)의 예정론을 결합하여 그의 독특한 천직 개념을 발전시켰다. 베버는 정당한 경제적 활동을 통해서 획득한 부를 개인적인 목적으로 사용하지 않으려는 태도를 강조하였는데, 이러한 자본주의적 천직론에 바탕한 세속적 금욕 생활은 시민적 직업 윤리의 기초를 형성하였다.
8. 한국정신문화연구원, *직업과 윤리*, 1984, pp.38~42.

존 민비(官尊民卑) 의식, 직업에 대한 귀천 의식(貴賤意識), 비합리적인 업무 처리 관행, 정확성과 절제 의식의 결핍, 일에 대한 소명 의식의 결여 등이 그것이다. 그리고 이른바 사농공상(士農工商)의 신분 및 직업 구조에서 볼 수 있듯이, 문학과 정치는 숭상하되 산업적·육체적인 활동은 천시하는 전통적 가치관도 여전히 상당한 영향력을 끼치고 있다.

만일 이러한 전통적인 직업관이 계속 작용한다면, 노동의 기능적 분화와 고도의 전문성이 요구되는 정보 산업 사회의 발달은 많은 어려움에 직면할 것이다. 따라서 일이나 직업의 종류와 신분이 서로 귀속적인 관계에 있었던 종래의 관념은 자신의 직업에 대한 사명감과 자부심으로 전환되어야 할 것이다.[9]

2. 직업 의식과 직업 윤리

직업은 개인이나 사회에 있어서 매우 소중한 것이다. 우리는 직업을 통해서 경제적인 소득을 얻을 수 있고, 인격을 완성할 수 있으며, 자아 실현과 사회 참여 등 여러 가지 기본적 욕구를 추구할 수 있다. 이와 같이 우리는 직업을 통해서 보람있는 삶을 영위할 수 있기 때문에, 직업인이 자신의 직업에 대해 올바른 태도와 가치관을 갖는 것은 매우 중요하다고 하겠다.

(1) 천직 의식과 소명 의식

생업이 직업에 대한 개인적인 차원에서의 개념이라고 한다면, 천직은 직업에 대한 사회적인 차원에서의 개념이라고 할 수 있다. 직업은 사회적 역할 분담이며, 하늘이 정해 준 것이라는 의식이 바로 직업에 대한 천직 의식이며, 또한 소명 의식이다. 천직 의식은 개인이 마음대

---

9. 한국정신문화연구원, *철학 사상의 제문제(I)*, 1983, pp.289~294.

로 자신의 직업을 선택할 수가 없었던 전통 사회에서 더 강했다고 할 수 있다. 왜냐하면, 전통 사회에서는 자신의 의지에 의해 직업을 선택하기보다는 거의 그 직업에 종사하도록 운명지어졌기 때문이다.

그러나 현대 사회에 있어서의 천직 의식은 운명론적인 것이 아니라, 자신의 직업을 그만큼 소중히 여기고, 자신의 직업에 최선을 다한다는 직업 의식으로 재규정되어야 한다. 물론 어떤 사람들은 자신의 소질과 적성에 비추어 볼 때, 자신은 특정한 직업에 종사하도록 운명지어졌다고 느끼고 그 직업에 최선을 다함으로써, 전통 사회에서와 같은 천직 의식을 가지기도 한다.

그러한 특별한 경우가 아니라 하더라도, 우리는 자신의 직업이 적성에 맞는다고 생각하고 그 일에 열정을 가지고 임하는 성실한 직업 의식을 천직 의식이라고 부를 수 있을 것이다. 다른 직업이 아무리 돈을 많이 벌 수 있는 것이고, 아무리 사회적으로 높은 지위와 명예가 보장되는 것이라고 하더라도, 그러한 직업보다는 자신이 지금 갖고 있는 직업에 만족하고, 그 일에 열정을 가지고 임할 수 있다면, 그것이 바로 천직이라고 할 수 있다.

한편, 서구 사회에서는 종교 개혁 이후에 직업에 대한 소명 의식이 발달하게 되었는데, 이는 자신의 직업은 바로 하나님의 소명이라는 직업 의식이다. 특히, 칼뱅주의자들은 모든 사람은 하나님으로부터 특정한 직분을 부여받았으며, 그 직업을 통해서 하나님의 영광을 드러내면서 살도록 부름을 받았다고 믿었다. 즉, 그들은 하나님은 모든 사람에게 서로 다른 재능을 주셨고, 그 재능에 따라 여러 가지 직분을 정해 주셨으므로, 모든 사람들은 자신의 직업에 최선을 다함으로써, 하나님의 뜻을 실천할 수 있다고 가르쳤다.

따라서 그들은 이 같은 소명 의식을 가지고 자신들의 직업에 온갖 정성을 다했을 뿐만 아니라, 항상 근면하고 성실하며 검약한 생활을 실천하고자 노력했다. 청교도 정신도 그 근저에는 철저한 직업적인 소명 의식이 깔려 있다고 할 수 있다. 이와 같은 소명 의식에 기초한 직업 윤리는 돈과 권력 및 명예 등과 같은 세속적인 가치를 그 보상으로서 기대하는 것이 아니라, 종교적인 구원을 목적으로 하는 것이었기 때문에 근면, 성실, 정직, 검약 등을 직업 활동의 신조로 삼았다. 그러므로 소명 의식에 입각한 직업 윤리는 철저한 믿음과 신용을 생명으로 하였다.

이러한 소명 의식에 기초한 직업 윤리는 서구 사회에서 자본주의를 발달시키는 원동력이 되었으며, 서구 자본주의가 그 모순을 극복하면서 자유 경쟁의 원리에 의해 시장 경제를 발전시켜 나아갈 수 있었던 것도 그러한 소명 의식에 기초한 깨끗한 직업 의식이 있었기 때문에 가능했다.

그러나 오늘날 서구 사회에 있어서 종교적 소명 의식 자체는 어느 정도 약화된 것이 사실이지만, 이러한 소명 의식에 기초한 철저한 직업 의식과 직업 윤리는 아직도 하나의 문화적인 전통으로서 계승되고 있다고 할 수 있다. 이처럼 철저한 직업 윤리 의식이 문화적 전통으로 확립된 사회는 신용 사회가 될 수 있으며, 그러한 사회에서는 모든 사람들이 서로 믿고 살 수 있는 명랑한 사회적 풍토와 분위기가 쉽게 조성될 수 있다.

그러므로 우리는 직업이 세속적인 가치를 추구하는 하나의 수단에 불과하다는 천박한 직업 의식에서 벗어나야 한다. 또한 우리는 직업을 통해서 자아 실현을 추구하는 한편, 이웃과 더불어 건전한 사회를 건설하겠다는 직업 윤리를 정립하지 않으면 안 된다. 다시 말해서, 우리는 돈이나 권력, 명예보다는 인간의 본성적인 가치와 사회의 공동선을 추구하려는 직업 의식과 그에 기초한 성실, 정직, 신용, 근면, 검약, 봉사 등의 직업 윤리를 내면화해야만 한다.[10]

---

10. 김태길 외, *op. cit.*, pp.170~172.

(2) 직분 의식(職分意識)과 봉사 정신

직업은 우리가 사회에 참여하는 가장 중요한 통로 가운데 하나이다. 즉, 직업을 가진 사람은 사회적 역할과 책임을 분담함으로써 그 사회에 참여하게 되는데, 이러한 생각이 바로 직분 의식이다. 모든 사람은 직업적 활동을 통해 사회의 여러 가지 기능 수행에 직·간접적으로 참여하고 있는데, 이러한 의미에서 직업은 각자가 맡은 직분이라고 할 수 있다.

일반적으로 가족을 단위로 자급 자족적인 경제 생활을 영위하였던 전통 사회에서는 직분으로서의 직업 의식이 비교적 약했지만, 현대의 산업 사회에 있어서는 대규모의 기업 조직이나 공조직에 참여하는 임금 노동자들이 크게 증가하였고, 모든 직업이 더욱 분화되고 전문화됨으로써 자급 자족적으로 개인 생활을 영위해 나아가는 것이 거의 불가능하게 되었다. 따라서 현대 산업 사회의 직업인들은 대개 자신이 몸담고 있는 조직 속에서 어떤 역할을 분담해서 수행하는 형태로 직업 생활을 하게 되었다.

그러므로 현대 산업 사회에 있어서의 직업은 직분으로서의 성격이 크게 강조된다. 다시 말해서, 모든 직업인들은 자신의 생계를 유지하기 위해서 뿐만 아니라, 자신이 속한 조직을 위해서, 그리고 더 나아가서는 자신이 살고 있는 공동체의 발전을 위해서 맡은 바 직분을 성실히 수행하면서 살아야 한다.

한편, 이와 같은 직업 환경의 변화와 직분 의식의 강화는 모든 직업인들로 하여금 자신의 직업 활동을 수행함에 있어서 협동 정신과 봉사 정신을 갖도록 요구하고 있다. 현대 사회의 직업인들은 대부분이 직장 생활을 하고 있기 때문에, 직장에서의 동료와 상사 및 부하 직원과의 공식적, 비공식적 협동 생활의 중요성은 그만큼 커졌다고 할 수 있다. 따라서 우리는 공식적으로 자신에게 맡겨진 직분을 최선을 다해 충실히 수행하는 것은 물론, 동료와 상사 및 부하 직원과의 역할 관계가 협동적으로 이루어질 수 있도록 직장 윤리를 정립해 나아가야 한다. 그리고 우리는 사회적 직분 의식을 가진 직업인으로서 또한 자신의 고객에 대해서도 항상 친절하고 봉사하는 정신으로 임해야 한다.[11]

3. 직업 윤리의 근본 원리

직업 윤리의 근본 원리는 우리 모두가 제각기 자기의 능력에 따라 맡은 바 직분을 성실하게 수행하는 것이다. 플라톤은 군인이 군인답고 목수가 목수다울 때에 덕이 생겨난다고 하였다. 다시 말해서, 그는 사람들이 각자 자신의 맡은 바 직분에 따라 최선을 다하여 일하는 것을 바로 덕으로 파악한 것이다.

또한 베버는 금욕적인 프로테스탄티즘의 이념, 즉 신의 은총을 위해 끊임없이 일하고, 노동을 신에 대한 봉사로서 파악하며, 게으름과 태만을 모든 악의 근원으로 보아 항상 근면하며, 쾌락이나 자기만의 이익 추구를 철저히 배격하고 박애주의적 목적으로 기업의 이윤을 기꺼이 사용하는 태도를 금욕적 직업 윤리라고 하였다. 이러한 금욕적 직업 윤리는 합리적이고 자주적인 근대적 시민 사회의 윤리라고 할 수 있다. 특히, 우리 나라와 같이 자본과 기술의 축적을 통해 자본주의를 급속히 발전시켜야만 하는 현실에서, 이는 가장 절실히 요청되는 직업 윤리라고 할 수 있다.

그러나 이는 칼뱅적 프로테스탄티즘을 기초로 한 윤리이므로 기독교적인 전통이 없거나 약한 나라에서는 그대로 적용되기가 어려운 측면이 있다. 왜냐하면, 그러한 사회에는 직업적 헌신의 구심점이라 할 수

11. *Ibid.*, pp.173~175.

있는 신이라는 초월적 대상이 없기 때문이다. 그렇지만 금욕적인 직업 윤리의 정신은 노력하기에 따라서는 얼마든지 본받을 수 있다. 일본의 산업화 과정에서 나타난 기업 윤리는 서구와 같은 종교적인 배경이 없었는데도 불구하고 금욕적인 직업 윤리의 정신을 그대로 본받은 대표적인 예라고 하겠다.[12] 일본에 있어서 기업 내의 모든 사람들은 본질적으로 평등하다는 생각이 주류를 이루었고, 신용과 정직성에 높은 가치를 부여하였으며, 기업이 이를 잘 실천함으로써 대중들로 하여금 기업은 기본적으로 사회에 유익한 존재라는 인식을 갖게 하였다. 이러한 인식과 지지를 통해 일본의 기업은 더욱 발전할 수 있었다.

이렇게 볼 때, 금욕적인 직업 윤리를 우리 나라의 전통과 현실에 맞게 변형시켜 적용하는 것이 우리의 올바른 직업 윤리를 정립하는 근본 원리라고 하겠다.[13] 그러므로 우리는 모든 직업이 사회 발전에 이바지하고 있다는 측면에서 직업에 의의와 가치를 부여해야 할 것이며, 모든 사람들은 소명 의식과 사명감 및 자부심을 가지고 자기 직업에 임해야 할 것이다. 이러한 차원에서 직업 윤리의 근본 원리를 요약하면 다음과 같다고 할 수 있다.

첫째는 직업적인 양심과 정직이다. 모든 직업인은 자기를 믿고 자기에게 일을 맡긴 사람들을 속이는 일이 없어야 한다. 직업적인 양심에 있어서 무엇보다도 중요한 것은 성실성이다. 훌륭한 직업인은 어떤 일에 대해 순수한 애정을 가지고 전심 전력을 다할 뿐만 아니라, 그 일에 대한 책임감과 명예심도 가지고 있는 사람이라고 할 수 있다. 또한 모든 사람들이 정직하다면, 직업과 관련된 많은 문제들은 저절로 해결될 것이다.

둘째는 연대 의식과 다른 사람에 대한 배려이다. 우리는 끊임없는

---

12. M. G. Valasquez, *Business Ethics: Concept and Cases*(Englewood Cliffs: Prentice-Hall, 1988), pp.15~18.
13. 한국정신문화연구원, *op. cit.*, pp.60~65.

경쟁 속에서 살고 있기 때문에, 경쟁의 상대를 패배시켜야 나와 내 기업이 발전할 수 있을 것이라고 생각하기 쉬우나, 이것은 매우 좁은 소견이다. 왜냐하면, 다른 사람을 적으로 생각하는 한, 우리는 절대로 평화로운 삶을 영위할 수 없기 때문이다. 인간은 본래 상부 상조하면서 살도록 되어 있는 존재이다. 긴 안목으로 보면, 한 쪽의 이익은 다른 쪽에게도 이익을 가져다 주며, 사회 문제의 대부분은 근본적으로는 투철한 연대 의식을 통해서만 해결이 가능하다.

셋째는 전문적인 지식과 기술의 연마 및 장인(匠人) 정신이다. 자기가 종사하는 직업이나 직능이 요구하는 지식과 기술의 끊임없는 연마는 모든 직업인에게 필수적이다. 어떤 직업이라도 그 직업에 대한 전문가로서의 자질이 부족할 때에는 사람들로부터 신뢰와 존경을 받지 못하게 되고, 결국은 업무조차 제대로 수행하지 못하게 된다.

그리고 어떤 사람이 자신의 일에 긍지를 갖고 정성을 다하면서 연구하는 자세로 일하는 정신을 장인 정신이라고 부를 수 있는데, 옛 장인들이 가지고 있었던 이러한 철저한 직업 정신은 오늘날에도 소중한 것으로 여기지 않을 수 없다. 자신이 하는 일을 예술과 도(道)의 경지로 승화시킬 수 있는 직업 정신을 가지고 직업에 임하는 사람과, 자신의 일의 결과에 대해 책임을 느끼고 긍지를 가지며 일에 자신의 명예를 거는 직업 정신을 갖고서 자신의 직무에 정성을 다하는 사람들이 많을수록 그 사회는 경제적으로 뿐만 아니라 문화적으로도 크게 발전할 수 있다.

오늘날에도 영화, 연극, 미술 등과 같은 예술 분야에서는 그와 같은 거장(巨匠)들을 쉽게 찾아 볼 수 있다. 또한 일의 성격은 다르지만 오늘날의 '기업가 정신'도 따지고 보면 장인 정신의 새로운 형태라고 할 수 있다.

우리의 조상들이 자신의 직업을 인생의 도와 서로 떼어서 생각하지 않고, 자신의 일을 통해 스스로의 인간 됨을 완성시켜 나아가려고 했던 장인 정신은 현대인들이 배우고 계승해 나가야 할 귀중한 직업 윤리이다. 모든 사람들이 맡은 바 직분을 통해 자신들의 일에 깨끗한 마음으로 정성을 다해 나간다면, 그러한 사람들은 삶의 정도를 깨닫게 될 것이다.

장인 정신은 현대적인 의미에서, 자신의 일을 통해 자신의 삶의 길을 완성해 나가는 직업 정신이라고 해석될 수 있다. 우리는 흔히 삶에 있어 '뜻'을 가져야 한다고 말하는데, 이 '뜻'은 부귀(富貴)와 공명(功名)을 추구하는 세속적인 야망으로서보다는 자신의 참된 삶의 길을 찾으려는 고귀한 정신으로 해석될 수 있다.[14]

넷째는 직장과 가정에서의 원만한 인간 관계이다. 직장에서의 인간 관계는 공식적인 것과 비공식적인 것으로 나눌 수 있는데, 공식적인 관계는 대개 비인격적이고 업무 중심적이며, 비공식적인 관계는 인격적 · 정의적(情誼的)이고 사적인 관계라고 할 수 있다. 따라서 모든 직장인들은 직장에서 동료, 상사, 부하 직원들과 공식적인 관계와 비공식적인 관계를 동시에 맺으면서 직장 생활을 하게 되는데, 여기에서 중요한 것은 직장인들이 공과 사를 구별할 줄 알아야 한다는 점이다.

모든 직장인들은 정해진 규칙에 따라 정당하고 효율적인 방법으로 직장의 목표를 달성하는데 최선을 다해 기여할 것을 요구받고 있다. 그러나 직장인들은 또한 비공식적인 인간 관계를 통해서 많은 개인적인 문제들을 해결해 나가기도 한다. 어려운 일이 있을 때에는 서로 상의하기도 하고, 업무를 수행하는데 필요한 크고 작은 정보들을 서로 교환하기도 한다. 그러므로 직장인들은 공과 사를 엄격히 구별할 줄 아는 것과 함께 공식적인 인간 관계와 비공식적인 인간 관계를 잘 조화시켜 성공적인 직장 생활을 해 나가지 않으면 안 된다. 물론 직장 생활에 있어서는 선공 후사(先公後私)의 원칙, 즉 개인적인 일보다는

---

14. 김태길 외, *op. cit.*, pp.178~180.

공적인 일을 우선시하는 정신으로 직무에 임해야 한다는 점도 결코 잊어서는 안 될 것이다.

그리고 직장에서의 고객에 대한 인간 관계는 무엇보다도 친절과 봉사의 정신으로 이끌어 나가야 한다. 모든 직장은 고객이 있기 때문에 존재 가치가 있는 것이다. 따라서 고객에 대해서는 항상 친절한 마음으로 정성을 다해 대할 줄 아는 직장인이 되지 않으면 안 될 것이다. 즉, 고객에게 끝까지 봉사하고, 정중하게 고객을 대하는 직장인이 가장 성공적인 직장인이 될 수 있을 것이다. 또한 직장뿐만 아니라 가정에서도 원만한 인간 관계를 맺고 살아가면서 자신의 일에서 능력을 발휘해 나가는 사람이야말로 자신의 삶을 보람있게 영위하는 사람이라고 할 수 있다.

현대의 직업인들은 대개 직장과 가정이 분리되어, 생산 활동은 직장에서 하고, 소비 생활은 가정에서 하는 형태의 경제 생활을 하게 되는데, 이와 같은 직장과 가정의 분리 현상은 가정 생활에도 많은 변화를 초래하였다. 다시 말해, 현대 산업 사회에서의 직장인들은 자신의 직장 업무에 최선을 다해야 하는 직업적 의무와 가정 생활의 화목과 만족을 추구하려는 가족적 의무 사이에서 많은 갈등을 경험하고 있다고 할 수 있다. 따라서 직장인들은 가능한 한 자신의 직무를 충실히 수행해야만 직장은 물론 자신의 가족도 더욱 안정되고 풍요로운 삶을 누릴 수 있게 된다는 직업 윤리 의식을 가져야 할 것이다.

그러나 산업 사회 이후의 미래 사회에서는 직장과 가정이 다시 통합될 가능성이 많다. 모든 직장인들이 자택에서 근무하게 되는 것은 불가능할지 모르지만, 고정적인 작업을 반복하는 직무는 얼마든지 가정에서도 수행할 수 있을 것이며, 재택(在宅) 근무가 보다 더 능률적이고 시간을 절약하게 할 것이다. 이와 같은 변화는 앞으로 직업과 가정을 다시 하나로 통합시키는 결과를 가져올 것이며, 직업인들이 가정과 직업 활동을 양립시킬 수 있는 사회적 조건을 만들어 줄 수 있

을 것으로 예상된다.[15]

마지막으로는 인간애를 들 수 있는데, 인간애는 모든 인간이 지녀야 할 최고의 덕으로서 윤리의 근본이라고 할 수 있다. 인간애를 떠나서 직업 윤리의 근본 원리를 논하는 것은 아무런 의미가 없다고 하겠다. 따라서 사랑의 실천은 인간이 어떤 직업을 성실히 수행하는데 있어서 최선의 덕목이라고 할 수 있다.

3 사회 변화와 직업 윤리

오늘날 과학 기술의 발달은 산업 구조 및 사회 구조에 상당한 변화를 초래하였다. 그러므로 현대의 사회 구성원들이 가지게 되는 주된 관심사는 사회의 변화에 따른 직업의 변천이라고 할 수 있다. 특히, 후기 산업 사회에 들어와 직업의 전문화 현상이 가속화되었고, 직업과 관련된 사람들의 생활 양식에도 많은 변화가 일어났는데, 이는 지식 정보 산업의 급속한 발전과 직접적인 연관이 있다고 하겠다.

1. 정보화 사회의 직업 윤리

정보화 사회에서는 지식이나 정보가 경제적 가치를 생산하는 중심적인 요소라고 할 수 있다. 다시 말해서, 농업 사회에서의 부의 원천이 토지였고, 산업 사회에서의 부의 원천이 자본이었다면, 탈산업화의 경향을 보이고 있는 정보화 사회에서의 부의 원천은 지식이나 정보라는 것이다.[16] 따라서 이제는 물질적 재화의 생산을 위해 많은 노동력

---

15. *Ibid.*, pp.184~190.
16. L. Mumford, *The Pentagon of Power*(New York: Harcourt Brace, 1970), p.83.

을 투입할 필요가 없게 되었고, 지식과 정보가 개인이나 사회의 운명을 좌우한다고 말해도 과언은 아닐 것이다.

이러한 관점에서 볼 때, 직업에서도 전문성과 고등 정신적인 능력의 발휘가 무엇보다도 우선적으로 요구될 것이다. 즉, 직업 구조에 있어서 단순 노동이나 숙련된 기능만을 요구하는 육체 노동은 점차로 줄어들고, 정보를 생산하고 관리하는 정신 노동의 비중이 상대적으로 커졌다.[17] 또한 정보화 사회에서는 직업 구조만 바뀌어진 것이 아니라, 직업 활동을 하는 사회적 환경도 크게 변화되었는데, 그 특징은 다음과 같다.

첫째, 정보화 사회에서는 대량 생산 방식에도 변화가 일어나 다품종 소량 생산 체제가 정착될 것이다. 이와 같이 정보화 사회에서는 산업 구조에 변화가 일어나고 사회 조직의 원리도 크게 바뀌게 된다. 다시 말해서, 산업 사회에서는 대량 생산 체제를 발전시키기 위해 표준화 · 집중화 · 거대화 · 대중화 · 관료제화 등의 원리에 의해 사회가 조직되었지만, 정보화 사회에서는 다원화 · 분산화 · 소규모화 등이 사회 조직의 원리가 된다. 또한 산업 사회에서 인간 소외 현상이 심했던 것도 이러한 대량화 · 자동화 · 기계화 · 표준화 · 집중화 · 대중화 · 관료제화 등의 조직 원리에 기인한다고 본다면, 정보화 사회의 조직 원리라고 할 수 있는 다원화 · 민주화 · 분산화 · 소규모화 · 전문화 · 고도화 등은 인간 소외와 비인간화 현상을 어느 정도 극복하는데 도움을 줄 수 있을지도 모른다.

앨빈 토플러(A. Toffler)는 정보화로 대변되는 컴퓨터 기술 혁명으로 인해 대두하게 된 새로운 문명을 '제3의 물결'이라고 불렀다. 즉, 인류의 역사상 농경 기술의 발전에 의한 농업 사회 문명이 제1의 물결에 해당한다면, 제2의 물결은 산업 혁명에 의한 산업 사회의 문명

17. J. B. Conant, *Modern Science and Modern Man*(New York: Columbia University Press, 1952), pp.8~9.

이었고, 제3의 물결은 컴퓨터 기술 혁명에 의한 새로운 정보화 사회의 문명이며, 그 문명은 이미 시작되었다는 것이다.

이상과 같은 정보화 사회에 대한 전망을 근거로 해서 우리의 직업에 대해 생각해 본다면, 직업 환경에도 그러한 변화가 시작되고 있음을 알 수 있다. 먼저 정보화 사회에서는 정보 산업 분야의 직업이 주종을 이루게 된다. 오늘날 농산물이나 공산품을 생산하는 직업보다는 정보를 생산하고 관리하며 판매하는 직업과 다양한 서비스 산업, 그리고 전문직과 화이트 컬러 직업의 비중이 점점 더 커지고 있다. 또한 연구 개발 분야의 중요성이 점점 커지고 있으며, 사회 복지와 사회 개발 등 인간의 삶의 질을 높일 수 있는 분야의 활동도 증가하고 있다. 따라서 앞으로는 지식 정보 산업과 문화 산업 및 여가 산업이 크게 발달할 것이 분명하다.

둘째, 정보화 사회에서는 직장인들이 반드시 매일 일정한 시간에 직장에 출퇴근하지 않고 자신의 집이나 개인 사무실에서 근무하는 경우가 늘어나게 될 것이다. 즉, 일정한 작업량을 일정한 기간 내에 가정이나 개인적 장소에서 완수하기만 하면 되는 방식으로 직장 생활 방식이 바뀌는 것을 예상할 수 있으며, 그렇게 된다면 직장인들은 근무 시간을 반드시 표준화하지 않아도 되고, 가정이 일상 생활의 중심이 될 수 있을 것이다.

셋째, 정보화 사회의 직업은 대부분 육체 노동이기보다는 정신 노동이기 때문에 직업 활동에 있어서 전보다도 많은 개인의 창의성과 개성이 요구될 것이다. 이제 직장인들은 단순한 작업과 육체적인 노동은 기계와 로봇에게 맡기고 창의력을 필요로 하는 정신적인 활동에 주로 종사하게 될 것이며, 그러한 직업적 조건은 산업 사회에서보다도 훨씬 더 많은 자아 실현의 기회를 직업인들에게 제공해 줄 수 있을 것이다.[18]

---

18. 김태길 외, *op. cit.*, pp.160~162.

넷째, 정보화 사회에서는 여성의 사회 진출이 더욱 활발해 질 것이고, 전통적으로 남자들만의 직업이라고 여겨지던 직종에 여성이 광범위하게 진출하게 될 것이다. 전통 사회에서는 여성의 역할이 가정에 한정되었고, 산업화가 시작되면서 여성도 직업을 가질 수 있게 되었지만, 여성의 직업은 특정한 분야에 한정되는 것이 일반적이었다.

그러나 산업 구조가 고도화되고 정보화 사회가 도래하면서 많은 직업들이 육체 노동보다는 정신 노동을 필요로 하는 직업으로 바뀌어지고 전문화됨에 따라 여성의 직업 활동 영역도 더욱 확장되게 되었다. 이처럼 여성도 다양한 직업 활동을 할 수 있게 됨에 따라 여성의 인권과 가정 내에서의 지위, 그리고 사회적인 지위도 크게 향상되었으며, 이러한 여성의 지위 향상은 다시 여성의 직업 기회 확대에 큰 영향을 미치고 있다.

그렇지만 이와 같은 전반적인 여성의 지위 향상에도 불구하고 여성의 취업 기회는 아직도 남성에 비해 제한되고, 취업이 된다고 하더라도 임금, 승진 등 여러 분야에서 차별적인 대우를 받는 경우가 많다. 이는 남성의 편견도 작용하지만 여성이 가정 내의 역할, 특히 출산과 자녀 양육과 관련된 역할에서 벗어난다는 것이 현실적으로 쉽지 않기 때문이다.

그러므로 여성이 직장과 가정 내에서의 역할을 성공적으로 양립시켜 나가기 위해서는 여성 자신의 명확한 직업관이 요구된다고 하겠다. 다시 말해서, 정보화 사회에서 직업의 구조와 환경은 여성들에게 유리한 방향으로 전개될 것이 분명하기 때문에, 여성들의 직업관도 크게 달라지지 않으면 안 된다. 이제 여성들도 남성들과 같은 직업관을 가지고 직장 생활에 임하는 태도가 필요하다. 즉, 여성들도 남성들과 똑같은 직업의식과 직업 윤리를 가지고 직장 생활을 영위해 나가야 할 것이다.[19]

---

19. *Ibid.*, pp.162~164.

다섯째, 정보화 사회에서는 직업의 양태가 변할 수밖에 없기 때문에, 직업에 대한 새로운 인식과 가치관이 형성되어야 할 것이다. 최근 국제 통화 기금(IMF)의 프로그램 이행 과정에서 불어닥친 각 부문의 구조 조정과 기업의 정리 해고 사태 등은 우리 사회의 전통적인 직업관을 송두리째 흔들어 놓았다. 이제는 '○○맨' 식의 '평생 직장' 개념이 사라지는 대신, 직장에 근무하는 것은 일정한 계약의 이행이라는 서구적 개념이 점차 확산되고 있다.

2. 전문 직업인의 윤리 문제

현대 사회에서는 점점 더 많은 직업들이 전문직화되고 있다. 다시 말해서, 정보화 사회에서 두각을 나타내기 시작한 대표적인 직업이 전문직이고, 전문적인 지식이나 기술을 가지고 일을 하는 직업의 종류와 전문 직업인이 늘어나고 있다.

(1) 전문직의 특성

전문직은 전문적인 지식과 기술을 사용하는 직업이라고 정의할 수 있다. 그러나 무엇을 전문직으로 규정하느냐 하는 것은 용이한 일이 아니다. 고전적인 의미에서의 전문직은 의사, 변호사, 성직자 등에 국한된 것이었으나, 오늘날 전문직은 일반적으로 "고도의 전문적 교육을 거쳐 일정한 자격이나 면허를 취득함으로써, 독점적으로 전문적인 지식과 기술을 사용하는 직업"이라고 정의된다.

그리하여 정보화 사회에서는 보다 많은 직업이 전문직화되고 있으며, 전문직은 현대 사회에서 중추적 기능을 수행하고 있다. 사회학자 벨(D. Bell)은 후기 산업 사회를 지식 사회라고 불렀는데, 이는 의사 결정에 필요한 전문적 지식과 정보가 후기 산업 사회에서 가장 중요한 가치 창출의 근원이라고 보았기 때문이다. 전문적인 지식과 기술을 사용하는 전문직의 주요 특성으로는 다음과 같은 것들을 들 수 있다.

첫째, 전문직은 고도의 지적 훈련을 필요로 하며, 일정한 자격 조건을 요구한다.

둘째, 전문직은 사회에 대한 봉사를 주된 목적으로 삼으며, 지식과 기술을 사회적으로 유익하게 사용할 책임이 있다. 고도의 지적 훈련이나 일정한 자격 요건을 필요로 하는 것도 공공에 대한 봉사를 보다 원활하게 수행하기 위한 방법이며, 독립성과 자율성이 보장되는 것도 공익에 대한 봉사를 위해서이다.

셋째, 전문직은 금전적인 보수를 일차적인 목표로 추구하지 않으며, 부의 획득을 직업상의 성공과 무관한 것으로 간주한다.

넷째, 전문직은 업무 수행에 있어서의 독립과 자유가 중시된다.[20]

다섯째, 전문직은 전문적인 기술과 지식을 가지고 일하는 직업이기 때문에, 일반 고객과 소비자들은 전문 직업인들의 활동 내용을 쉽게 알 수 없는 입장에 있다. 또한 전문직은 전문성과 독과점성을 근거로 고객에게 많은 대가를 요구하는 경향이 있다.

(2) 전문직의 윤리

위에서 기술한 바와 같은 전문직의 특성 때문에, 전문 직업인에게는 다른 어떤 직업인보다도 높은 수준의 직업 윤리가 요구된다. 즉, 전문적인 지식과 기술이 비윤리적으로 사용되었을 때 나타날 수 있는 사회적 파장과 결과는 매우 치명적이기 때문에, 전문 직업인들은 높은 윤리 의식을 가지고 자신의 직업 활동에 임해야 한다.

그러나 전문 직업인의 윤리는 자율적으로 규제되는 것이 일반적이다. 왜냐하면, 전문 직업인들은 많은 교육을 받은 사람들이기 때문에,

---

20. 한국정신문화연구원, *op. cit.*, pp.48~51.

자율적으로 윤리 규범을 준수할 수 있을 것으로 사회가 인정하기 때문이다. 따라서 전문 직업인들은 엄격한 윤리 강령을 설정하고 그것을 스스로 준수해야 하고, 만일 그것을 위배했을 때에는 상당히 엄격한 규제와 비판을 받게 된다. 그러므로 전문 직업인들은 스스로 높은 수준의 직업 윤리를 실천해야 한다. 만약 전문 직업인들이 직업 윤리를 소홀히 한다면, 전문직의 공신력은 떨어지고, 사회적으로도 존경을 받지 못하게 될 뿐만 아니라, 직업 활동에 있어서도 많은 어려움을 자초하게 된다.[21]

전문직에 종사하기 위해서는 오랜 기간의 교육을 통해 전문 지식의 습득이 필요하며, 이를 위해서는 개인적 노력은 물론 사회적으로도 막대한 투자가 이루어져야 한다. 그런데 이러한 사회적 투자는 전문 직업인들로 하여금 그들 자신의 이익보다는 사회 전체의 이익을 위해서 우선적으로 노력해 줄 것을 기대하면서 이루어지는 것이기 때문에, 전문 직업인들은 그들이 사회로부터 받은 혜택을 전문 지식과 기술을 통해 다시 사회에 환원할 책임을 지고 있다고 할 수 있다.

만일 전문적인 지식과 기술이 비윤리적으로 사용된다면, 그것은 사회적으로 엄청난 결과를 초래할 것이다. 다시 말해서, 전문 직업인이 높은 수준의 직업 윤리 의식을 가지고 있지 못하다면, 그는 사회에 대해 보이지 않는 해독을 끼칠 수 있을 뿐만 아니라, 장기적으로는 사회를 파멸로 이끌 수도 있다. 그러므로 일반 직업인보다는 전문 직업인에게 훨씬 강한 윤리성이 요구된다고 하겠다.

현대 사회에서 전문 직업인이 누리고 있는 높은 사회적 지위와 명예 및 그가 일을 수행하는 과정에서 갖는 자율성은 그 전문적 지식과 기술을 개인의 영리를 위해서보다는 사회 전체를 위해서 봉사하는데 행사할 것이라는 전제에 근거해서 부여된다고 할 수 있다. 따라

21. 김태길 외, *op. cit.*, p.181.

서 전문 직업인들이 높은 수준의 직업 윤리 의식을 가지고, 스스로의 행위에 대해 자율적인 통제를 가할 수 없다면, 이는 사회 전체의 불행일 뿐만 아니라, 필연적으로 외부의 통제, 즉 타율적인 규제를 불러들일 것이며, 결국은 그들 스스로에게도 불행한 결과를 초래하고 말 것이다.[22]

현대 사회에서는 거의 모든 직업이 전문직화되고 있기 때문에, 전문 직업인의 도덕성은 매우 중요한 윤리 문제가 되고 있다. 우리 나라에서도 아직은 전문직의 역사와 전통이 짧지만, 사회 변화에 따라 전문직 종사자가 급격히 증가하는 추세에 있기 때문에, 전문 직업인의 윤리 문제는 중요한 사회 문제로 등장하였다.

또한 전문 직업인의 윤리 문제는 궁극적으로 전문직 종사자의 높은 직업 윤리 의식을 통해서 해결될 수밖에 없기 때문에, 전문 직업인을 양성하는 직업 윤리 교육의 중요성도 크게 강조되고 있다. 왜냐하면, 전문 직업인들은 전문적인 지식과 기술의 습득 못지 않게 전문 직업인으로서의 윤리 의식의 내면화가 중요하기 때문이다. 전문 직업인들은 스스로를 자영 업자나 자유 직업인 등과 같이 개인적 이익을 추구하는 경제 주체로서만 인식할 것이 아니라, 높은 사명감과 직업 의식을 가지고 사회에 봉사하는 직업 윤리를 정립하지 않으면 안 될 것이다.[23]

다시 말해서, 전문 직업인은 무엇보다도 공공에의 봉사라는 전문직 본래의 기능과 역할에 충실해야 하고, 물질적인 이익의 추구를 우선시 해서는 안 되며, 직업 활동에서 야기되는 문제에 대해 엄격한 자기 통제와 자율적 책임을 져야 한다.

---

22. 한국정신문화연구원, *op. cit.*, pp.65~69.
23. 김태길 외, *op. cit.*, p.183.

3. 직업 윤리의 정립을 위한 과제

일반적으로 윤리는 어떤 행위의 옳고 그름이나 선과 악, 또는 도덕적인 것과 비도덕적인 것에 대한 판단 체계로서만이 아니라, 이를 연구 대상으로 하는 학문 분야로서의 윤리학을 의미하기도 한다. 특히 직업 윤리(vocational ethics)는 윤리 문제를 직업 생활이라는 특수한 사회적 상황에 적용한 것이다. 직업 윤리는 사회 구성원 각자가 자신의 이해 관계에 따라 행동하는 것을 삼가야 할 상황을 확인시켜 줌으로써 사회적 갈등 해소에 기여하기도 한다.

인간의 삶은 직업과 밀접한 관련을 맺고 있다. 직업은 우리가 생계를 유지하고 자아 실현을 도모하는데 있어서 뿐만 아니라, 공동 생활을 영위하는데 있어서도 빼놓을 수 없는 중요한 요소이다. 직업의 성격은 사회 변화에 따라 다양한 의미로 구분되고 있으나, 직업 윤리는 인간의 내면적인 세계를 규율하는 의식적인 측면과 외적인 행위를 규율하는 사회적인 측면을 모두 지니고 있다.

직업 윤리는 직업에 대한 태도 및 가치관과 관련된 신념 체계라고 할 수 있는데, 직업의 의미와 윤리성에 관한 논의가 시작된 것은 비교적 최근의 일이다. 과거 서구 사회에서는 막스 베버 이후에 와서야 직업의 의미와 직업 윤리에 대한 논의가 본격적으로 시작되었고, 우리나라를 포함한 동양 사회에서는 직업보다는 주로 신분 관계에 적용될 수 있는 사회 규범이나 윤리가 주된 논의의 대상이었다.

또한 동 · 서양을 막론하고 직업 윤리에 대한 지금까지의 논의에서는 주로 기업 윤리나 전문 직업인의 윤리(professional ethics)가 핵심적인 부분을 차지하여 왔다. 그러므로 현재의 상황과 미래에 대한 예측을 근거로 직업 윤리 전반에 관한 일반적인 의미와 개념을 정립하는 것은 우리 사회의 현실에 비추어 볼 때 매우 중요한 과제라고 하겠다.

특히, 정보가 개인의 재산이나 명예는 물론 사회 기능에도 결정적인 영향을 미치게 되는 정보화 사회에서의 직업 윤리 문제는 무엇보다도 중요하다고 하겠다. 왜냐하면, 정보가 갖고 있는 속성상 잘못된 정보의 생산, 처리, 유통은 개인이나 기업, 그리고 사회에 대단히 불행한 결과를 초래할 것이 분명하기 때문이다. 따라서 정보의 정확성, 신뢰성, 공정성 등은 이제 매우 중요한 직업 윤리적 문제로 등장하였다.

현대 사회에서는 과학 기술의 발달과 환경 문제에 대한 관심의 증대로 인하여, 직업의 유형이 계속 변화되고 있다. 따라서 사회 구성원들은 끊임없는 자기 개혁과 현실 적응 노력을 해야 하며, 직업 윤리는 이러한 사회 변동에 따른 사람들의 의식이나 가치관의 변화에 대응하여 새로운 방향을 모색하지 않으면 안 된다.

이를 위해 우선적으로 고려해야 할 것은 현대 사회의 직업 윤리가 직면하고 있는 여러 가지 문제들을 분석하는 일이다. 그런 다음에 바람직한 직업 윤리를 정립하는 과정이 필요한데, 그 과정은 크게 두 가지로 나누어질 수 있다. 그 하나는 직업 윤리의 이론적 기초를 확립하는 일이고, 다른 하나는 그 이론적 토대 위에서 실천적인 과제들을 올바로 수행하는 것이다.

이러한 차원에서 직업 윤리를 정립하는 것은 미래 사회에 대비하는 노력의 일환이라고 할 수 있다. 즉, 넓은 삶의 양식에 맞는 새로운 형태의 직업 윤리를 정립하는 일은 21세기를 준비하는 우리의 노력 가운데 가장 중요한 부분을 차지할 것이다. 따라서 바람직한 직업 윤리의 정립은 미래 사회에서 우리가 자아 정체성을 확립하는데 있어 필수적인 요소라고 할 수 있으며, 우리 사회가 전반적으로 지니고 있는 구조적 모순들을 해결해 나아가는 데에도 큰 도움이 될 것이다.

4 현대 사회의 기업 윤리

자본주의 체제에서 기업의 중요성은 아무리 강조되어도 결코 지나치지 않을 것이다. 왜냐하면 기업은 한 나라의 경제뿐만 아니라 정치·사회적인 진로에도 상당한 영향을 미치기 때문이다. 기업 윤리는 도덕적 가치를 지니고 의사 결정과 행동을 하는 기업의 구성원들에 관심을 두는데, 특히 경영자나 예비 경영자를 지원하는 개인들을 대상으로 그들의 윤리 의식을 고취하고, 윤리적 판단 및 분석 능력을 제고시키는데 초점을 맞추고 있다.

1. 기업의 사회적 책임과 역할

현대 사회에 있어 기업 윤리의 필요성은 그 어느 때 보다도 다양한 각도에서 제기되고 있는데, 여기에서 빼놓을 수 없는 문제가 바로 기업의 사회적 책임(corporate social responsibility)과 역할이다. 최근 우리 사회에서도 기업의 사회적 책임과 관련하여 우려의 목소리가 높아지고 있고, 심지어는 기업에 대한 비난과 불신감마저 생겨나고 있는 실정이다.

기업의 사회적 책임이라는 개념은 미국에서 1930년대에 복지 국가 개념이 성립되면서 나타났으나, 그 후 사회 환경 및 사회적 가치의 현저한 변화가 일어난 1960년대에 이르러서야 본격적으로 사용되기 시작하였다. 그러나 지금까지 기업의 사회적 책임과 역할에 대한 수많은 논의와 연구가 있었지만, 아직까지도 기업의 사회적 책임과 역할이 정확히 무엇을 의미하는가에 대한 일치된 합의는 없다. 이는 연구의 관점이나 시각의 차이, 또는 연구자마다 강조하는 개념들의 상이성(相異性)에 기인한다고 하겠다.

그러나, 사회적 책임의 개념에 대한 연구자들의 다양한 주장을 토대로 기업의 사회적 책임을 정의하면, 기업의 사회적 책임이란 "기업 활동으로 인해 발생하는 사회적·경제적인 문제들을 해결함으로써, 기업의 이해 관계자와 사회 일반의 요구나 기대를 충족시켜 주어야 하는 기업 행위의 규범적 체계"라고 할 수 있다. 기업의 사회적 책임이라는 개념은 기업 윤리와는 다른 시대적 배경과 성격을 갖고 있기 때문에, 양자의 개념상의 혼란을 피하기 위해서는 이 둘을 구분해서 볼 필요가 있다.

우선 책임과 윤리라는 개념을 대비시켜 보면, 기본적으로 책임이란 개인의 지위, 기능, 행위 등의 본질에 의해 부과된 의무의 범위를 일컫는다.[24] 다시 말하면, 책임이란 역할과 관련된 개념으로서 특정한 역할에서 파생되는 권한에 대응하는 개념이며, 그 주체는 사람뿐만 아니라 조직도 가능하다. 이에 비해, 윤리라는 개념은 어떤 행위의 옳고 그름 및 선과 악을 구분해 주는 원칙들의 집합이라고 할 수 있다. 따라서 윤리는 뚜렷한 대상이 없거나 구체적인 지위나 역할도 필요로 하지 않을 수 있다. 또한 윤리가 논의되는 영역은 구체적인 행위뿐만 아니라 추상적인 태도나 가치까지도 포함한다. 이러한 기본 개념상의 차이를 반영할 때, 기업 경영 상황에서 제기되는 사회적 책임과 기업 윤리의 개념은 원론적인 의미에서 다음과 같은 차이를 갖는 것으로 볼 수 있다.

첫째, 기업의 사회적 책임이 기업 활동의 사회적인 결과에 초점을 두는 반면, 기업 윤리는 기업의 행위나 의사 결정 과정의 옳고 그름을 따지는 판단 기준에 초점을 두고 있다.

둘째, 기업의 사회적 책임이 사회적인 요구나 기대에 부응하는 규

---

24. V. Barry, *Moral Issues in Business*(Belmont, Calif: Wordsworth Publishing Co., 1983), p.12.

범 체계라면, 기업 윤리는 사회적인 윤리 규범에 대응하는 규범 체계이다.

셋째, 기업의 사회적 책임은 기업의 자유 의지를 반영하는 자율적이고 적극적인 성격을 갖는 반면, 기업 윤리는 상대적으로 외부에 의해 강제되는 수동적이며 소극적인 성격을 갖고 있다.

넷째, 역할 수행이라는 측면에서 보면, 기업의 사회적 책임은 기업과 사회, 기업과 이해 관계 집단이라는 조직적 차원을 보다 강조하는 반면, 기업 윤리는 조직 구성원이라는 인적 차원을 보다 강조한다. 기업 윤리의 주체와 관련하여 개별 구성원이 그 주체인가 하는 논쟁이 있는데, 이러한 논쟁은 어느 측면에 초점을 두느냐에 따라 발생하는 것으로 보이지만, 일반적으로 조직은 개인의 윤리적 의사 결정에 영향을 미치는 조건 내지는 여건을 제공하는 것으로 알려지고 있기 때문에, 기업 윤리에서는 개인이 보다 강조된다고 할 수 있다.[25]

다섯째, 기업 윤리를 주장하는 학자들은 대부분 철학이나 윤리학, 신학, 교육학 등의 인문 과학에 기반을 두고 있는 반면, 기업의 사회적 책임을 주장하는 학자들은 대부분 경영학이나 경제학, 사회학 등의 사회 과학에 기반을 두고 있다.

그러나 기업 윤리와 기업의 사회적 책임이라는 이러한 개념상의 차이는 원론적인 의미일뿐, 현실적으로는 많은 문제들에 있어서 공통적인 모습을 보이고 있으며, 차이가 있다고 하더라도 그 차이는 상대적일 뿐이다.[26]

기업의 사회적 책임이라는 개념은 이미 1930년대에 복지 국가의

---

25. K. E. Goodpaster, "Business Ethics: The Field and the Course", in W. M. Hoffman, J. M. Moore & D. A. Fedo, eds., *Corporate Governance and Institutionalizing Ethics*(Toronto: Lexington Books, 1983), pp.289~290.
26. 신유근, "기업윤리와 경영교육", 한국경영학회 편, *한국의 기업윤리*(서울: 세경사, 1992), pp.27~29.

개념이 성립되면서 나타났으나, 사회적 환경 및 가치관의 현저한 변화가 일어난 1960년대에 이르러서야 본격적으로 사용되기 시작했다. 학문적으로는 1953년 보웬(H. R. Bowen)의 《기업가의 사회적 책임(*Social Responsibility of the Businessman*)》에서 처음으로 기업의 사회적 책임에 대해 정의가 내려진 것으로 알려지고 있는데, 그 이후 많은 연구들이 기업의 사회적 책임에 관한 개념을 발전시키는데 기여하였다.

일반적으로 기업의 사회적 책임은 이윤 동기를 넘어선 보다 넓은 활동 영역을 기업의 사회에 대한 책임 영역으로 간주하고 있다. 따라서 기업은 주주만이 아니라 보다 많은 이해 관계자에게 기여하여야 하며, 그 기본적인 목적에 내포되어 있는 전통적인 가치를 넘어 보편적인 인간적 가치의 실현에 공헌하여야 한다는 것이 기업의 사회적 책임을 정의하는 출발점이 된다고 할 수 있다. 이는 기업의 사회적 책임이라는 개념은 기업과 관련된 사회적인 문제들의 해결을 위하여, 기업이 자신의 자본 및 인적, 물적인 자원을 사용하여 조력해야 할 책임이 있음을 의미한다.

또한 자본주의가 고도로 발달함에 따라, 사적인 이익의 지나친 추구는 공익을 저해할 수도 있다는 믿음이 생겨났는데, 이러한 신념은 기업과 사회의 새로운 관계 정립을 강조하였고, 기업과 사회의 새로운 계약을 출현시켰다. 사회적 계약은 모든 사회 제도의 근저가 되는데, 이는 입법화된 것뿐만 아니라 관습과 관례, 사회적 승인과 금지 등까지도 포함한다.

이와 같은 사회적 계약에 의해 형성되는 기업과 사회의 기본적인 관계는 두 가지 중요한 시사점을 제공하는데, 첫째는 기업이 궁극적으로는 사회 구성원 전체의 이익을 위해 존재한다는 것이고, 둘째는 과거에 기업과 사회 사이에 형성되었던 바람직한 관계 유형이 현재 또는 미래에는 타당하지 않을 수도 있다는 것이다. 왜냐하면, 사회적 계약 관계는 시대에 따라 변하기 때문이다.

기업이 사회에 대하여 어떤 책임을 가지고 있다는 사실은 이러한 계약 관계로부터 유추될 수 있기는 하지만, 이것만으로는 정확하게 기업의 사회적 책임을 정의할 수 없다. 책임은 어떤 대상에 대한 의무나 부채를 포함한다고 할 때, 기업은 소비자나 종업원들에 대하여 보다 많은 책임을 가진다고 할 수 있다. 여기에서 말하는 기업의 사회적 책임은 단순한 법률적인 의무가 아니라, 기업가가 사회 구성원들이 삶을 영위할 수 있도록 하는 구조를 보존하기 위해 자발적으로 수락해야 하는 자기 부과(自己賦課)적 책임이다.27

오늘날 사회 속에서의 기업의 바람직한 모습을 정립하기 위한 노력이 다각적으로 전개되고 있다. 그 중에서 가장 대표적인 접근 방안은 기업의 자율 논리에 입각하여 사회적 목적을 달성하도록 할 것인가, 아니면 정부의 개입 논리에 입각하여 기업이 사회적 책임을 수행하도록 강제할 것인가 하는 두 가지 방향으로 요약된다. 현대 사회에서는 두 가지 접근 방안이 모두 유용하고, 또한 상호간에는 밀접한 관련성이 있다고 하겠다.

2. 기업 윤리의 개념과 중요성

기업 윤리는 사회적인 존재로서의 인간이 근본적으로 직면하게 되는 윤리 문제를 기업 경영 상황에 적용한 것이라고 할 수 있다. 다시 말해서, 기업 윤리는 모든 상황에 보편적으로 적용되는 일반적인 윤리라기보다는 기업 경영이라는 특수한 상황에 적용되는 응용 윤리(applied ethics)의 성격을 갖고 있기 때문에 실용적이고 현실적인 접

27. Rogene A. Buchholz, *Business Environment and Public Policy: Implication for Management*(Englewood Cliffs, New Jersey: Prentice-Hall, 1982), pp.413~415.

근을 도외시할 수 없다. 따라서 기업 윤리는 규범 윤리학에 기반을 두면서도, 어떻게 하면 경영자의 윤리적 행위나 윤리적 의사 결정을 이끌어 낼 수 있는가에 초점을 둔다.

(1) 기업 윤리의 의미

기업 윤리는 연구자의 학문적 배경이나 주장하는 바에 따라 보통 다음과 같은 두 가지 흐름으로 나누어 볼 수 있다.

첫째는 전통적인 윤리 분야의 연구 성과를 기업 경영이라는 특수한 상황에 접목시키면서 개인의 행동이나 태도에 대한 판단 기준에 초점을 두는 규범적 접근이다. 이러한 접근법에 의하면, 기업 윤리란 기업 경영 상황에서 나타나는 행동이나 태도의 옳고 그름 및 선악을 체계적으로 구분하는 판단 기준, 또는 이를 연구하는 것을 의미한다. 이러한 규범적 접근에서는 윤리의 본질, 기업 목적과 윤리, 윤리의 주체, 윤리적 가치 판단의 기준 등을 강조한다.[28]

둘째는 전통적인 윤리 분야의 연구 성과에 기초하면서도 조직 이론이나 행동 과학 이론의 연구 성과를 원용해, 경영자의 도덕적 가치관과 기업 경영에 있어서의 의사 결정 과정에 초점을 두는 실용적인 접근이다. 이러한 접근법에 의하면, 기업 윤리란 도덕적 가치, 보다 구체적으로 말하면 다양한 이해 관계자나 전체 사회에 이익을 주거나 폐해를 끼칠 수 있는 행동을 취하는 것과 관련된 의사 결정 과정을 연구하는 것을 의미한다.[29]

기업은 그 효율성과 합리성을 전제로 사회로부터 경제적 기능을 위임받았다. 따라서 기업은 그 위임받은 역할을 충실히 수행하여야 할

---

28. R. Bartels, ed., *Ethics in Business*(Columbus: Ohio State University, 1963), pp.114~115.
29. J. Gandz & N. Hayes, "Teaching Business Ethics", *Journal of Business Ethics, Vol. 17.*, 1988, pp.656~659.

책임이 있다고 할 수 있다. 또한 기업은 사회의 한 구성 인자로서 사회가 지니고 있는 가치 규범을 준수할 의무가 있다.

니부어(R. Niebuhr)는 집단의 윤리는 개인 윤리와는 다르며, 집단 윤리에는 개인 윤리에서와는 다른 원칙의 적용이 필요하다고 말한 바 있다.[30] 즉, 그는 개인 윤리와 사회 윤리를 구별할 필요가 있음을 지적하면서, 개인적으로는 상당히 도덕적인 사람들까지도 자기가 소속된 집단의 이익을 위해서는 이기적이 되기 쉽다고 경고하였다. 다시 말해서, 도덕적인 인간에 의해서 구성되는 사회라 할지라도 그 사회는 비도덕적일 수 있다는 것이다.

가정, 지역 사회, 국가 등과 같은 인격 공동체는 공동선을 추구하는 집단으로서 비이기적(非利己的)이고 도덕적일 수 있으나, 그러한 집단들조차도 집단적 이기주의를 탈피하기는 매우 어렵다. 왜냐하면, 인간은 누구나 자기가 소속된 집단의 이익과 번영을 무시할 수 없기 때문에, 한 개인으로서는 양보할 수 있는 일일지라도 집단의 이익과 관련된 경우에는 양보하기가 어렵기 때문이다. 이러한 사례는 우리 사회의 님비(nimby) 현상에서 잘 나타나고 있다.

그러므로 현대 사회의 윤리적인 문제는 개인적인 수양만으로는 해결될 수 없다. 우리는 한 개인으로서 관용, 사랑 등 도덕적인 덕목을 베풀어야 하지만, 이러한 덕목의 수행과 실천만으로 사회의 복잡한 윤리적 문제들을 해결할 수는 없다. 결국, 기업 윤리를 포함하여 사회가 안고 있는 많은 윤리적 문제들은 개인의 도덕적 가치 판단에 의해서만이 아니라, 그 개인이 소속되어 있는 사회의 구조나 제도 자체의 개선에 의해서 해결될 수 있다고 하겠다. 따라서 기업 윤리에서는 개인의 도덕적 행위뿐만 아니라, 사회 구조와 제도의 문제에 대해서도 많은 관심을 기울여야 한다.

---

30. R. Niebuhr, *Moral Man and Immoral Society*(New York: Charles Scribner's Son, 1960), pp.11~13.

개인들은 어떤 문제를 결정함에 있어서 자신의 이익보다는 남의 이익을 먼저 고려할 수도 있으며, 때에 따라서는 자신의 이익을 희생해서라도 타인의 이익을 우선시킬 수가 있다. 사람들은 본성적으로 어느 정도의 동정심과 사리 판단력을 가지고 있으며, 이는 교육에 의해 강화될 수 있다. 그러나 집단의 경우에는 충동을 억제하고 지도할 이성이나 자기 조절 능력이 부족하기 쉽고, 다른 집단의 어려움을 헤아리기보다는 자기 집단의 필요나 욕망만을 충족시키려는 집단 이기주의 현상이 나타나기 쉽다. 또한 집단의 경우에는 많은 이해 관계자가 관련되어 있으므로 집단의 이익을 포기한다는 것은 개인의 경우에서처럼 쉽지가 않다. 다시 말해서, 집단의 경우에는 개인의 경우보다 이기심이 더 크게 나타날 수 있다는 것이다.

이러한 근거에서 이윤 추구를 목표로 하는 기업 집단에 있어서는 개인 윤리와는 다른 윤리적 접근이 필요하다는 것을 알 수 있다. 기업은 이윤의 추구를 근본 목표로 하고 있으며, 그것이 기업의 합리성과 효율성의 원동력이 되고 있는 것도 사실이다. 그러나 극단적인 이기주의는 극단적인 이타주의와 마찬가지로 기업의 합리적인 경제 활동을 저해한다. 따라서 기업 고유의 효율성과 능률성을 저해하지 않는 범위에서 기업에 대한 규제를 하는 것이 기업 윤리의 진정한 의미라고 할 수 있다.

그러나 한편으로는 기업이라는 법인이 그 단위로서 윤리의 주체가 될 수 있으며, 특수한 목적을 위해 형성된 조직체에 본래의 목적 추구 이외에 다른 인도적인 차원의 행위를 요구할 수 있는가 라는 기업 윤리 자체에 대한 반론도 있다. 피터 드러커(Peter F. Drucker)는 “기업 윤리는 사회적 책임이다.” 라는 말은 기업을 어렵게 하는 최신 유행어라고 반박하면서, 일반적인 윤리를 떠난 기업 윤리라는 별도의 개념은 존재하지 않으며, 기업에 윤리를 강요하는 것은 강자의 윤리를 합리화시킬 수 있는 논리를 제공하는 위험한 발상이라고

말하고 있다.[31]

하지만 기업은 현대 사회에서 모든 부문에 걸쳐 매우 큰 영향력을 행사하고 있으며, 기업에 관계하는 여러 사람들의 행위에도 중대한 영향을 미친다. 그리고 기업이 사회에서 살아남기 위해서는 사회적인 요구를 무시할 수 없으며, 사회가 기업에 어떤 윤리성을 요구하는 한, 경영자나 여타 기업 구성원의 비윤리적인 행위는 기업의 존속과 발전에 치명적인 손상을 입힐 수도 있다. 이러한 소극적인 측면을 떠나서도 경영자나 조직 구성원들은 사회의 중추적인 구성원으로서 사회의 윤리 규범을 준수하고 그 수준을 제고해 나가야 하는 적극적인 의무도 지니고 있다고 하겠다.

(2) 기업 윤리의 판단 기준

기업 윤리는 기업 활동에 있어서 경영자나 여타의 기업 구성원이 지켜야 할 행위의 원칙에 관한 것이라고 할 수 있다. 따라서 기업 활동에서의 의사 결정 과정은 경제 원칙뿐만 아니라 윤리적인 판단 기준을 전제로 하여 내려져야 하며, 그것이 실정법을 준수하는 것 이상으로 공정하고 정당할 때 그 기업은 기업 윤리에 입각하여 기업 활동을 하고 있다고 말할 수 있다.[32]

기업 또는 그 구성원들이 기업 윤리를 준수하기 위해서는 자신들이 하고 있는 행동이 윤리적인지 아니면 비윤리적인지를 판단할 수 있어야 한다. 윤리적인 판단을 하는 것은 사회적으로 수용되는 윤리적 가치 또는 규범과 실제로 하고자 하는 행동을 비교하는 것이다. 따라서

---

31. Peter F. Drucker, *Post-Capitalist Society*(New York: Harper Collins, 1993), 이재규 역, *자본주의 이후의 사회*(한국경제신문사, 1993) 참조.
32. George A. Steiner, *Business and Society*(New York: Random House, 1975), pp.211~212.

윤리적인 판단을 내리기 위해서는 사회적으로 수용된 비교 기준으로서의 윤리적 가치나 규범을 명확히 해야 할 필요가 있다.

우리들이 일상적으로 행하는 윤리적 판단은 많은 어려움을 내포하고 있으며, 더군다나 지극히 복잡 다양한 개별적인 상황에 모두 적용될 수 있는 기준을 제공한다는 것은 사실상 불가능하다. 그러므로 여기에서는 먼저 모든 가치 판단의 기본이 되는 보편적이고 본원적인 윤리적 판단 기준에 대해 살펴보고자 한다.

① 윤리적인 가치 판단의 보편적인 기준

윤리적 가치 판단의 보편적인 기준으로는 행위의 결과를 중시하는 목적론(결과론)과 수단의 윤리성을 강조하는 의무론(동기론) 및 이들을 통합하여 윤리적 판단 기준을 세우려는 통합적 접근법 등이 있다.[33]

첫째, 목적론(teleological theory)은 행위의 윤리성을 행위의 객관적 결과에 의해 판단하려는 입장인데, 이는 합리적 이기주의와 공리주의에 기초하고 있다.

둘째, 의무론(deontological theory)은 수단 자체에 윤리적인 가치 판단의 근거를 두고 있는데, 이는 행위의 결과보다는 그 동기에 중점을 둔다. 대표적인 의무론으로는 권리론(theory of right)과 정의론(theory of justice)을 들 수 있다.

셋째, 통합적인 접근법은 목적론과 의무론은 상호 보완적인 관계에 있기 때문에 이들을 통합할 경우 상당히 포괄적이며 유용한 윤리적 판단 기준이 나올 수 있다는 것이다.

보편적인 윤리적 가치 판단의 기준은 윤리적 문제에 대해 기본적인 시각을 제공해 주지만, 그 추상적인 성격으로 인해 특정 국가나 사회

---

33. 김태길, *윤리학*(서울: 박영사, 1979), pp.25~29.

의 구체적 기업 활동 상황에는 적용하기가 어렵다. 왜냐하면 이론적인 판단은 특정 국가나 사회의 법률상의 특성, 전통 문화적인 특성, 사회의 전반적인 이데올로기적 특성, 그 구성원들의 가치 의식적 특성 등을 반영하여야 적실성(適實性)이 있기 때문이다. 따라서 보다 구체적인 윤리적 가치 판단의 기준을 알아보기 위해서는 사회적으로 수용된 윤리적 기준을 다양한 각도에서 검토할 필요가 있다.

② 사회적으로 수용된 윤리적 가치 판단의 기준

사회적으로 수용된 윤리적 판단의 기준으로는 합법성, 전통 문화적 특성, 사회 구성원들의 가치 의식 등을 들 수 있는데, 합법성이란 사회적 질서와 공공 복리를 위해 사회 구성원들에게 강제된 법에 부합되어야 한다는 것이다. 또한 전통 문화적 특성은 국가 사회적 기업 윤리의 판단 기준을 제공하는데, 그 국가 사회의 어떤 전통 문화적 특성이 어떻게 윤리적 가치 판단의 기준에 영향을 미치는가에 대한 세심한 검토가 필요하다.

그리고 사회 구성원들의 가치 의식은 이데올로기의 일부분을 구성하는데, 그것은 시대에 따라 변화하는 특성을 갖고 있다. 따라서 사회 구성원들의 가치관이 어떻게 변화되고, 기업 윤리의 판단 기준에 어떤 영향을 미칠 것인가를 미리 예측하고 평가하는 활동이 요청된다고 하겠다.

③ 윤리적 가치 판단에 있어서 고려해야 할 원칙

특정 기업의 활동이 윤리적 기준에 적합한지를 판단하는 과정에서 고려해야 할 원칙으로는 자발성의 원리, 이윤 동기의 인정, 권력과 책임의 원칙, 상황 이론의 적용 등을 들 수 있는데, 이들은 윤리적 가치 판단 기준 자체를 구성하지는 않지만, 개인이 의사 결정을 할 때 잘못된 결정이 내려지지 않도록 사전에 예방해 주는 역할을 한다.

기업 윤리를 실천함에 있어서 중요한 원칙 중의 하나는 정부를 포함한 사회 일반의 요구에 기업이 사후적, 수동적으로 반응할 것인가, 아니면 자발적으로 문제를 미리 예측해 적극적으로 대응할 것인가 하는 점이다. 과거처럼 기업 활동에 대한 사회적 규제가 부분적인 경우에는 기업이 수동적 대응만으로도 충분히 이에 대처할 수가 있었다. 그러나 기업 활동의 각 부문에 대한 사회적인 규제가 강화된 오늘날에 있어서는 과거와 같은 소극적 대응 방식은 그 한계가 있다고 하겠다.

따라서 기업은 기업 윤리 문제에 있어 자발성의 원리에 입각해 사전에 문제를 예방하는 것이 중요하다. 이러한 자발성의 원리를 실현하기 위해서는 기업 스스로가 자신의 실정에 맞는 내부적 의사 결정 기준을 마련하는 것이 필요하다.

기업의 최고 경영자가 갖고 있는 철학이나 이해 관계는 기업이 기업 윤리를 실천하기 위하여 무엇을 할 것인가를 결정하는데 크게 영향을 미친다. 다시 말해서, 기업 활동에서는 최고 경영자의 영향력이 막중하기 때문에, 최고 경영자의 가치관과 이해 관계를 충족시키는 방향에서 기업 활동이 결정되는 것이 보통이다. 즉, 최고 경영자의 가치관이나 행동이 자발적 기업 윤리의 실천을 위한 기초를 마련해 준다는 점에서, 기업이 기업 윤리를 효율적으로 실천하기 위해서는 무엇보다도 최고 경영자의 자발적인 노력과 자각이 가장 중요하다고 하겠다.

또한 기업은 이윤 동기라는 인센티브에 따라 움직이는 경제 주체이다. 그러므로 기업은 경제적인 인센티브가 없다면, 사회의 비경제적인 목적 달성을 위해 자발적인 노력을 경주하기가 매우 어려울 것이다. 그러나 기업 윤리와 기업의 이익은 긴 안목으로 보면 결코 양립적인 것이 아니다. 따라서 기업은 장기적인 안목을 가져야 하며, 일시적으로는 순이익이 줄어들더라도 궁극적으로는 기업에 이익이 되는 사회적으로 책임 있는 행동을 수행해야 한다.

오늘날 기업가들의 사고는 장기적인 안목에서 발상이 전환되지 않으면 안 된다. 또한 자유롭게 사적인 이익을 추구하는 경향으로부터 계몽된 사회적 이익(enlightened social interest)을 존중하는 방향으로의 철학적 변화가 요청된다고 할 수 있다.[34] 이것은 기업의 이익과 기업 활동을 새롭게 전망하는 시각인데, 경제적인 인센티브를 침해하지 않는다면 기업 윤리를 실천할 수 있을 것이라고 보는 입장이므로, 이는 전통적인 사고에 비해 보다 광범위한 기업 윤리를 실천할 수 있음을 의미한다.

일반적으로 현대 사회에서 대기업은 경제적 권력, 정치적 권력, 사회적 권력 등을 갖고 있다고 할 수 있다. 그러므로 기업 윤리를 실천하기 위한 의사 결정 기준의 기본 방향을 정립하는데 있어서 빼놓을 수 없는 것 가운데 하나가 권력과 책임의 원칙이다. 기업은 사회 속에서 기업이 소유하는 권력이나 권한에 상응하는 도덕적으로 정당한 행동을 해야 한다. 이러한 기업의 권력에 상응하는 의무나 책임을 요구하는 경향은 각종 이해 당사자 집단의 사회적 운동이나 대중 매체의 발달로 더욱 확산되는 추세에 있다.

현대의 기업은 경제적 권력에 상응하는 책임 있고 정당성에 기초한 행동을 할 것이 요청된다. 즉, 기업의 경제적 권력은 이해 당사자 집단을 포함한 전체 사회의 이익을 증대시키는 방향에서 행사되어져야 하고, 정치적인 권력에 상응하는 책임 있는 행동이 요구되기 때문에, 기업은 모든 이해 당사자 집단의 다원적 균형(pluralistic balance)을 깨지 않는 방향에서 행동해야 하며, 사회 구성원들의 전통이나 가치, 욕구, 인간의 존엄성 등을 보장해 주는 책임 있는 행동을 해야 한다.

그리고, 특정한 사회 문제를 예방하거나 해결하는데 있어서는 기업

---

34. Steiner, *op. cit.*, pp.181~183.

이 처한 사회적·경제적 상황이 고려되어야 한다. 왜냐하면 기업이 어떤 일을 하지 말아야 하고, 어떤 일을 적극적으로 수행하여야 할 것인가 하는 문제는 상황에 따라 달라질 수 있기 때문이다. 또한 사회적인 문제를 해결하는데 있어서 어떤 사회적 기관이 가장 효과적이고 능률적인가를 결정하는 것이 필요하며, 그것에 따라서 윤리적이고 사회적인 책임이 그 기관에 적절히 부과되어야 한다.

기업의 규모와 업종에 따른 기업 윤리 문제도 우리의 중요한 관심사가 아닐 수 없다. 대기업들은 보다 많은 사회 구성원들에게 실제적이거나 잠재적인 영향력을 행사하게 된다. 사회는 대기업에 더 큰 관심을 갖게 마련이므로, 대기업은 다른 기업보다도 기업 윤리와 사회적 책임 문제를 깊이 고려해야 한다.

한편, 기업의 업종에 따라서도 기업 윤리는 차이가 난다. 예를 들어, 공익성이 강한 기업은 보다 큰 윤리적 책임을 지니게 된다. 이처럼 기업들은 그 특성이나 처한 사회적 상황을 고려해 자신이 맡은 윤리적 의무나 사회적 책임을 실천할 수 있도록 노력해야 한다.[35]

(3) 기업 윤리의 중요성

오늘날 기업 윤리는 기업이나 기업 경영자에게 중요한 의미를 부여한다. 다시 말해서, 기업의 윤리성은 기업 또는 기업 경영의 본질 내지는 기업의 목적과 관련하여 제기되는 가장 근본적인 문제이다. 기업의 본질적인 기능 면에서 재화의 공급과 이윤 추구라는 경제적 기능만을 인정할 경우, 기업 윤리의 개입 여지는 크게 줄어든다.

그러나, 산업화 초기와는 달리 기업의 사회적 영향력이 커진 현대사회에서는 단지 기업의 경제적 기능 측면만을 인정할 수 없다. 따라서 새로운 각도에서 기업의 본질, 즉 사회 속에서 기업이 맡아야 할

35. 박동준, *기업의 사회적 책임 수행을 위한 기업윤리에 관한 연구*(서울대학교 박사학위논문, 1994), pp.96~98.

본질적 기능과 역할의 문제와 더불어 기업의 목적을 재조명해 볼 필요가 있다.

오늘날 기업이 존속·발전하기 위해서는 기업 내부에서 폐쇄적인 경영 활동만을 수행해서는 안 되고, 기업을 둘러싸고 있는 여러 가지 환경적 변화에 적응·도전하는 개방적인 접근 방법을 택하지 않을 수 없다.

개방 체계(open system)로서 기업이 운영되기 위해서는 외부로부터 에너지를 공급받아야 하며, 그렇지 못하면 시스템이 해체되거나 소멸되기 때문에 기업이 소비하는 것보다 더 많은 에너지를 환경으로부터 받아들여야 한다. 따라서 더 많은 것을 받아들이기 위해서 기업은 사회에 대하여 경제적·사회적 공헌을 해야 하며, 그럼으로써 더 많은 투입을 얻을 수 있는 계속 기업(going concern)으로서 존재할 수 있다.

만일 기업이 사회에 기여를 하지 못하면, 그 기업은 조직 시스템의 변화에서 기인하는 역효과를 최소화하지 못하게 됨으로써 항상성을 유지할 수 없게 된다.[36] 즉, 기업은 환경적 변화를 받아들여야만 그 조직을 보전할 수 있는 동태적 균형(dynamic equilibrium)을 유지할 수 있게 된다.

기업이 이러한 동태적 균형을 계속 유지하기 위해서는 사회에 무엇인가를 제공하여야 하고, 또한 무엇인가를 받아들여 소비하여야 한다. 이는 바로 기업의 목적이 과연 무엇인가 하는 문제와 연결된다. 다시 말해서, 기업이 사회 속에서 어떤 맡은 바 역할을 수행함으로써 존속·발전이 가능해지느냐 하는 문제에 귀결된다.

기업의 목적은 크게 경제적 목적과 사회적 목적으로 나누어 볼 수 있는데, 전자는 주로 재화와 용역(service)을 생산하여 제공함으로써

---

36. D. Katz and R. L. Kahn, *The Social Psychology of Organization* (New York: John Wiley & Sons, 1966), pp.19~22.

사회에 대하여서는 구성원들의 생활 향상에 기여하고, 기업 자체로서는 합리적으로 경제적 이윤을 추구하는 경영 활동이다. 후자는 주로 사회 속에서 그 구성원들의 정신적 가치나 목표 및 이데올로기에 부합되는 활동을 수행함으로써 사회적 정당성을 얻는 기업 행위를 의미한다. 여기에서 문제가 되는 것은 기업이 과연 경제적 활동 이외에 사회적 정당성을 얻기 위한 사회적 활동도 수행해야만 하는 것인가, 또한 이러한 기업의 목적은 택일적인가, 아니면 양립할 수 있는 것인가 하는 이른바 기업 목적에 관한 논쟁이 유발된다는 점이다.

서구의 초기 자본주의 시대에는 경제적 목적만을 기업의 유일한 목적으로 여기려는 전통적인 이윤 추구 개념이 기업 목적의 본질을 형성하였다. 물론 현재에도 기업은 경제적 목적만을 추구해야 한다고 주장하는 사람들도 없는 것이 아니다. 그러한 사람들의 견해에 의하면, 기업은 기본적으로 재화와 용역을 생산하여 사회에 제공하는 경제적 역할을 수행하고, 이러한 활동을 통하여 이윤을 획득하고자 하는 사회 구성 기구에 불과하다.

기업의 경제적 기능은 자본주의적 경제 체제의 자유로운 경쟁하에서, 재화와 용역을 효율적으로 생산해 냄으로써 사회에 공헌할 수 있다는 점에서 자본주의적 발전의 초기 단계부터 기업의 본원적 책임으로 인식되어 왔다. 따라서 자본주의의 초기 단계에는 기업이 그 경제적 목적만을 추구하는 것에 대한 사회적 비난이 그리 심하지 않았다.

그러나 현대에 들어오면서 사회 속에서 경제적 기능에만 한정되는 기업의 역할에 대한 논란이 일게 되었다. 즉, 기업을 둘러싼 여러 가지 환경적인 변화, 기업 자체의 구조적이고 기능적인 변화, 그리고 사회를 구성하고 기업을 운영하는 구성원들의 의식 변화로 인해, 경제적 기능에만 지나치게 한정되는 기업의 역할에 대해 의문이 제기되기 시작하였다. 다시 말해서, 재화와 용역의 생산 및 공급이라는 기업의 경제적 활동이 경제적 결과만을 가져오지 않고 부(富)의 편중 문제,

정경유착(政經癒着) 문제, 소비자 보호 문제, 환경 문제 등의 부정적인 사회적 결과를 초래했다고 인식됨에 따라, 경제적 기능에 한정되는 기업의 역할에 대해 회의적인 시각이 제기되었다.

기업은 사회와 지속적으로 상호 작용을 하면서 기업 활동을 영위해 나가기 때문에 경제적 존재에만 국한될 수 없다. 이와 같은 생각으로부터 나타난 것이 기업의 사회적 책임과 기업 윤리의 문제이며, 오늘날의 기업은 경제적 역할은 물론 사회적 역할, 즉 기업의 사회적 책임과 기업 윤리의 실천을 동시에 조화롭게 추구하도록 요청받고 있다.[37]

기업 경영이라는 상황에서 기업 윤리가 갖는 중요성을 요약하면 다음과 같다.

첫째, 기업 윤리의 준수는 사회적 정당성 획득의 기반이 된다. 기업은 다른 모든 사회 기관과 마찬가지로 전체 사회의 일부분이며, 기업의 생존과 발전을 위해서는 사회에 의존할 수밖에 없다. 즉, 기업의 역할이나 활동이 사회로부터 수용되어야 기업이 성장할 수 있는 기반이 마련된다. 이러한 차원에서 기업 윤리의 준수는 기업의 역할이나 활동이 사회적 정당성을 획득할 수 있는 기초가 된다. 만약 기업이 사회가 요구하는 이러한 기본적인 기업 윤리조차도 준수하지 않는다면, 그 기업은 사회에서 존재 의의나 존립 기반을 상실하게 될 것이다.

둘째, 기업은 기업 윤리의 준수를 통해 장기적인 관점에서 질적인 경영 성과나 조직 유효성의 증대를 기대할 수 있다. 기업은 진정한 경쟁력의 원천을 자본, 기술, 인적 자원 등 자신의 독특한 능력에서 찾아야 점차 치열해지는 국제 경쟁 속에서 살아남을 수 있다. 만약 기업이 눈앞에 보이는 이익, 즉 경영 성과의 단순 지표에만 급급해서 행동하게 되면, 장기적인 측면에서는 보다 중요한 경쟁력의 원천을 상실할 수 있다.

---

37. 신유근, *op. cit.*, pp.35~37.

기업 윤리는 기업으로 하여금 정상적인 기업 활동을 통해 사업의 기회를 포착하고, 그 속에서 기업의 독특한 경쟁력의 원천을 찾게 하는 조직 분위기를 만들어 나가도록 한다. 또한 변화하는 환경 속에서 기업의 윤리적 행동은 사회나 외부의 이해 관계자와 우호적 관계를 형성해 감으로써 경영 활동을 더욱 원활하게 해 준다. 그리고 기업 윤리는 기업에 종사하는 종업원들에게도 자신이 속한 기업에 대한 긍지와 함께 애착을 갖게 함으로써, 인적 자원 측면에서의 장기적 성과의 증대를 기대할 수 있게 해 준다.

셋째, 기업 윤리는 조직 구성원의 행동 규범을 제시해 줄 뿐만 아니라, 하나의 인간 또는 민주 시민으로서 윤리적 성취감을 충족시켜 준다. 기업 윤리는 단순히 기업의 행동을 규제하는 것만이 아니라, 기업이 사회 속에서 해야 할 일과 하지 말아야 할 일을 구분시켜 줌으로써 전체 사회에 이익이 되는 행위의 준거를 제공해 준다. 또한 기업 윤리는 기업 내부의 구성원에게도 행동의 올바른 기준을 제시함으로써 그 구성원간에 생길 수 있는 갈등을 미연에 방지하거나 해소시켜 준다. 다시 말해서, 기업 윤리는 그 구성원들로 하여금 민주 시민으로서의 자아상을 갖게 하고, 윤리적인 성취감도 느끼게 해 준다.[38]

3. 한국의 기업 윤리

우리 사회에서도 상당수의 사람들이 기업에서 일을 하고 있으며, 그 대가로 임금을 받아 생계를 유지하고 있다. 많은 사람들은 중소기업보다는 대기업에서 일하기를 원하며, 공기업의 비효율성을 지적하면서 사기업의 능률성과 활력을 높이 평가하기도 한다. 그럼에도 불구하고 아직 우리 사회에서는 많은 사람들이 기업에 대해 부정적

38. *Ibid.*, pp.38~39.

인 태도를 보이고 있는데, 이는 기업의 이윤 추구 행위 자체에 대한 비난이라기보다는 기업 활동 과정에서의 비윤리성에 기인한다고 할 수 있다.

이러한 기업에 대한 비판에 대해 또한 경영자들은 그것이 현실을 모르는 이상주의자들의 탁상공론(卓上空論)이라고 말한다. 다시 말해 기업이 최선을 다해 사회에 기여를 해도 사람들은 보다 큰 것을 요구한다는 것이다. 그리고 그들은 사회의 도덕성이 붕괴되고, 사회가 끊임없이 변화하는 상황에서 유독 기업에게만 고도의 윤리성을 요구하는 것이 과연 올바른 것인가 하고 반문하기도 한다.[39]

그러나 한국 기업이 변화하는 기업 환경과 사회적 기대에 부응하기 위해서는 무엇보다도 기업 윤리를 실천할 수 있는 조직적 기반을 갖추는 일이 중요하다. 다시 말해서, 우리 나라 기업 윤리를 실천하기 위해서는 먼저 기업 내의 조직 구성원들이 윤리를 실천할 수 있는 기반을 확립해야 한다. 우리 나라의 현실을 돌이켜 볼 때, 그 동안 성장 위주의 정책을 추구해 온 나머지 이러한 윤리적 기반을 확립하려는 노력은 미흡했던 것으로 평가되고 있다. 따라서 우리 기업은 막연한 윤리적 프로그램을 만드는 것보다는 조직 전반적으로 윤리적 기반을 확립하는데 우선적인 노력을 기울여야 할 것이다.

기업의 윤리적 기반을 확립하는데 있어서 최고 경영자의 역할은 아무리 강조해도 지나치지 않을 것이다. 특히, 우리 나라 기업의 현실에서 대부분이 소유 경영자들인 최고 경영진의 자세 및 역할은 한국 기업의 윤리적 기반을 확립하는데 있어 관건적 요소이다.

기업은 사회를 떠나서는 존재할 수 없기 때문에, 앞으로 우리 사회가 어떻게 변모되어 갈 것인가를 미리 예측하여 미래의 계획을 세워 나가야 한다. 따라서 기업은 규범적인 의미에서 사회의 지배적인 이

39. 박동준, *op. cit.*, p.75.

데올로기를 공유하여야 하고, 그 이데올로기의 기반 위에서 최고 경영자는 자신의 기업에 알맞는 기업 철학을 정립해 나가야 한다.

일반적으로 한국 기업에 있어서의 환경적 변화 양상은 정치의 민주화, 경제의 자율화, 사회의 다양화 등으로 집약되는데, 이에 따라 기업 이데올로기가 형성된다고 할 수 있다. 다시 말해서, 앞으로의 한국 사회는 정치 체제로서는 보다 성숙된 민주주의, 경제 체제로서는 보다 자유 경쟁적인 자본주의, 그리고 사회 제도 및 구조와 관련하여서는 다원주의라는 큰 테두리 안에서 발전하게 될 것으로 전망된다. 물론 이와 같은 세 가지 이데올로기는 기업에 대하여 독립적으로 영향을 미친다고 하기보다는 상호 밀접하게 작용하여 새로운 형태의 바람직한 기업관의 정립을 요구하게 될 것이며, 이에 따라 이전과는 다른 형태의 기업 윤리가 요구된다고 할 수 있다.

첫째, 기업인은 민주주의에 걸 맞는 기업 이데올로기를 형성, 공유해야 한다. 민주 사회는 인간의 존엄성 및 개인의 자유와 평등, 그리고 사회 정의에 기초하여 사회 구성원 개개인의 다양한 의견과 가치가 수렴될 수 있는 제도적 장치를 갖춘 사회이며, 개인의 자율적 판단을 중시하면서도 그러한 행위에 대한 책임 또한 중시되는 사회이다. 이제 우리 기업인들은 기업 경영에 있어서 민주주의의 원리를 적용, 확대시켜 나감으로써 경제의 민주화에 노력하고, 사회 전반적으로도 민주주의가 확고히 정착되도록 노력해야 할 것이다. 이러한 차원에서 우리 기업이 추구해 나가야 할 바람직한 가치로는 평등, 정의, 질서 등 사회적 · 인간적 가치를 들 수 있을 것이다.

둘째, 우리 기업은 자본주의의 미래상을 그려보고 거기에 합당한 경영 방식과 기업 윤리의 실천 방식을 구상해 나가야 한다. 지금까지 우리 나라에서는 정부가 시장 기능을 보완하면서 자본주의적 발전을 주도적으로 이끌어 왔다고 해도 과언이 아니다. 이러한 국가 자본주의적 성격은 그 나름대로 경제 발전의 초기 단계에서는 국민 경제에 공헌한 바가 적지 않으나, 그로 인한 병폐 또한 적지 않아 앞으로 지속되기는 어렵다고 하겠다. 이제 우리 국민들도 정부와 기업의 비정상적인 관계나 정경유착을 더 이상 용인하지 않을 것이다. 그러므로 기업인들은 경영 활동을 정상적이고 자율적으로 수행해야 한다는 기본적 인식을 가져야 한다. 이러한 차원에서 우리 기업이 추구해야 할 바람직한 가치로는 효율성, 구조 조정과 혁신, 창의성 등을 들 수 있다.

셋째, 이제 우리 사회도 다원적 성격을 띠고 있다고 할 수 있다. 다원 사회란 어떤 특정 조직이나 집단 및 분야에 권력이 집중되지 않고, 다양한 조직과 집단에 권력이 분산되어 있는 사회를 지칭한다. 다원주의가 발달할수록 다양한 이해 관계 집단들이 나타나 각자의 이익을 위해 기업에 영향력을 행사하게 될 것이며, 각 집단간의 이해 관계를 조정하여 통합을 이루려는 정부의 역할도 기업 활동에 영향을 미치게 될 것이다. 다시 말해서, 우리 사회는 돈이나 권력에 기초한 특정 소수 집단 위주의 사회로부터 노동 조합, 소비자 단체, 환경 단체 등과 같은 각종 시민 단체의 역할이 증대되는 다원주의 사회로 변모되어 시민 민주주의의 가능성이 한층 높아졌다. 이러한 다원주의 사회 속에서 우리 기업이 추구해야 할 바람직한 가치로는 자율, 책임, 조화 등을 들 수 있다.

이처럼 변화하는 사회에서 강조되어야 할 점은 기업이 어느 하나의 가치에만 집착하기보다는 다양한 가치들을 균형 있게 조화시켜야 한다는 것이다. 즉, 자율, 혁신, 평등 등의 가치를 조화롭게 추구하거나 개척 정신, 인간 존중, 사회 봉사 등을 기업 윤리로 승화시킬 필요가 있다. 다시 말해서, 최고 경영자는 이윤 추구라는 현실적인 목표 달성에만 매달리지 말고 보다 미래 지향적인 목표를 정립할 필요가 있다.

우리 기업은 이러한 기업 철학과 기업 윤리의 정립을 통해 단순히 경제적 기능에만 국한하지 않고, 사회 구성원들의 자아 실현을 도울 수 있는 철학적 · 윤리적 소명 의식에 기초하여 투명한 기업 활동을 해 나가야 한다. 왜냐하면, 이러한 바람직한 기업 철학이 정립될 때에만 올바른 기업 윤리적 기반이 마련될 수 있을 것이기 때문이다.

그러나, 기업 조직에 있어서 비윤리적인 행위의 책임은 기업 구성원 개인에게만 돌릴 수 없다. 비록 기업 경영자를 포함한 조직 구성원들이 어떤 행위에 대한 의사 결정의 주체이지만, 비윤리적인 행위를 조장하거나 묵인해 주는 조직 풍토나 분위기도 개인에게 상당한 영향을 미친다.[40]

우리 나라 기업의 윤리 수준을 제고시키는데 있어서, 이러한 조직 분위기 요인으로 가장 중요한 것은 기업이 어떠한 경영 체제를 갖추는 것이 바람직하며, 또한 어떤 유형의 기업 문화가 가장 적절할 것인가 하는 점이다.

지금까지의 우리 나라 기업의 경영 방식은 소유권과 경영권이 잘 구별되지 않는 소유 경영자 중심이었다. 그러나 자본주의가 성숙되어 감에 따라 필연적으로 전문 경영인 체제로 전환되어 가는 것이 세계적 추세이며, 우리 나라에서도 기업 윤리 의식이 투철한 전문 경영인(professional manager)이 등장하지 않을 수 없게 되었다. 여기에서 전문 경영인이라 함은 독자적인 권한과 책임을 가지면서 경제적 합리성과 사회적 정당성을 모두 중요시하는 능력을 갖춘 전문인을 말한다.

최근 우리 나라에서도 대기업들을 중심으로 소유자 중심의 경영 체제로부터 전문 경영인 중심의 경영 체제로의 전환을 시도하는 움직임이 많이 나타나고 있다. 다시 말해서, 기업의 규모나 복잡성이 증대됨에 따라 전문 경영인의 능력이 필요하다는 점이 인정되기 시작하였고,

---

40. 기업의 비윤리적 행동을 결정하는 요인은 개별 구성원의 도덕성보다는 조직의 풍토에 더 많이 존재한다는 주장이 제기되기도 한다. B. J. Reilly and M. J. Kyi, "Ethical Business and the Ethical Person", *Business Horizon, November-December*(1990), pp.23~27 참조.

시장 개방에 따른 경영 위기감의 고조로 능력 위주의 경영 혁신이 시급하다는 점과 대기업의 소유 경영 체제에 대한 법률적인 규제는 물론 사회적인 비난도 점차 늘어나고 있다는 점 등을 많은 사람들이 인식하고 있다.

그러나 우리 나라의 대기업, 특히 재벌 기업들이 가까운 시일 내에 소유 경영 체제를 완전히 탈피하고 전문 경영 체제로 전환될 것이라고 전망하기는 어렵다. 그 보다는 능력 있는 전문 경영인들이 점진적으로 경영권을 인수받게 되고, 그 결과 한국의 경영 체제는 현재의 막강한 소유 경영 체제로부터 점차 창업 가족의 영향력과 전문 경영인의 역량이 맞물리는 과도기적 경영 체제로 일단 전환된 다음, 궁극적으로는 실질적인 전문 경영 체제로 전환되어 갈 것으로 전망된다.

경영 체제의 문제는 단지 기업 윤리 문제에만 국한되는 것이 아니라, 경영 전반, 더 나아가 사회 전반의 문제로까지 확대된다. 그 동안 우리 나라의 기업 윤리 실천에 부정적인 영향을 미쳐왔던 소유 경영 체제의 한계는 다른 대안으로는 극복하기가 어렵기 때문에, 앞으로 전문 경영 체제로의 전환은 우리 사회에서 기업 윤리를 실천하는데 보다 중요한 기반이 될 것이다.

그리고 우리 나라 기업 윤리 수준을 제고하기 위한 또 하나의 조직 풍토 요인으로서 중요한 것은 기업인을 포함한 모든 사회 구성원들이 공유할 수 있는 바람직한 기업 문화를 정립하는 일이다. 그러한 기업 문화가 없다면, 어떤 방향과 내용으로 기업 윤리를 실천하는 것이 바람직한지, 또한 어떤 준거에 의해서 기업 윤리를 실천해야 하는지를 제대로 판별할 수 없다.

지금까지 우리 나라 기업에서는 기업인과 사회 구성원 모두가 공유할 수 있는 어떤 정신적 원칙이나 행동 방식이 존재하지 않았다. 즉, 기업인에 의해 주도되는 일방적인 기업 문화만이 강요되어져 왔다고 해도 과언은 아닐 것이다. 따라서 앞으로 형성될 기업 문화의 내용은 우리의 전통적인 공동체 의식을 기반으로 하되, 변화하는 유용한 새로운 가치관을 수용하는 것이라야 한다. 여기에서 중요한 점은 폐쇄적인 우리 의식(we-feeling)에서 벗어나 사회적으로 통합된 화합과 협동 정신을 갖는 것이라고 할 수 있다.[41]

최근까지만 해도 우리 나라에서는 자본주의의 발전을 통해 경제적 부를 축적하는 것이 우선인가, 아니면 민주주의의 발전을 이룩함으로써 정신적 삶의 질을 높이는 것이 우선인가 하는 논쟁이 있어 왔다. 그러나 이 문제는 양자택일(兩者擇一)의 논리로서는 해결되지 않는다고 할 수 있다.

왜냐하면, 이것은 분명 병행이 가능한 상호 보완적인 성격을 가지고 있는 문제이기 때문이다. 따라서 우리 나라 기업에 있어서도 경제적 목적만을 추구해야 할 것인가, 아니면 사회적 목적도 함께 추구해야만 할 것인가의 문제는 선택의 문제라기보다는 상호 조화 속에서 동시에 달성되어져야 하는 것으로 받아들여져야 한다.[42]

---

41. 신유근, *op. cit.*, pp.53~58.
42. *Ibid.*, p.37.

제5장 환경과 윤리

1 지구촌의 환경 위기

오늘날 환경 문제는 사회 문제 가운데에서도 인류의 생활 터전을 근본적으로 위협하는 가장 심각한 문제로 인식되고 있다. 다시 말해서, 환경 오염은 생태계의 파괴와 더불어 인간의 생존마저 위협하고 있다. 따라서 환경 문제는 지구촌의 위기라는 차원에서 논의되고 있다.

현재 인류는 자연 환경의 무분별한 개발과 자원의 낭비로 인하여 천연 자원의 고갈과 토양 및 대기 오염, 수질과 해양 오염, 동식물의 멸종 위기, 그리고 삼림 지역의 감소 등으로 많은 어려움을 겪고 있다. 이제 환경 파괴로 인한 지구촌의 위기는 생태학적 위기(ecological crisis)의 성격을 뛰어넘어 인류의 삶 자체를 위협하고 있다. 그리하여 환경 오염은 사람들 사이에서 간접 살인과 동의어로 운위되고 있으며, 과학 기술에 대한 맹신은 점차 사라지게 되었다.

1. 과학 기술의 역설(逆說)

흔히 현대를 과학 기술 문명의 시대라고 말한다. 과학은 관찰에 바탕을 둔 방법에 의해서 얻어진 지식의 총체이고, 기술은 인간의 생존과 평안을 위한 수단을 총칭하는 말이다. 즉, 과학은 지식이고, 기술

은 우리가 물리적인 환경에서 무엇인가를 만들어 나가는 행동이라고 할 수 있다.[1]

지난 2세기 동안 과학 기술의 발달은 인간에게 많은 물질적 혜택을 가져다 주었고, 우리의 의식주뿐만 아니라 사회 구조와 사회 관계 전반 및 가치관에도 엄청난 변화를 가져왔다. 그러나 과학과 기술이 인간의 삶을 풍요롭고 편리하게 해 주는 것은 분명하지만, 과학 기술 자체가 인간의 행복을 보장해 주는 것은 아니다.

특히 1960년대 이후 공업화에 따른 자연 자원의 무절제한 개발 및 고갈과 환경 오염은 과학 기술의 발달이 인류의 삶의 질을 향상시킬 것이라는 기대가 환상이었음을 입증한다고 하겠다. 그 동안의 과학 기술의 발달상은 원자 폭탄으로 상징되는 지구 생태계의 위기에서 그 편모를 엿볼 수 있다.

과학 기술의 발달은 자연 자원을 급격하게 소모시켰고, 산업화로 인한 자연 자원의 파괴와 오염은 마침내 환경 대재앙을 예고하고 있다. 그리하여 생태계의 파괴는 인류의 미래에도 큰 위협이 되고 있다. 또한 과학과 기술이 인간을 위해 통제되지 못할 때, 인간은 반성적인 사고 능력을 상실하게 되어, 인간이 거꾸로 과학 기술의 지배를 받게 되는 인간 소외의 문제가 발생한다. 이는 우리에게 과학 기술에 대한 윤리적 성찰을 요구한다고 하겠다.

인간은 생존을 위하여 과학 기술을 발전시켜 왔지만, 인간의 생존 기술은 다른 동물들의 그것과 근본적으로 다른 방향에서 발전되어 왔다. 현대 과학의 급격한 발달은 과학 기술 만능의 풍조를 불러일으켰고, 인류의 생활 양식, 사고 방식, 가치관 등에 극심한 변혁을 초래하여 생태계의 평형을 파괴하기에 이르렀다.

현대 과학 기술의 특성을 한마디로 규정하자면 아마 '역설적'이라는

---

1. 김용준, "과학의 역사성", 김용준 외, *현대 과학과 윤리*(서울: 민음사, 1988), pp.20~21.

표현이 가장 적절할 것이다. 인간은 지구상에서 생존의 여건들을 자신의 손으로 파괴함으로써 스스로 생존 가능성을 위협하면서 살아가고 있다. 지구상의 환경을 훼손하는 주체는 적어도 표면적으로는 현대 과학 기술을 보다 적극적으로 활용하여 인류의 복지 수준을 증가시키려고 노력하는 인간이다.[2] 지구 환경의 위기 상황은 역사적으로 누적되어 온 인간 활동의 한 부정적 결과이기 때문에 그 해결책도 다름 아닌 인간에 의해서 모색되어져야 할 것이다. 따라서 환경 교육에서는 학생들로 하여금 환경 문제와 관련하여 과학 기술의 발달이 갖는 문제점을 분명히 알도록 지도하는 것이 무엇보다도 중요하다.

2. 환경 위기의 현실

인간은 삶의 터전인 지구의 환경이 위기에 처했다는 사실과 이 위기를 해결하기 위한 노력에 바로 착수하지 않으면 안 된다는 사실을 최근에야 깨닫게 되었다. 다시 말해서, 환경 오염과 생태계의 파괴 등으로 대변되는 환경 문제는 현재 인류가 직면하고 있는 가장 심각한 문제로 인식되고 있다.

1972년 제27차 유엔 회의에서는 매년 6월 5일을 '세계 환경의 날'로 지정하였고, 같은 해 덴마크의 스톡홀름에서 열린 '유엔 인간 환경 회의'를 계기로 유엔 내에서 환경 문제가 본격적으로 다루어지기 시작하였으며, 1973년에는 '유엔 환경 계획(UNEP)'이 창설되었다. 또한 1982년 제37차 유엔 총회에서는 '세계 자연 헌장'이 채택되었으며, 1987년에는 '2000년대를 향한 환경 전망'이 채택되었다. 그리고 브라질의 리우데자네이루에서는 1992년 6월에 세계 각국의 지도자들이 참가한 가운데 '유엔 환경 개발회의(UNCED)'가 열렸다.

---

2. 장회익, "과학과 윤리의 구조적 연관성과 현대 사회", *Ibid.*, pp.89~91.

'유엔 환경 개발 회의'에서 각국은 지구의 온난화, 열대 우림의 파괴, 토양의 사막화, 해양 오염 등 인류가 직면하고 있는 환경 문제에 대한 구체적인 대책을 논의하였으며, 지구 환경의 보전을 위한 협약도 체결하였다. 이를 계기로 환경 문제는 새로운 이데올로기로 부각되었으며, 신무역 장벽(green round), 환경 민족주의(environmental nationalism), 환경 안보(environment security), 환경 평화 유지 체제(environment peace keeping system) 등의 신조어가 등장했다. 유엔 환경 개발 회의의 공식 명칭은 '환경과 개발에 관한 유엔 회의(The United Nations Conference on Environment and Development; UNCED)'였는데, 세계 115개국의 정상들과 178개국의 대표들이 이 회의에 참석했기 때문에 '92 지구 정상 회담'이라고도 불린다.

'유엔 환경 개발 회의'에서는 ① 기후 변화에 관한 협약, 생물 다양성 보호 협약, 산림 보존 협약 등의 체결, ② 국가와 인간의 행동 원칙을 천명한 '지구 헌장(리우 환경 선언)'의 채택, ③ '지구 헌장'을 구체화한 행동 계획으로서의 '의제 21(Agenda 21)'의 채택, ④ '의제 21'의 수행에 소요되는 경비의 조달에 관한 합의, ⑤ '의제 21'을 실현하기 위한 기술제공 여부와 절차에 관한 합의, ⑥ 환경과 개발을 전담할 국제 기구의 설치에 관한 제도적 합의 등 지구와 인류의 미래를 결정할 수 있는 중요한 주제가 다루어졌다.[3]

환경 위기의 현실은 1990년 유엔이 발표한 '지구 환경 보고서'에 잘 나타나 있다. 이 보고서는 지구 환경의 생태학적 변화를 토양의 유실, 삼림 지역의 감소, 목초지의 황폐화, 사막의 확장, 산성비, 프레온 가스에 의한 성층권 오존층의 파괴, 온실 효과, 대기 오염, 동식물의 감소 등으로 기술하고 있다. 인간의 자연 파괴가 빚은 업보는 기상 이변으로도 나타나고 있다. 우리 나라에도 이상 고온을 가져오는 엘리뇨

3. 환경부, *환경 교육 연수교재*, 1993, pp.4~5.

현상으로 인해 배, 사과, 보리, 생강 등의 성장 피해가 예상되고 있고, 이상 저온을 가져오는 라니냐(LA NINA; 여자 아이라는 뜻)로 인한 냉해로 쌀 농사가 크게 위축되고 있다.

인류가 19세기부터 사용해 온 석탄과 석유 등의 화석 연료가 방출하는 연기는 대기를 오염시켜 왔으며, 지구의 삼림 지역이 감소되면서 산소도 급격히 줄어들고 있고, 공장 등에서 나오는 배기 가스는 정화되지 않은 채 계속 배출되고 있다. 또한 도시와 농촌의 생활 하수와 공장 폐수, 살충제, 화학 비료 등은 하천과 바다를 계속 오염시키고 있으며, 농약과 합성 수지, 기타 폐기물 등은 우리의 국토를 심하게 오염시키고 있다.

"한탄강 지류(支流)인 신천은 오폐수로 새까만 먹물이었다. 시커먼 물줄기가 번들거리는 기름 띠를 비늘처럼 두르고 기어가고 있었다. 이곳은 염색, 피혁 폐수로 더 이상 더러워질 수 없을 만큼 검은 빛을 띠고 있었다. 역한 냄새가 헬기까지 올라오는 듯했다." "경기도 광주를 끼고 있는 경안천은 아예 구정물이었다. 왕숙천을 통해 한강으로 흘러드는 시커먼 폐수는 서울 시민의 식수인 잠실 수중보를 향해 검은 띠를 형성하며 마치 죽음의 독극물처럼 흘러가고 있었다. 상공에서 내려다 본 거대한 팔당호는 온통 흙빛이었다." "차라리 눈을 감고 싶었다." 이는 최근 우리 나라 환경 담당 기자들이 헬기를 타고 한강 상류 지천들의 오염 실태를 둘러 본 후 표현했던 한탄들이다.

이러한 환경 오염은 시간이 지남에 따라 더욱 심화되는 속성이 있다. 맥헤일(J. McHale)은 "지구가 우주의 역사에서 가장 위험스러운 유기체가 된 것은 최근에 발생한 것으로서, 지극히 단기간에 일어났다."고 말했다. 또한 모리슨(J. F. Morrison)은 인류가 현재 당면하고 있는 생태학적 위기에 관해 "인간이 그 자신의 생존과 이익을 위해서 자연이라는 선물을 이용하기도 하고 변형시켜 온 것은 자연 환경에 많은 영향을 끼쳤다. 과학적 발견, 테크놀로지, 조직적 숙련의 수준은 얼마 전까지만 해도 인간의 환경에 대한 요구와 인구 수준에 맞추어 그런 대로 자연의 평형을 유지해 올 수 있었다. 그러나 인간은 지난 몇 십 년 동안 에너지, 물, 공기 및 그 밖의 연료와 열려 있는 공간을 필요에 따라 함부로 남용하다 보니 자연의 감당 능력을 넘어서게 만들었다. 특히 폐기물 처리에서 그러하다."고 말했다.[4]

한편, 밀러(G. T. Miller)는 "인류는 위기 상황에 처해 있다. 오늘날의 생태학은 인류가 생태학적 위기에 처해 있다는 사실을 분명하게 말해주고 있다."[5]고 주장했다. 브우헤이(A. S. Boughey)도 생태학적 위기에 관해서 "지난 20년 이래 우리는 너무나 많은 공해 요소와 소비, 너무나 많은 독소와 긴장을 만들어 냈다. 동시에 식량, 에너지, 주거, 교육, 건강 등에 대한 우리의 이해는 너무나도 부족한 상태에 있다. 우리는 화석 연료, 광석, 농경지, 녹지, 야생 동식물, 공기, 물, 황야 등과 같은 자연 자원을 낭비했다. 재난은 닥쳐 왔고, 우리 자신과 생태계의 모든 지평에 걸쳐 있다."고 말했다.[6]

또한 에르리히(A. H. Ehrlich)는 "인구의 폭발적 증가야말로 지난 수 십 억 년의 지구 역사상 가장 중대한 사건이다. 인구 문제로 인류는 전멸할 위기에 직면해 있다. 어떤 지구적 사건도 과잉 인구만큼 지구환경에 위협을 주지 못한다."[7]고 주장하면서, 생태학적 위기의 주요 원인을 인구 증가에 두고 있다. 그리고 카슨(R. Carson)은 생태학적 위기의 주원인을 공해라고 보면서 다음과 같이 주장했

4. 진교훈, "생태학적 위기와 윤리학의 상관성에 관한 연구", 서울대학교대학원 국민윤리교육과, *사회와 사상, 제10집*, 1989, p.36.
5. G. T. Miller, ed., *Living in Environment*, Wadsworth, Bellmont, Mass, 1986, p.5.
6. A. S. Boughey, *Man and the Environment*(New York: Mcmillan, 1986), p.2.
7. A. H. Ehrlich, *Population, Resources, Environment*, W. H. Freeman, San Francisco, 1970, pp.1~2.

다.[8] "지구 환경에 대한 인간의 침해 중에서 대기, 토양, 강과 바다가 가장 위험스럽고 치명적인 물질로 오염되고 있다. 공해는 자연의 원상 회복을 불가능하게 만들었다. 이제 악마의 사슬, 즉 공해는 생물 속에서 주도권을 쥐고 있을 뿐만 아니라, 생물계 내에서조차도 대부분의 경우 이를 물리칠 수 없도록 만들어 버렸다."

그 밖에도 많은 사람들이 생태학적 위기에 관해서 경고를 하고 있다. 다시 말해서, 자원의 고갈, 인구의 증가, 환경의 오염과 파괴, 생물 종의 멸절, 원시림과 황야의 상실 등에 대해서 지금도 많은 사람들이 우려를 표명하고 있다.

이처럼 현대 문명은 붕괴되고 있으며, 환경의 위기는 인류의 생존을 위협하고 있다. 인류의 미래는 인간이 자기 파멸의 경로를 밟고 있기 때문에 아주 어둡다는 비관론도 점차 팽만하고 있다. 과학 기술의 발전은 우리가 예상하지 못한 문제들을 야기하기 때문에 윤리적 판단과 가치 선택의 문제는 새로운 딜레마(dilemma)를 낳고 있다. 이제 환경 위기는 어느 한 국가나 지역에 국한된 문제가 아니라, 전지구적 차원의 대책이 절실히 요청되는 세계인의 현안 문제로 등장하였다.

또한 지구 생태계의 보호 차원에서 시작된 기후 변화 협약은 이미 21세기의 경제 질서를 재편할 국제적인 테마로 등장했다. 지구 온난화 방지를 위해 화석 연료의 사용을 제한하려는 기후 변화 협약은 그동안 가입국들의 이해 관계가 얽혀 합의점을 찾지 못했으나, 1997년 일본 교토 회의를 계기로 미온적이었던 선진국들의 입장이 크게 바뀜으로서 급진전되는 상황을 맞고 있다.

여기에서 중요한 역할을 한 것이 '오염 배출권 거래제'와 '청정 개발 체제(CMD)'라는 인센티브 제도이다. '오염 배출권 거래제'는 오염물질 배출 권리를 사고 판다는 것인데, 국가마다 온실 가스 배출 쿼터

---

8. R. Carson, *Silent Spring*(Boston: Houghton Mifflin, 1962), p.6.

를 부여한 뒤 쿼터를 초과할 경우 다른 나라에서 배출권을 구매해야 하고, 쿼터에 미달하는 경우에는 그 만큼 다른 나라에 팔 수 있도록 하자는 것이다. 그리고 '청정 개발 체제'는 선진국이 개도국의 온실 가스 배출 저감(低減) 노력을 지원한 다음 저감된 배출량의 일정분을 자국의 온실 가스 배출 저감 실적으로 계산하자는 것인데, 이는 온실 가스 배출권을 확보하지 못한 국가는 새로운 공장을 건설하지 못한다는 것을 의미한다.

이에 따라 최근 독일은 이미 에너지 저소비 구조로 산업 재편을 마쳤고, 프랑스는 개도국의 온실 가스 최대 배출처인 화력 발전소를 대체할 새로운 원자력 기술의 판매에 적극 나서고 있다. 또한 미국과 일본은 경제력을 바탕으로 오염 배출권에 적극적으로 투자하려는 계획을 세워 놓고 있다.

이제 기후 변화 협약은 선진국의 경제적 이익과 일치되는 방향으로 강화되고 있다. 이렇게 되면 개도국은 공장을 가동하기 위해 선진국으로부터 비싼 값으로 오염 배출권을 사와야 한다. 즉, 선진국들은 기후 변화 협약이라는 글로벌 스탠더드를 통해 자연스럽게 세계 시장을 장악할 수 있게 되었다.

현재 우리 나라는 경제 협력 개발 기구(OECD) 회원국임에도 불구하고 한시적으로 환경 의무를 유예받고 있지만, 기후 변화 협약에 참여하도록 되어 있다. 따라서 우리는 기후 변화 협약에 대비하여, 우선 정부는 기후 변화 협약의 내용 및 진행 상황과 우리 경제에 미칠 파급 효과를 경제 주체들이 경제 활동에 반영할 수 있도록 신속하고 정확한 정보를 전달해 주어야 하고, 오염 배출권 거래제나 청정 개발 체제 같은 국제적인 환경 오염 간접 규제가 국내에서도 적용될 수 있도록 서둘러 관련 법규와 제도를 정비해야 한다.

또한 기업은 환경을 위한 비용을 미래의 경제적 이익을 보장받기 위한 투자로 인식하는 발상의 전환이 있어야 한다. 다시 말해서, 기업은 오염 배출 감소를 위한 시설과 투자가 곧 기업의 경쟁력 강화와 직결된다는 점을 결코 간과해서는 안 될 것이다. 그리고 우리 국민들은 자연 환경의 보호를 생활화함으로써 우리 나라를 환경친화적인 국가로 만드는데 노력해야 할 것이다.

3. 환경 오염의 종류

환경 오염은 크게 대기 오염, 수질 오염, 토양 오염, 폐기물, 소음과 진동 및 전자파 공해 등으로 나누어 질 수 있다.

우리가 알아두어야 할 환경 상식 가운데 환경 오염과 관련된 것들을 정리하면 다음과 같다.

(1) 대기 오염

우리가 숨쉬고 살아가는 대기의 질은 이미 인간에게 적합한 생활 환경으로서의 가치를 상실해 가고 있다.

대기 오염이란 대기 중에 오염 물질이 발생하거나 증가하여 인간을 포함한 동식물에 나쁜 영향을 미치는 현상을 말하는데, 오늘날 과학 기술 혁명, 각종 에너지의 개발, 산업 구조의 변화, 인구의 도시 집중, 공업화에 따른 폐기물 등이 심각한 대기 오염을 일으키는 원인이 되고 있다.

대기 오염은 무차별적이어서 그 속에서 사는 사람은 누구도 그로 인한 피해를 벗어날 수 없다. 대기를 오염시키는 물질로는 분진, 매연, 배기 가스, 안개, 취기, 증기 등이 있는데, 특히 문제가 되는 것은 이산화탄소, 자동차에서 배출되는 일산화탄소와 탄화수소(HC) 및 질소 산화물, 황 산화물, 먼지 등이다. 그리고 대기 오염으로 인해 나타나는 기상 변화로는 온실 효과, 먼지 지붕, 스모그 현상, 오존 오염과 오존층의 파괴, 산성비 등을 들 수 있다.

① **온실 효과**: 석탄이나 석유의 사용 등으로 인해 공기 중의 이산화탄소가 증가하게 되는데, 이때 증가된 이산화탄소는 지표면에서 대기 중으로 흩어지면서 에너지의 발산을 방해하여 지표면의 온도를 끌어올린다.

② **스모그**(smog) **현상**: 스모그는 연기(smoke)와 안개(fog)의 합성어이다. 스모그 현상은 자동차 배기 가스 중의 질소 화합물이나 이산화황 등이 수증기와 혼합되어 햇빛을 받으면 화학적 반응을 일으켜 안개처럼 뿌옇게 나타나는 현상으로 대도시나 공장 밀집 지역에서 바람이 불지 않는 저기압일 때 자주 나타난다.

③ **오존 오염과 오존층의 파괴**: 이제 우리 나라도 기상 조건만 맞으면 언제라도 오존 주의보가 발령될 수 있는 상황에 놓여 있다. 또한 대기 오염이 광역화되면서 오염 벨트가 확대되고 있으며, 서울에만 국한되는 것으로 여겨졌던 오존 주의보가 연일 서울 외곽 도시들에서 발령되고 있다. 특히 수도권에서는 오존 경보 수준인 0.3 ppm 이상의 오존 농도도 우려된다고 전문가들은 경고하고 있다.

최근의 연구 결과에 의하면, 오존은 호흡기의 자체 방어기전을 파괴함으로써 만성 기관지염을 유발하고, 피부 질환 및 발작성 천식을 악화시키는 등 각종 질환을 유발한다. 또한 오존의 고농도 상태가 여러 시간 지속될 때에는 건강한 사람의 폐 기능도 감퇴된다는 연구 보고들이 속출하고 있다.

오존층은 지상 16~48km 사이의 고도, 즉 성층권에 형성되는데, 이 오존층은 햇빛 중의 유해한 자외선을 거의 흡수해 주는 방어막 역할을 한다. 그런데, 우리가 사용하는 스프레이, 자동차 에어컨, 냉장고 등에서 나오는 염화불화탄소가 대기 중에 방출되면, 공기가 있는 지상 11km 정도의 고도에서는 사람에게 유해하지 않지만, 10년 정도 시간이 흐르면 지상 16~48km까지 올라가서 오존층을 파괴한다. 이는 프레온가스, 즉 클로로플루오로카르본(CFC)이 성층권에서만 분해되기 때문이다.

④ **산성비**: 수소이온 농도(pH)가 5.6 이하인 빗물을 말하는데, 맛을 보면 식초처럼 신맛이 난다. 공업화로 인하여 대기 중에 황산화물, 질소산화물, 기타 대기 오염 물질이 많이 배출되기 때문에, 빗물이 이들과 반응하여 황산, 질산, 염산 등의 산성 물질로 변한다. 즉, 공장이나 자동차의 배기 가스에서 나오는 황산화물과 질소산화물이 대기 중에서 산화되어 황산과 질산으로 변하고 그것이 비나 안개로 지상에 내려올 때 산성을 띠면서 피해를 일으키게 된다.

⑤ **불쾌 지수**: 기온이나 습도, 풍속, 일사 등이 인체에 주는 쾌감이나 불쾌감의 정도를 수량화한 지수로서, (건구 온도+습구 온도)×0.72+40.6으로 산출한다. 지수 70대에서는 상쾌함을, 80 이상이면 불쾌, 86 이상이면 아주 참기 어려운 불쾌감을 느낀다고 하는데, 이 지수는 미국의 보어에 의해 창안되었다.

(2) 수질 및 해양 오염

수질 오염이란 물에 오염 물질이 정상적인 농도를 초과하여 유입됨으로써 인간이나 동식물 등에 나쁜 영향을 주는 현상을 말한다. 수질 오염의 주원인으로는 생활 하수, 산업 폐수, 농경 하수, 가축의 분뇨, 선박의 폐유 등을 들 수 있는데, 수질 오염은 유기물에 의한 오염, 중금속에 의한 오염, 합성 유기물에 의한 오염, 열에 의한 오염, 기름에 의한 오염 등으로 분류하여 볼 수 있다.

① **유기물에 의한 오염**: 하천이나 호수의 물은 주위에서 유기물이

유입되고 수중 생물이 증식됨에 따라 영양 염류가 점증하게 되는데 이를 부영양화라고 한다.

물이 부영양화되면 호수나 하천 연안에 수초와 녹조류가 번창하게 되는데, 이들 녹조류가 썩어 BOD(생물학적 산소 요구량)가 증가함으로써 물고기 등 호기성 호흡을 하는 수중 생물들이 직접적인 피해를 당하게 된다.

② **중금속에 의한 오염**: 공장 폐수와 농약 등에 들어 있는 카드뮴, 납, 수은 등은 물 속에서 분해되어 없어지지 않고 작은 생물들의 몸 속에 들어가서 쌓이게 되는데, 이들 중금속 오염 물질은 작은 생물들을 먹이로 하는 다른 생물들의 몸으로 이동되면서 점점 그 농도가 높아지게 된다. 그래서 마침내 그것들이 사람의 몸 속으로 들어오게 되면 각종 질병을 일으키게 되고 심한 경우에는 생명을 잃게 된다.

③ **합성 유기물에 의한 오염**: 가정에서 주로 사용하는 합성 세제와 농약 등에 들어 있는 PCB, DDT, BHC 등이 주원인이라 할 수 있는데, 이는 물 속의 식물성 플랑크톤의 광합성량을 저하시켜 물 속 생태계의 생산성을 저하시키거나 수중 생태계를 파괴한다.

④ **열에 의한 오염**: 공장에서 흘러나오는 뜨거운 폐수는 하천이나 호수의 수온을 높여 수중 생태계의 평형을 파괴하고, 물 속에 사는 생물들의 호흡량을 증가시키며 수중 용존 산소량(DO)을 저하시킨다.

⑤ **기름에 의한 오염**: 공장에서 유출되는 폐유와 유조선에서 흘러나오는 원유가 바다로 흘러들어 가게 되면, 이는 해수 표면을 덮게 되므로 생물은 용존 산소량의 결핍으로 살기가 어렵게 된다. 이때 원유의 일부는 대기 중으로 증발하기도 하지만 일부, 즉 콜타르는 오랫동

안 바다에 남아 해양 생물에 큰 피해를 준다. 또한 원유의 일부 성분은 금속 물질이나 산소와 결합하여 바다 밑으로 가라앉아 해저 생물의 서식처를 오염시키고 연안 해양 생물의 생식을 저해하여 양식업에도 큰 타격을 주게 된다.

참고로 수질 및 해양 오염에 사용되는 용어들을 살펴보면 다음과 같다.

① **물** : 1급수는 가재가 살 수 있을 만큼 깨끗한 물로서 pH는 6.5~8.5, BOD는 1 이하, DO는 7.5 이상이다. 2급수는 쏘가리가 살 수 있을 정도의 물로서 pH는 6.5~8.5, BOD는 3 이하, DO는 5 이상이다. 3급수는 우렁이와 달팽이, 메기, 거머리 등이 살 수 있는 정도의 물로서 BOD는 6 이하, DO는 5 이상(공업용수로서는 1급)이다. 4~5급수는 파리나 나방의 유충이 서식하는 정도의 아주 더러운 물이다.

② **ppm**(피피엠) : 물이나 공기의 오염 정도를 나타낼 때 쓰는 용어로서, 이것은 100만 분의 1단위, 즉 1%의 1만 분의 1에 해당하는 양이다. 1ppm은 물 1ℓ에 1mg의 오염 물질이 녹아 있다는 뜻이다.

③ **DO**(용존 산소량) : 물 1ℓ 속에 녹아 있는 산소량을 mg(ppm)으로 나타낸 것으로서 수돗물은 보통 5ppm 이상이며, 깨끗한 자연수는 그 이상이다.

④ **BOD**(생물학적 산소 요구량) : 수중의 유기물이 분해될 때 미생물이 소비하는 산소량인데, BOD의 값이 클수록 물의 오염 정도가 심하다. 수돗물은 5ppm 이하라야 적합하다.

⑤ **COD**(화학적 산소 요구량) : 물 속의 유기물을 과망간산칼륨과 같은 산화제로 산화시킬 때 요구되는 산소량으로서 COD의 값이 크면 그만큼 물의 오염 정도가 심하다.

⑥ **적조 현상** : 갑자기 규조류가 대량으로 발생하는 현상을 말하는데, 이때 산소의 결핍으로 어패류가 죽게 된다. 이러한 적조 현상의 원인으로는 수온의 증가, 일조량의 증가, 부영양화 등을 들 수 있다.

(3) 토양 오염

토양은 각종 유기물과 무기물의 혼합으로 이루어져 있는데, 생물체에 필수적인 여러 가지 원소를 함유하고 있으며, 공기와 물의 공급으로 식물체에 필요한 영양분을 공급해 준다. 따라서 이러한 토양의 오염은 동식물이 제대로 살 수 없게 만드는데, 토양 오염의 주원인으로는 농약과 산업 폐기물 및 각종 폐수 등을 들 수 있다.

토양 오염은 농약이나 비료 등에 포함된 오염 물질이 직접 토양 속에 스며들어 일어나는데, 오염된 대기나 물을 통하여 간접적으로 일어나기도 한다.

우리가 사용하는 살충제나 제초제 등의 농약은 분해되지 않고 계속 토양에 남아 점차 농축되어 동식물에 피해를 주게 되는데, 결국에는 사람의 인체 속에서까지 농축된다.

또한 광산이나 공장 및 자동차에서 배출되는 수은(Hg), 카드뮴(Cd), 아연(Zn), 구리(Cu), 납(Pb) 등과 같은 중금속은 장기간에 걸쳐 토양 속에 서서히 축적되어 농작물의 정상적인 생장을 억제하고, 그러한 농작물을 먹는 인간도 결국은 큰 피해를 입게 된다.

(4) 폐기물

폐기물은 일반 폐기물(생활 쓰레기)과 산업 폐기물 및 핵 폐기물 등으로 나눌 수 있는데, 일반 폐기물은 인구의 증가와 더불어 해마다 증가하고 있다. 또한 산업 폐기물은 매우 적은 양이나마 중금속 등 오염 물질을 함유하고 있고, 강한 산성이나 강 알칼리성의 해로운 화학 물질을 포함하고 있다.

(5) 소음과 진동 및 전자파 공해

소음이란 생명체가 원치 않는 소리를 말하는데, 일반적으로 소음은 산업체에서 나는 소리, 자동차, 기차, 비행기 등에서 나는 교통 소음, 건설 소음, 가정 소음 등이 있으며, 진동에는 공장 진동, 교통 진동, 건설 작업 진동 등이 있다. 데시벨(dB)은 소리의 물리적 크기를 측정하는 단위인데, 보통 도시지역의 등가 소음치는 낮에는 55dB이고 밤에는 45dB이며, 산업 현장에서도 90dB이면 난청 상태(귀가 아프고 고막이 터짐)가 된다.

2 환경 문제의 발생 원인과 대책

18세기 산업 혁명 이후 본격적으로 시작된 환경 오염은 매우 심각한 양상으로 전개되고 있다. 대기 오염에 따른 오존층의 파괴는 피부암을 비롯한 각종 피부 질환을 유발시키고 있으며, 남극 빙산의 붕괴로 인한 해수면의 상승은 지구촌을 크게 위협하고 있다. 여기에서는 환경 오염이 이렇게 심각한 양상으로 나타나게 된 원인과 그 대책을 논의하고자 한다.

1. 환경 문제의 발생 원인

환경 문제의 근원은 인간과 자연의 관계 설정에서 찾아질 수 있다.

인간은 과학 기술을 토대로 자연을 정복하고자 했지만, 오히려 자연의 도전에 직면하고 있으며, 거기에 과학 기술적으로 대응하기에는 인간 자신이 너무나 나약한 존재임을 절감하고 있다. 따라서 환경 문제의 근원은 인간의 오만과 과학 기술 만능주의에 있다고 하겠다.

자연에 대한 침탈과 파괴를 일삼았던 개발 중심의 사고 방식과 정복 지향적인 자연관은 인간과 자연을 분리시키고, 자연의 훼손과 자원의 남용을 정당화함으로써 자연 생태계의 위기를 초래하였다. 다시 말해서, 생태계의 평형과 순환 과정에 대한 인간의 무지와 몰이해는 환경 오염을 가속화시켰고, 이에 따른 생태계의 불균형과 자정 능력(自淨能力)의 상실은 자연 환경의 위기를 가져왔다.

이러한 자연 환경의 위기는 지구촌의 붕괴 위기, 즉 인류의 위기를 가져왔고, 인류의 평화 공존에도 심각한 위협을 주고 있다. 지구촌 붕괴의 원인은 다름 아닌 인간이 자연을 아끼고 사랑할 줄 모르고, 자연을 착취와 수탈의 대상으로 여겼기 때문이다.

환경 문제는 근본적으로 환경에 대한 인간의 잘못된 인식에서 비롯되었다. 우리가 환경 문제를 효과적으로 해결하지 못하고 있는 이유는 그 원인에 대한 이해가 부족하거나 해결 방안이 없어서라기보다는 우리가 환경 문제를 올바로 인식하지 못하고 있거나, 혹은 인식하고 있다고 하더라도 환경 문제가 실제로 우리에게 얼마나 심각한 영향을 미치는지에 대한 인식이 부족하기 때문이다. 또한 환경 문제의 심각성을 이해하고 있고 그 해결 방안을 알고 있는 경우에도, 그것을 시행하기 위해 사회적 비용을 부담하거나 개인적 희생을 하는 것이 과연 그럴 만한 가치가 있는가에 대해 회의적인 시각을 갖고 있는 사람들도 있다.

환경 문제의 특징은 그 발생 원인이 복잡하고 다양하여 그로 인한 피해의 정도를 구체적으로 예측하기가 어렵다는 점과 한번 오염이 되면 재생 능력이 약해지기 때문에 원상 복구가 대단히 어렵다는 점이다. 따라서 환경 문제는 사전 예방적인 대책이 요구된다고 하겠다.

2. 환경 문제의 대책

오늘날 환경 문제는 어느 한 개인이나 국가의 문제가 아니라 지구촌의 문제로 인식되고 있다. 그러므로 환경 문제는 개인이나 집단, 또는 특정 국가의 노력만으로는 해결이 안 되며, 국제적인 협력을 통해 전 인류가 함께 노력을 하여야만 해결이 가능하다. 이제 우리에게 중요한 것은 지구는 단 하나 뿐이라는 사실이다.

앞에서도 살펴본 것처럼, 환경 문제의 근저에는 자연을 정복의 대상으로만 본 인간의 잘못된 자연관과 진보관이 깔려 있다고 하겠다. 따라서 환경 문제를 해결하기 위해서는 기존의 인식 체계를 근본적으로 바꾸지 않으면 안 된다. 동양의 조화로운 자연관 및 인간 중심적인 진보의 개념은 오늘날의 환경 위기를 극복하는데 귀중한 교훈이 될 수 있다.

우리 조상들은 인간은 자연의 일부분이므로 그 속에서 조화를 이루고 살아야 한다고 생각했다. 그래서 자연을 파괴하거나 오염시키는 것은 죄악이라고 여기고, 그런 행위에 대해서는 엄하게 다스려 왔다. 동양 사상에서도 자연과 우주는 서로 의존하고 끊임없이 보완하면서 조화와 형평을 이룬다고 생각하였다. 특히, 도가 사상(道家思想)은 인간이 자연의 한 부분으로서 자연의 섭리에 순응하고 자연과 조화를 이루어야 한다고 가르쳤다. 도가에서 말하는 '자연'은 자발적이고 근원적인 무위(無爲)이며, 또한 '스스로 그러함'을 의미한다. 즉, 자연의 섭리에 인간의 욕망이 무리하게 개입해서는 안 된다는 것이다.

우리는 인간과 자연의 관계에 대한 잘못된 인식으로부터 하루 빨리 벗어나야 한다. 지구 환경의 위기는 바로 인간 자신의 위기이기 때문에, 환경 문제를 해결하기 위해서는 무엇보다도 인간의 내면적인 의식구조를 변화시키는 것이 중요하다. 또한 환경은 임기 응변적이고 단기적인 대응으로는 보전이 어렵기 때문에, 더 이상 환경이 오염되지 않도록 우리의 생활 태도를 바꾸어 나가야 한다.

이를 위해서 우리는 먼저 생태계의 평형과 보전을 이해할 수 있는 지식을 가져야 하고, 인간은 자연 환경의 지배자가 아니라 자연의 일부라는 사실을 인정해야 한다. 이러한 생각이나 행동은 우리의 생태학적 양식을 키워나가는 기초가 될 것이다.

우리는 자연계의 모든 생명체가 고유한 가치를 지닌다는 사실을 직시하고, 다른 생명체를 인간이 살아가기 위한 수단으로만 여겨서는 안 된다. 즉, 인간과 자연은 동반자 관계라는 인식이 필요하다.

환경 문제의 해결을 위해서는 과학 · 기술적 측면뿐만 아니라, 정치 · 경제 · 사회 · 문화 · 교육 등 인간의 모든 생활 영역이 총체적으로 재검토되어야 한다. 특히 인구 증가의 억제, 자연에 대한 경외심의 함양, 환경 친화적인 개발 정책, 환경 영향 평가 등이 우선적으로 고려되어야 할 것이다.

이제 우리는 더 이상 피할 곳이 없다. 지금 우리에게는 환경 위기 극복을 위한 국가와 지역의 행동 지침이 되는 청사진을 제시하는 것뿐만 아니라, 전 지구적인 공조 체제가 필요함을 알리며, 국가와 지역의 특성에 따라 실천이 가능한 방법을 찾도록 지원하는 노력도 필요하다. 왜냐하면, '유엔 환경 개발 회의'가 세계인들에게 전 지구적인 환경 문제의 심각성에 대한 이해와 각성을 촉구하고, 자연 환경에 대한 관심을 제고하는 데에는 중요한 계기가 되었지만, 세계인들은 포괄적인 의미에서 환경의 질을 개선해야 한다는 동일한 과제를 안고 있다는 인식에도 불구하고, 구체적인 절차와 방법에서는 아직도 서로 다른 의도와 의사 결정 기준을 갖고 있다는 것을 확인시켜 주었기 때문이다.

지구 환경 회의의 핵심은 무엇보다도 환경 문제의 원인과 책임의 규명 및 기술 이전과 관련된 문제였다. 각국은 오존층의 파괴를 막기 위한 프레온 가스의 사용 규제, 지구의 온난화를 방지하기 위한 이산화탄소의 배출량 규제 등 지구의 환경 문제를 해결하기 위한 기본적 입장에는 동의하면서도, 지구 환경의 보전에 소요되는 자금의 조달과 원조 및 기술 이전 문제 등 핵심적인 사항에 대해서는 선진국과 후진국, 그리고 후진국들 간에 첨예한 대립을 보였으며, 미국이 생물 종 다양성 협약과 기후 변화에 관한 협약에 대해 반대 의사를 밝히는 등 각국의 이해 관계가 엇갈려, 환경 보전을 위한 지구촌 차원의 합의는 난망(難望)한 실정이다.

만약 이러한 상황이 계속되어 각 국가와 민족이 자신들의 입장만을 고집하면서, 자라나는 세대에게 이기적인 환경관을 심어준다면 앞으로 세계적인 환경 문제의 해결 전망은 어두울 수밖에 없다.[9]

아직도 우리 사회에서는 실제로 환경 재앙이 닥쳐왔음에도 불구하고 시민들이나 환경 단체들은 비교적 소극적인 자세로 일관하고 있는 느낌이 없지 않다. 따라서 이제는 조직 자체의 유지에 더 열성적인 환경 운동이나 직업적 활동가 중심의 환경 운동에서 탈피해 실천적 능력을 갖춘 지역 단체나 시민 운동에 보다 많은 관심을 두어야 할 것이다.

환경 위기의 해결을 위해서는 사회 성원들의 윤리적 태도의 전환과 사회 제도적 및 구조적 차원의 노력이 병행되어야 한다. 즉, 환경 문제의 해결을 위해서는 개인 윤리 및 사회 윤리적 접근 노력이 필수적이라고 하겠다.

3 환경 보전의 윤리

오늘날 환경 문제는 전 지구적 차원에서 거론되고 있지만, 아직도

9. 환경부, *op. cit.*, pp.3~5.

많은 나라들이 개발과 환경 보전 사이에서 심한 갈등을 겪고 있다. 따라서 인류가 환경 위기에서 벗어나 행복한 삶을 영위하기 위해서는 세계인들의 많은 노력과 지혜가 필요하다.

우리 모두는 자연 환경의 공동 소유자이다. 또한 우리의 후손들도 자연을 이용할 권리가 있으므로 우리는 자연 환경을 잘 보전해서 후손들에게 물려 줄 책임이 있다. 그러므로 우리는 과학 기술이 윤리적이고 환경적인 가치를 위해 사용될 수 있도록 하는 문제에 관심을 기울여야 한다.

1. 과학 기술의 인간화

현대 사회의 특징은 자연 환경을 지배하는 유효한 수단이라는 논리 속에서 인간의 경험을 도구적으로 정리해 주는 과학 기술이 주도적인 역할을 하면서 사회 문화를 변화 · 발전시켜 왔다는 점과 이러한 과학 기술의 발달은 문명발달의 척도가 되어 왔다는 점이다. 그러나 이제 우리는 과학 기술의 창조성과 인간의 사회적 · 윤리적 · 환경적 가치는 서로 갈등 관계에 있을 수 있다는 것을 알게 되었다.[10]

우리가 당면한 어려운 문제는 인간과 자연의 관계뿐만 아니라, 과학 기술에 대한 우리의 태도와도 관계된다. 인간과 자연에 대한 과학 기술의 영향을 평가하는 문제와 함께, 우리는 과학 기술의 미래를 평가하는데 있어 인간적 · 환경적 가치가 어떻게 관련되는지도 생각해 보아야 한다. 인간적 · 환경적 가치의 실현을 위해 이용될 수 있도록 과학 기술을 인간화하는 문제는 생태학적으로 건전하고, 사회적으로 정의로우며, 인간의 성취에 이바지할 수 있는 창조적인 과학 기술의 개발과 연계되어야 한다. 인간적, 환경적 가치를 윤리적인 원칙뿐만

10. Ian G. Barbour, *Technology, Environment and Human Values*(New York: Praeger, 1980), pp.1~9.

아니라, 정책 결정, 정치적 고려, 개인의 삶의 양식에 어떻게 반영할 것이냐 하는 문제는 매우 현실적인 지혜를 요구한다고 할 수 있다.[11]

과학 기술을 주축으로 형성된 현대 문명의 근본적인 문제는 물질적인 차원의 문제로 보일지 모르지만, 사실은 가치 체계, 동기, 태도의 문제와 관련된다. 여기에서 본질적인 문제는 기계적인 세계관이라고 할 수 있다. 이것은 인류가 영원히 물질적인 성장과 발전을 이룩해 갈 수 있다고 믿는 진보의 개념과 관계된다.

우리는 지금 점점 더 고갈되어 가고 있는 자연 자원 때문에 더 이상 우리가 그 동안 믿어왔던 진보와 성장의 개념을 유지할 수 없는 시점에 와 있다.[12] 따라서 우리는 유한한 자원을 보존하고 지구의 파멸을 방지하며, 인간이 지구에서 살아남기 위해서 이제까지 우리가 믿어 왔던 진보의 개념을 대체할 새로운 신념을 찾아야만 하는 실정에 처해 있다.

진보의 개념은 특히 과학 기술의 발전과 관련하여 윤리적인 문제를 제기하는 동시에 과학 기술자의 윤리적 책임 문제를 낳는다. 진보의 개념은 흔히 진화와 같은 뜻으로 쓰이기도 하지만, 진보가 어떤 윤리적인 질서의 실현을 뜻한다면, 진화는 가치 중립적인 개념이라고 할 수 있다.[13]

우리는 생태계를 유지하고 보다 나은 삶을 위해 우리의 가치관과 과학 기술의 방향을 재정립하고 인간 사회에 대한 비전을 추구해야 한다. 즉, 과학 기술은 물질적인 생산보다 인간 조건의 개선을 위해 방향 전환을 해야 한다.[14]

---

11. *Ibid.*, pp.53~58.
12. 정재식, "과학과 가치와 인간화", 김용준 외, *op. cit.*, p.147.
13. E. R. Dodds, "Progress in Classical Antiquity", Philip P. Wiener, ed., *Dictionary of the History of Ideas*, *3*(New York: Scribner's, 1978), pp.644~646.
14. Erich Fromm, *The Revolution of Hope: Toward a Humanized*

인간화된 과학 기술은 환경 윤리적인 가치와 인간적인 가치를 함께 유지하면서 기술적인 문제를 해결할 수 있고 경제적으로도 효율성이 있는 과학 기술을 말한다. 슈마허(E. F. Schumacher)는 인간화된 과학 기술을 '적절한 기술(appropriate technology)' 또는 '인간의 얼굴을 가진 기술(technology with a human face)'이라고 불렀다.[15] '인간의 얼굴을 가진 기술'이라는 말은 비인간적인 거대한 기술과 이와 관련된 대량 생산, 대량 소비 지향적인 경제와 엘리트 중심의 정치와는 다른 대안적인 기술을 말한다. 인간화된 과학 기술은 고도로 발달된 자본 집약적이고 에너지 의존적이며 대량 생산적인 과학 기술이 아니다. 대량 생산적인 과학 기술은 값비싼 기계와 대도시에 집중된 고도로 훈련된 노동자들을 필요로 하고 자원의 낭비가 심하여 인간을 기계화한다. 이에 비해 인간화된 과학 기술은 생태학적으로 건전하고 대중의 참여를 권장하며, 많은 실업자들에게 직장을 제공하고, 노동자들로 하여금 창의성을 가지고 일할 수 있는 기회를 주는 인간적인 과학 기술이다.

인간화된 과학 기술을 추구하는 것은 우리에게 '상상력과 공포감을 떨쳐 버리려는 노력'을 요구한다.[16] 또한 우리에게 필요한 과학 기술은 자연 환경에 대한 관심, 산업 기술에 대한 환멸, 대체적인 삶의 양식에 대한 요구를 반영하는 중간적인 과학 기술이다. 미국에서도 이러한 과학 기술에 대한 관심은 그 동안 유행되어 온 전지구 목록(The Whole Earth Catalog)과 관련된 생태학적 운동, 유기적인 농업, 재생산적인 에너지와 여러 가지 공동체적인 자활 · 자조 운동에 잘 반영되고 있다.[17] 중간적인 과학 기술은 크고 작은 기술을 인간적인 요구와

Technology(New York: Bantam, 1968), pp.56~58.

15. E. F. Schumacher, *Small is Beautiful*(New York: Harper & Row, 1980), pp.142~175.
16. *Ibid.*, p.155.
17. Ian. G. Barbour, *op. cit.*, pp.299~300.

생태학적인 필요 및 인간 중심의 삶에 맞도록 재조정하는 것인데, 이러한 목표는 중간적인 기술에 의해 보다 잘 충족될 수 있다는 것이다. 슈마허는 "과학 기술의 선택은 모든 선택 가운데 가장 중요한 선택이다."라고 주장하고 있다.[18]

우리가 자연 환경을 보전해야 하는 근본 이유는 인간이 자연 환경을 파괴하면 그것은 인간 자신까지도 파괴하는 결과를 초래하기 때문이다. 과학 기술은 인간 활동의 산물이기 때문에 그것은 몰가치적일 수가 없다. 따라서 우리는 오늘의 참담한 환경 위기를 초래한 과학 기술의 윤리적 기초를 묻지 않을 수 없으며, 지식의 생태학(ecology of knowledge)을 연구하지 않으면 안 될 것이다.

20세기의 전반부까지를 물질 과학(material science)의 시대라고 한다면, 20세기의 후반부부터는 생명 과학 내지는 환경 과학의 시대라고 할 수 있다. 앞으로의 과학 기술은 인간의 얼굴을 가진 인간 척도(human scale)의 과학 기술이어야 한다. 우리는 물체의 과학(science of thing)으로부터 인간성의 과학(science of humanity)으로 그 방향을 전환시켜야만 생태학적 균형을 회복할 수 있고, 인류의 생존 윤리도 확립할 수 있을 것이다.[19] 과학 기술의 인간화를 논의하면서 우리가 잊어서는 안 될 중요한 사실은 자연 환경의 파괴는 인간의 본성을 거역하는 것이라는 점이다.

2. 환경 윤리의 정립과 환경 교육

환경이란 일반적으로 인간을 둘러싸고 있는 자연 환경과 생활 환경을 총칭하는 말이다. 자연 환경은 해양을 포함한 지하, 지표 및 지상의 모든 생물과 이들을 둘러싸고 있는 비생물적인 것을 포함한 자연

18. Schumacher, *op. cit.*, p.207.
19. 정재식, *op. cit.*, pp.191~196 참조.

의 상태를 말하며, 생활 환경이란 공기, 물, 폐기물, 소음, 진동, 악취 등 인간의 일상 생활과 관련된 환경을 말한다. 그런데 오늘날 자연 환경과 생활 환경은 모두 심각한 위기를 맞고 있다. 환경 윤리는 이러한 환경과 환경 문제에 대한 가치 탐구와 문제 해결을 추구하는 것을 목적으로 한다.

그러므로 환경 윤리의 정립은 자연 환경과 생활 환경 자체의 독자적인 가치를 인정하는 데에서부터 시작되어야 한다. 또한 환경 윤리의 정립을 위해서는 환경 실태에 대한 정확한 인식과 환경 공학적인 접근 노력 및 그 가능성과 한계에 대한 평가, 그리고 경제 발전 단계에 따른 지역적인 차이에 대한 올바른 인식 등이 요구된다.

환경 위기에 대응하려는 윤리학적 노력으로서의 환경 윤리는 환경을 보는 인식의 전환, 또는 환경과 인간의 관계 재정립이라는 차원에서 논의되어야 한다. 자연 환경이 인간에게 무엇인가 하는 문제와 관련하여 우리는 생물 중심적인 사고를 할 필요성이 있다. 왜냐하면, 인간은 자연 환경 보전에 대해 책임을 지고 있기 때문이다. 여기에서 우리는 자연 환경을 보전하기 위해 두 가지 방향을 생각해 볼 수 있다.[20]

첫째는 자연 환경의 고유한 가치를 인정하는 것이다. 자연은 단순히 인간을 위해 봉사하는 것으로만 의미 있는 것이 아니며, 그 나름대로의 독자성을 갖고 있다. 이는 문명 비판적인 배경에서 자연과 인간이 하나라는 생각을 기초로 하여 환경 윤리를 확립하려는 시도라고 말할 수 있다.

둘째는 인간의 윤리적 의무의 범위를 시간적 · 공간적으로 확대해서 자연을 인간의 삶의 조건으로 받아들이는 것이다. 이는 인간과 자연

---

20. 진교훈, “환경윤리학과 그리스도교 윤리학의 만남－자연보전과 그리스도교인의 책임”, 그리스도교 철학연구소 편, *현대사회와 종교*(서울: 서광사, 1987), pp.222～225.

의 올바른 관계를 규명해 보려는 시도라고 할 수 있는데, 여기에서 우리가 주목해야 할 사실은 인간 이외의 것은 인간이 정해 놓은 목적에 따라 마음대로 이용할 수 있는 수단에 불과한 것이 아니라는 점이다. 따라서 인간의 책임과 윤리는 단지 인간 관계에서만 형성되는 것이 아니며, 그 범위가 자연 환경으로 확대되어야 한다.

인간적인 가치는 바람직한 삶이 무엇이냐 하는 비전과 관계되며,[21] 이러한 차원에서 우리의 선택은 환경 보전의 가치에 연관된다. 환경 보전과 관련된 중요한 문제는 장기적인 안목에서 볼 때 자연 자원이 얼마나 오래 고갈되지 않고 유지될 수 있느냐 하는 점이다. 유한한 자연자원이 유지되려면 인구가 적정 선을 유지하고 자연 자원이 계속해서 재생되어야만 한다. 따라서 우리는 자연 자원을 절약·보호하고 윤리적인 소비 생활을 해야만 한다.

최근에 우리는 생태학을 통해서 모든 생물은 상호 의존 관계에 있고, 서로 영향을 미치고 있다는 사실을 알게 되었다. 인간이 생태학적인 평형을 깨뜨리고 생태계에 돌이킬 수 없는 손실을 가해 온 점을 우리는 뒤늦게나마 깨닫게 된 것이다. 이제 우리는 인간이 인간 이외의 다른 존재와 함께 구성하고 있는 생태계의 존속을 위해 노력해야 한다는 자연 환경 보전의 윤리에 눈을 떠야 한다.[22] 공기와 물과 토양의 오염을 방지하는 일은 우리의 건강뿐만 아니라 심미적인 이유 때문에도 중요하다.

그러나 환경 보전, 경제 성장, 사회 정의와 개인의 자유 등은 서로 상충되는 가치들이기 때문에 우리는 이들 가운데 무엇을 더 중시하고 우선적인 가치로 선택하느냐 하는 어려운 결정을 해야 한다. 흔히 기업의 이해 관계 때문에 공해 방지를 위한 법률과 규정이 후퇴되고,

---

21. Ian G. Barbour, *op. cit.*, pp.4~5.
22. Van Rensselaer Potter, *Bioethics: Bridge to the Future*(Englewood Cliffs, N. J.: Prentice-Hall, 1971), pp.97~104.

댐, 고속 도로, 발전소 등의 건설은 환경 보존 문제를 도외시한 채 진행되는 경우가 많다. 이러한 환경 파괴는 결국에는 농업의 생산력을 저하시키고 사람들의 건강과 생명을 위협하게 된다. 따라서 우리는 인간 해방과 환경 보전은 서로 직결된 문제임을 알아야 한다.[23]

환경 윤리는 종래의 개인적인 인간 관계의 윤리가 아니라 인류 공동체의 생존을 책임지는 문제에 초점을 두는 보다 거시적인 윤리이다. 이와 같이 인류 공동체의 생존과 관련된 윤리는 개인의 양심과도 관련되지만, 자연 생태계의 파괴, 인류의 자멸을 초래할 수 있는 무기, 자연의 고갈과 인간의 필요를 충족시키는 문제와 관련된 사회 정의의 문제 등을 어떻게 구조적으로 해결하느냐 하는 기능적인 윤리의 성격을 띤다. 이는 종래의 존재론적인 윤리로부터 인간이 살아남기 위하여 우리가 어떻게 행동해야 하느냐 하는 규범 윤리학적인 평가와 관련된 책임 윤리로의 전환을 뜻한다.

다시 말해서, 여기에서 말하는 '윤리'라는 개념은 단지 도덕적인 원리나 도덕적 규범 체계라는 좁은 의미보다는 사회의 존속에 대한 책임의 문제를 뜻한다. 이러한 윤리는 과학 기술에 대하여 인간이 기대하는 바가 무엇이고 그것이 인류에게 미치는 영향이 무엇이며, 과학 기술에 대한 인간의 책임이 무엇인가를 밝혀 주어야 한다.[24]

환경 윤리는 인간이 미래의 세대에 대한 의무를 다하며, 인간 이외의 존재들에 대한 의무를 다하는 것과 관계된다. 또한 환경 윤리는 인간의 생존 윤리와 관계되는데 여기에서 문제가 되는 것은 인간의 생존과 자유, 평등, 정의, 물질적 복지 등과 같은 가치들의 우선 순위이

---

23. Gabriel Fackre, "Ecology and Technology", Ian G. Barbour, ed., *Western Man and Environmental Ethics: Attitudes Toward Nature and Technology*(Reading Mass: Addison-Wesley, 1973), pp.121~122.
24. C. A. Van Peursen, *The Strategy of Culture*(Leyden: North-Holland Publishing Co., 1974), pp.98~99.

다. 그리고 또 하나의 문제는 어떻게 인간과 환경의 가치를 이론적·실천적으로 종합하느냐 하는 과제이다.

사회의 변혁은 가치와 제도의 변혁과 관련되며, 새로운 방향을 모색하는 문제와도 관계된다. 이제 우리는 환경을 보전할 수 있는 사회를 이룩하기 위해 새로운 방안을 모색해야 할 시점에 와 있으며, 이는 우리에게 과학 기술의 재정립, 새로운 삶의 양식의 개발, 미래에 대한 새로운 비전의 정립 등을 요구한다.

환경 문제에 대한 올바른 인식은 교육을 통해 습득되는 지식과 기능에 기초를 두고 있기 때문에, 환경 윤리에서는 환경 인식, 가치관, 태도, 사회적 참여 등은 물론 지식과 기능을 균형 있게 추구할 수 있는 방안이 모색되어야 한다. 환경 문제에 대한 윤리적 가치 판단은 생태학에 관한 지식에 근거할 수밖에 없기 때문에 오늘날 환경 교육은 그 어느 때 보다도 절실하다 하겠다.

환경 교육은 지속적인 경제 사회 개발로 환경 문제가 더욱 심화되는 산업 사회에서 국민의 '쾌적한 환경'에 대한 욕구를 충족시켜 주는 '생존을 위한 교육', '삶의 질을 향상시키기 위한 교육'이며, 현재의 환경 문제와 미래에 도래할 환경 문제의 해결을 추구하는 미래 지향적, 목표 지향적, 가치 지향적, 행동 지향적인 전인 교육의 일환이다.

환경 교육은 국가 사회적 기대에 부응하고, 소기의 교육 목적을 달성하기 위해서 이루어지는 교육 활동이다. 따라서 환경 교육은 그 목표, 방법, 내용, 평가 등 교육 활동 전반에서 다음과 같은 성격을 갖는다.

첫째, 환경 교육은 학생의 지적·정의적 교육 목표를 균형 있게 고려하여야 한다. 다시 말해서, 환경 교육은 '환경에 관한 교육', '환경을 위한 교육', '환경 내의 교육'이 균형을 유지하면서 이루어져야 한다. 즉, 환경 교육은 학습자들로 하여금 환경에 관해 아는 것, 느끼는 것, 행동하는 것을 조화롭게 학습하도록 해야 한다. 따라서 환경 교육의 핵심은 환경에 대한 올바른 인식과 행동을 배우고, 이를 실천에 옮기도록 하는 것이라고 할 수 있다.

둘째, 환경 교육은 통합 교과적인 특성을 갖는다. 환경 문제는 일반적으로 상호 관련성, 시·공간적 광범위성 및 자기 증식성 등의 속성을 지니고 있다. 따라서 환경을 총체적 시각에서 파악하고 환경 오염이나 파괴를 예방, 극복, 해결하는 데에는 범교과적인 지식, 방법, 기술이 필요하기 때문에 환경 교육의 목표, 내용, 방법, 평가 등도 통합 교과적인 것이어야 한다. 이러한 통합성의 차원에서 보면, 환경 교육에서는 단편적인 지식의 전수에 그칠 것이 아니라, 의식의 변화, 습관과 기능의 개발, 가치관 및 태도의 함양, 문제 해결 능력과 의사 결정 능력을 배양하는 목표를 동시에 강조하여야 한다. 그러므로 환경 교육에서는 다(多)학문적, 간(間)학문적, 횡(橫)학문적 관점에서 선정되고 구성된 통합 교과적인 내용과 방법이 요구된다.

셋째, 환경 교육은 전인 교육과 사회 교육 및 평생 교육과 밀접한 관계를 갖고 있다. 환경 교육은 '계속성의 원칙'에 입각해 모든 사회 구성원을 대상으로 하여 실시되어야 한다. 다시 말해서, 환경 교육은 취학 전 아동, 초·중등학생, 대학생, 직장인, 가정 주부, 그리고 노인에 이르기까지 전국민을 대상으로 하여 동시에 실시되어야 한다. 또한 환경 교육은 태어나서부터 죽을 때까지 연령에 관계없이 가정, 학교, 사회를 통해 평생 교육의 일환으로 지속적으로 실시되어야 한다. 이러한 계속성의 차원에서 환경 교육은 각 교육 단계에서 다루는 교육 내용과 활동이 종적, 횡적으로 체계화되고 내용 영역간에 균형이 있으면서도 선수 학습 내용과 후속 학습 내용간에 연계성이 유지되어야 한다. 따라서 환경교육은 국가 사회의 환경 교육적 노력 및 평생 교육과 밀접한 연계성을 지녀야 한다.

넷째는 '일상성의 원칙'이다. 우리가 무심코 지나쳐 버리기 쉬운 평범한 주변 공간이 환경 교육을 위한 소재로 이용될 수 있으며, 일상 생활 주변에서 보다 많은 자연 학습을 할 수 있도록 다양한 환경 및 자연 교육 자료를 제공할 필요가 있다.[25]

4 환경 윤리학의 과제

생태학은 살아 있는 유기체들이 주변의 환경과 어떠한 관계를 갖고 있는가를 연구하는 생물학의 한 분야인데, 오늘날의 생태학은 인간이 얼마나 상호 의존적이며, 또한 동식물 및 무기물과도 얼마나 상호 의존적인가를 깨닫게 하여 준다. 따라서 생태학은 인간으로 하여금 생태계의 평형을 회복하고, 오염된 자연 환경을 정화하며, 모든 자연 파괴 행동을 자제하도록 촉구하고 있다.

지금까지 우리 인간은 자신의 생존과 이익을 위해서, 또는 근대화와 개발이라는 미명하에 자연을 너무나 많이 변형시키고 훼손시켰다. 그 결과 자원 고갈, 환경 오염, 종의 멸절(滅絶), 원시림과 황야의 상실, 기후 변화 등을 초래하였으며, 여기에 인구의 과도한 증가까지 겹쳐 이제는 인류 자체가 전멸할 위기에 직면하고 있다. 이러한 생태계의 위기를 극복하기 위해서는 생태학적 법칙과 현상을 파악하고 적절한 조치를 강구하는 과학적인 작업도 필요하지만, 자연에 대한 인간의 도덕적 관심을 촉구하는 윤리학적 작업이 무엇보다도 시급하다고 하겠다.

환경의 위기는 단순히 환경 오염이나 환경 파괴의 문제가 아니라, 인간의 생명과 직결되어 있는 문제이다. 따라서 환경 위기를 극복하기 위해서는 생태학적 인식을 바탕으로 생태 윤리학(ecological ethics)적 삶의 방향이 모색되고 실천되어야 한다. 또한 생태 윤리적 삶은 개인적인 차원에서뿐만 아니라 사회적인 차원에서도 고려되어야 한다. 왜냐하면 자연과 인간의 본질적 관계를 아는 생태학적 인간의

25. 환경부, *op. cit.*, pp.18~20.

공동체적 삶만이 환경 위기를 극복할 수 있기 때문이다.[26]

환경 윤리학의 과제는 자연과 더불어 사는 인간의 이러한 생명 공동체적 삶의 양식을 구현하는 문제와 관련된다. 환경 윤리학은 오늘날의 생태계의 위기는 단순히 과학·기술적 접근이나 정치·경제·사회 체제의 개선만으로는 그 극복이 불가능하다는 전제에서 출발한다. 다시 말해서, 생태 윤리학 및 환경 윤리학의 과제는 환경의 위기가 인간의 환경에 대한 잘못된 인식과 발상에서 비롯되었다는 전제에서 출발되어야 한다. 즉, 환경 위기의 극복을 위해서는 윤리학적 접근이 필요하다는 것이다. 그러므로 환경 위기를 극복하려는 윤리학적 노력으로서의 환경 윤리학은 생태학적 위기의 근원에 대한 인식에서 출발해야 한다.

환경 윤리학은 좁은 의미의 자연 환경 보전만이 아니라, 인간의 환경에 대한 인식과 태도 및 인간과 자연의 관계에 대한 새로운 자세의 확립까지도 포함하는 개념이다.[27] 흔히 인간과 환경 사이의 윤리적 관계라고 표현되는 환경 윤리는 응용 윤리학의 한 분야일 뿐만 아니라, 사회구조적이고 제도적인 차원에서 윤리적 문제의 발생 원인과 해결책을 모색하는 사회 윤리학의 중요한 주제이다.[28]

우리는 환경 윤리학의 과제를 어떠한 방향에서 정립할 것인가 하는 문제와 관련하여 다음과 같은 두 가지 사항에 유의할 필요가 있는데, 그 첫째는 문제 의식의 제공이고, 둘째는 해결 방향의 제시이다. 왜냐

---

26. Robert Disch, ed., *The Ecological Conscience: Values for Survival* (Englewood Cliffs, N. J.: Prentice Hall, 1970), R. Cahn, *Footprints on the Planet, A Search for an Environmental Ethics*(New York: Universe Books, 1978) 참조.
27. 박병기 편, *포스트모던 시대의 사회윤리학*(서울: 인간사랑, 1993), p.277.
28. E. P. Odum, "Environmental Ethics and the Attitude Revolution", W. T. Blackstone, ed., *Philosophy and Environmental Crisis* (Athens: University of Georigia Press, 1973), p.10.

하면 명확한 문제 의식이 없다면 진정한 문제 해결이 어려울 것이기 때문이다. 우리가 환경 문제를 분명히 인식하고 현재 우리가 지니고 있는 가치관이나 태도가 새로운 것으로 조속히 대치되어야 한다는 시대적 요청을 받아들인다면, 우리는 새로운 가치 이념(당위 또는 윤리)의 탐색을 위한 의식적인 노력에 시급히 착수하지 않으면 안 된다.[29]

생태학적 위기를 극복하기 위한 가치 이념의 추구 과정에 있어서 가장 본질적이고 우선적인 작업은 사회적 합의가 가능한 본원적인 당위의 내용을 설정하고 이를 실천의지 속에 수용하는 일이라고 할 수 있다. 즉, 우리는 장엄한 우주의 질서와 그 안에서 주어진 삶의 기회를 경건한 자세로 받아들여야 하며, 모든 삶의 모체가 되는 생태계의 보전과 그 안에서 태어난 모든 의식 주체들의 삶의 존엄성을 보장하는 것을 본원적인 당위로 받아들여야 한다는 것이다.[30]

또한 현대 과학 기술에 의한 인간의 행위 능력 향상과 현대적 가치 이념의 결여 사이에서 생기는 심각한 불균형을 부각시켜야 하며, 생태계에 대한 비가역적인 변화 조작을 최대한 억제하고, 그것이 불가피한 경우에도 그로 인한 결과에 세심한 주의를 기울임으로써 생태계의 보전에 최선의 노력을 하여야 하며, 특히 새로운 과학 기술의 개발이 생태계에 미치는 영향을 보다 긴 안목으로 검토해야 한다.[31]

우리는 지구의 자연 환경을 평화적으로 보존하고 인간과 환경의 균형을 유지하며, 개인의 존엄성을 지키면서 인류가 살아남고 번영을 이룩하기 위해서, 지금까지 산업 기능에 가려져 있던 가치관을 재검토해서 탈산업화 사회의 새로운 가치관을 다시 세워 과학 기술을 어떻게 이용할 것이냐 하는 윤리적 가치 판단을 내려야 한다.[32]

---

29. 장회익, *op. cit.*, pp.105~109.
30. *Ibid.*, pp.129~131.
31. *Ibid.*, pp.136~137.
32. V. R, Potter, *op. cit.*, pp.127~135.

지금 우리는 과학 기술적인 개발과 환경 보전 및 인간적인 가치를 어떻게 균형 있게 추구해야 하느냐 하는 어려운 선택의 문제에 직면하고 있다. 환경 윤리학은 자연 환경에 대한 인간의 도덕적인 가치 판단을 탐구하는 학문이다. 인간의 자연 환경에 대한 태도는 디쉬가 지적한 것처럼 생태학적 양식(ecological conscience)에 따라 선과 악으로 판별된다.

그러므로 인간의 생태학적 양식을 고취시키는 것이 환경 윤리학의 우선적인 과제라고 할 수 있다. 다시 말해서, 자연과 환경의 보전을 위한 교육이야말로 환경 윤리학의 근본적 과제이다. 따라서 환경 윤리학은 현대의 윤리학, 특히 인간의 교양 교육에서 가장 중요한 부분 가운데 하나를 차지한다고 할 수 있다.

제6장 사회 계층화와 윤리

사회 불평등은 그 형성과 유지 및 변동의 제 차원에 걸쳐서 차별적인 사회적 평가와 규범이 개입되는 사회적 · 제도적인 성격의 현상이라고 할 수 있다. 그러므로 사회불평등 현상의 형성 주체와 원리는 역사적인 의미를 갖는다.

사회 진화론자들의 주장처럼 사회 역시 최적자(最適者)가 최적소(最適所)를 차지하게 된다는 생각이 지배적인 사회에서는, 사회 계층화 현상에 대한 기능론적인 관점이 부분적인 비판을 받을 수는 있을지 몰라도 전체적으로 부정되기는 쉽지 않다. 그러나 평등에 대한 의식이 확산되고 있는 현대 사회에서 사회 불평등 현상을 사회의 존속과 유지에 기여하는 것으로 결론을 내린다면, 그것이 아무리 사회 현상을 체계적으로 분석하고 사회적 사실의 핵심을 지적하는 이론이라 할지라도, 그것이 갖는 이론으로서의 가치 이전에 이미 사회 윤리적으로 문제시될 수 있다.

1 사회 계층화에 대한 이론적 관점

사회 계층화 현상은 인간 사회에서 발생하는 중요한 문제이다. 따라서 고대로부터 현재에 이르기까지 사회 계층화 현상은 사회 철학자 또는 사회 윤리학자들의 깊은 관심의 대상이 되어 왔다. 그들은 사회 계층화 현상의 항존성과 불가피성, 혹은 극복 가능성에 대해 다양한 이론을 전개하여 왔으며, 그 사회적 목적에 대해서도 꾸준히 연구를 진행하여 왔다.

특히 사회 계층화 현상의 보편성 및 필연성 여부에 관한 논의는 기능론적 관점에서 전개된 킹슬리 데이비스(Kingsley Davis)와 윌버트 무어(Wilbert E. Moore)의 이론으로부터 시작되어 지금도 논쟁이 계속되고 있다.[1]

1. 기능론적 관점

경험적으로 존재해 온 인간 사회의 어느 장에서도 층지어지지 않은 사회가 없었다면 그 이유는 무엇일까? 그리고, 사회 계층화 현상의 어떤 측면이 어떻게 체제의 존속과 유지에 기여하기에 언제 어디서나 그것이 존재하게 되는가? 이러한 물음에 대한 대답은 아담 스미스에서부터 사회 진화론자들로 이어지는 보수주의 맥락으로서, 사회 계층화 현상은 불가피한 것이고 그것은 오히려 사회의 발전에 도움이 된다는 관점과 주장으로 일관하는 기능론자들로 그 맥이 연결된다.

사회 과학에서 가장 널리 사용되는 이론적 범례(paradigm)인 기능론은 어떤 정형화되고 균형된 통합 체계로서 사회를 본다. 모든 사회나 사회 체제는 그 체제를 존속시키기 위해서 기능적 필요 조건을 가져야 하는데, 이러한 필요에 대처하기 위해 모든 사회는 상호 관련되고 상호 의존적인 부분들로 구성되며, 각 부분은 전체의 기능적 수행에 공헌한다. 이처럼, 하나의 이론으로서 기능주의는 체제의 부분들이 어떻게 전체의 존속을 위한 필요를 만족시키는가에 의해서 사회 체제

1. 송복 편, *사회불평등기능론: 사회계급과 계층의 전개*(서울: 전예원, 1984), p.26.

를 설명하려고 시도한다. 상대적으로 안정된 사회 체제에 있어서, 각 부분들도 또한 변화를 추구한다. 이러한 경향 때문에 사회 체제는 역동적인 균형을 이루고 있는 것으로 간주된다.

요구, 필요 조건, 그리고 기능적 부분들이라는 개념들에 대한 이러한 설명에 비추어 볼 때, 기능주의자들이 계층을 하나의 필연적인 현상으로 보는 것은 이상한 일이 아니다. 와너(W. Lloyd Warner)는 계층의 조정을 위한 사회적 요구에 대처할 수 있다고 생각했던 대표자였으나, 이 문제를 더 이상 연구하지 않았고, 대신 그 과업은 다른 기능주의자들, 특히 파슨스(Talcott Parsons)와 그의 두 제자들인 데이비스와 무어에 의해서 다루어졌다.[2]

파슨스는 비록 19세기의 미국 사회학에 있어서 가장 영향력이 있는 이론가이지만, 계층에 대한 기능론적 입장을 가장 강력하게 주장했던 사람은 데이비스와 무어였다. 그들은 사회의 유지와 존속을 위해 요구되는 과업을 달성하기 위해서는 반드시 노동의 광범위한 분화가 있어야만 한다고 주장했다.[3] 모든 지위와 역할은 똑같이 어렵지는 않으며, 또한 같은 재능과 동기를 요구하지도 않는다. 더군다나 사회는 빈번히 필요로 하는 노동력의 부족에 직면하게 되므로, 보다 자질 있는 사람들로 하여금 보다 중요하고 어려운 자리를 맡도록 하기 위해서 뿐만 아니라, 모든 수준에서 그 자리를 차지한 사람들이 그들의 의무를 만족스럽게 수행하도록 동기를 부여하기 위해서는 어떤 방법을 모색해야만 하는데, 이러한 문제들은 보상의 불평등한 배분에 의해서 해결될 수 있다.[4]

---

2. Beth E. Vanfossen, *The Structure of Social Inequality*(Boston: Little Brown and Company, 1979), pp.23~24.
3. Kingsley Davis & Wilbert E. Moore, *Some Principles of Stratification* (American Sociological Review 10, 1945), pp.244~249.
4. *Ibid.*, pp.242~243.

기능주의자들은 사회를 통합적인 가치 합의(value consensus)를 통해 결합된 상호 의존적이고 상호 작용하는 부분들의 상대적으로 안정된 체제라고 생각하는데 반하여, 갈등주의자들은 사회를 강요, 구속, 그리고 억압과 지배를 통해서 결합된 영속적으로 갈등을 겪고 분기되는 특별한 이익 단체들, 집단들, 또는 계급들의 체제라고 생각한다.[5]

2. 갈등론적 관점

사회 계층화 현상에 대한 부정적인 관점은 마르크스주의자들의 급진주의 맥락으로서, 사회 불평등은 얼마든지 회피할 수 있는 것이고, 그것은 사회 발전에 저해되며 사회의 끊임없는 해체 요인이 된다는 관점과 주장으로 일관하는 갈등론자들로 그 맥이 이어져 왔다.

기능론이 갈등과 변화를 비정상적인 것으로 보는데 반하여, 갈등론은 갈등과 변화를 언제나 있어 왔고, 불가피하며, 또한 기대되는 것으로 본다. 기능주의자들은 계층이 사회의 작동에 필요하기 때문에 존재한다고 주장하는데 반하여, 갈등론자들은 계층이 한 이익 집단의 다른 한 이익 집단에 대한 지배와 착취에 의해서 생겨나며, 권력을 가진 사람들이 그들의 영향력을 유지·증대시키려고 노력하기 때문에 영속된다고 주장한다.

갈등론에 따르면, 계급은 어떤 집단이 상속과 강제력을 통해 특권이 부여된 자리를 견고히 하는데 필요한 경제적·정치적 자원들을 획득할 수 있기 때문에 생겨났다. 가령, 경제와 같은 부문에서 획득된 권력은 정치 조직 등과 같은 부문에서의 권력 획득에 상당히 유용하다. 지배는 강압에 토대를 두고 있기 때문에 하위 사람들에 의한 저항은 가능한데, 바로 이것이 지배 집단이 이데올로기와 신화를 통해 그

5. Vanfossen, *op. cit.*, pp.33~34.

들의 특권을 정당화하려고 시도하는 이유이다. 그리고 사회의 공통된 가치들로 나타나는 것은 특권을 부여받은 계층의 가치들에 지나지 않는다.

갈등론의 지적 전통은 마키아 벨리(Niccolo Machiavelli)와 홉스(Thomas Hobbes)로부터 마르크스와 베버에 이르기까지 이어지는데, 그들은 인간 사회에 대해 근본적으로 냉소적인 입장을 취한다.[6]

갈등주의의 기본적 통찰은, 비록 인간이 사회적 동물일지라도 인간은 종종 식량이나 비옥한 땅과 같은 희소한 자원에 대해서 여러 가지 형태의 갈등을 겪는다는 것인데, 갈등론은 인간 행동에 대한 하나의 모델로서 여러 가지 사회적 양식을 설명하는데 사용될 수 있다 .

콜린즈(R. Collins)는 어떤 구체적 상황에서 갈등론을 적용할 때 따라야 할 몇 가지 일반적인 분석 원리들(예: 사람은 정서적인 호소에 약하며, 자기의 이익을 위해 교묘히 처신하는 동물이다)을 제시하였는데,[7] 이러한 일반화의 토대를 이루는 이념들은 마르크스와 베버로부터 나왔다. 마르크스는 귀속된 이익에 대해 정당화의 영향을 미치는 것으로서 이념의 역할을 보았으나, 베버는 이념을 사람들이 형성할 수 있는 것이라고 단언했다.

마르크스가 불평등의 토대는 경제에 있으며 국가는 부수적인 토대라고 믿었던데 반해, 베버는 불평등의 토대를 다차원적으로 보았고 국가의 권력이나 관료제적 영향력이 감소될 수 있다는 것에 대해 비관적이었다. 그리고 마르크스는 계급 의식의 전제 조건에 대하여 광범위하게 언급하였으나, 베버는 지위의 속성과 권력이라는 차원에 대하여서만 상세히 언급하였다.[8] 마르크스는 자본주의의 시장 근거

---

6. R. Collins, *Conflict Sociology: Toward an Explanatory Science*(New York: Academic Press, 1975), pp.56~61.
7. *Ibid.*, pp.60~61.
8. Vanfossen, *op. cit.*, p.42.

(market base)를 상세히 분석하였으나, 베버는 자본주의의 출현에 있어서 이념의 역할을 강조하였다. 그러나 이러한 차이점이 존재하고, 다른 제도적 부분들의 상대적 영향력에 대한 그들의 판단이 다양할지라도, 그들은 다같이 하나의 기초적인 갈등론적 입장에 서 있다.

갈등주의자들 가운데에서도 특히 마르크스는 많은 사람들에 의해 거세게 비판을 받아 왔다. 어떤 사람들은 마르크스의 이념이 너무 급진적이고 위험스럽다고 생각했으며, 다른 사람들도 그의 이념은 지나치게 단순화되었기 때문에 실재에 대한 정확한 의견을 대표할 수 없다고 생각했다. 그러므로 마르크스의 주장과 다른 일반적인 갈등론을 고찰하는 것도 매우 유용하다고 하겠다.

현대의 갈등론자들은 갈등론의 모든 원칙들에 동의하지는 않지만 사회 계층화 현상에 대한 갈등론의 일반적인 논지는 다음과 같다.

첫째, 사회 계층화 현상은 한 집단의 다른 집단에 대한 지배와 구속의 결과로서 나타나는데, 지배의 원천으로는 희소 자원, 재산에 대한 소유권이나 통제, 직업의 불평등한 시장성, 조직에 있어서의 과두정치적(oligarchical)과정, 권위의 불평등한 배분 등을 들 수 있다.[9]

둘째, 사회 계층화 현상은 지배와 강압에 기초하기 때문에 하위 집단이 저항할 수 있는 가능성은 항상 남게 된다. 그러나 저항은 하위 집단이 저항으로 얻을 수 있는 이익을 알지 못하거나, 인종적 · 민족적 또는 종교적인 이유로 분열될 때 조직화되지 못하거나 분산되기도 한다.[10]

셋째, 갈등은 거의 재산이나 권력과 같은 희소 자원의 배분 문제에서 비롯된다. 통치 계급은 부와 권력에 대해 특히 민감하며, 그들의 정치적 · 경제적 지배에 대하여 도전이 있을 때에는 대책을 세우거나 보복 수단을 사용한다.

---

9. *Ibid.*, pp.43~44.
10. *Ibid.*, p.44.

넷째, 사회에서의 지배적인 가치는 엘리트의 가치이며, 그것의 목적은 권력의 배열을 합리화하는 것이다. 지배적 집단들은 일반적으로 그들에게 유리한 가치 체계를 사회 구성원들에게 강요한다.

다섯째, 계급 관계는 착취적이기 때문에 지배 계급의 구성원들은 하위 계급에 대한 사회적 통제라는 결정적인 문제에 직면하게 된다. 그러나 보다 낮은 계급 구성원들의 묵종을 이끌어내기 위한 많은 메커니즘이 존재하거나 채택될 수 있는 데, 물리적 강제, 가치 정당화, 하위 계급 구성원들의 낮은 기대 수준, 사회 이동(social mobility) 등이 그것이다.[11]

갈등론은 기능론과는 전혀 다른 관점에서 사회 계층화 현상에 접근한다. 마르크스주의에 대한 비판은, 그것이 결코 지배적인 범례가 아니며, 기능론보다 발전에 있어서 느리다는 이유로 가하여지는데, 갈등론에 대한 중요한 비판으로는 다음과 같은 것들을 들 수 있다.

첫째, 갈등론은 경험적으로 입증하기가 어렵다는 것이다. 권력의 개념은 포착하기가 어렵기 때문에 지배와 강압은 쉽게 측정될 수 없다.

둘째, 갈등론은 우리로 하여금 그것이 하나의 음모라는 추론에 너무 쉽게 도달하게 한다.

셋째, 갈등론은 변화를 설명하지만 변화보다는 안정이 더 일반적이다. 그리고, 정치 계급의 지배에 대한 갈등론의 설명은 사회 질서의 일반적인 지속성을 제대로 설명하지 못한다.

넷째, 갈등은 어떤 사회에 있어서든지 반드시 양극화된 형태로 발생하는 것은 아니다. 또한 그것은 반드시 통치 계급과 나머지의 사람들 사이에서만 발생하는 것이 아니며, 통치 계급 내에서, 또는 특권을 부여받지 못한 계급 내에서도 발생할 수 있다. 즉, 다양한 연합(coalitions)과 분화가 가능하다.[12]

---

11. *Ibid.*, pp.45~46.
12. *Ibid.*, pp.46~47.

다섯째, 갈등이 반드시 변화를 가져오는 것은 아니다. 갈등은 가치들을 재차 단언하고, 권력을 거듭 주장하는 것에 의해, 또는 의견의 상이(相異)를 변형시키는 것에 의해, 오히려 사회 질서에 기여할 수도 있다.

여섯째, 갈등론의 한 하위 형태로서 마르크스주의는 그것 자체의 특별한 문제점들을 지니고 있다. 네오 마르크스주의자들(Neo-Marxists) 조차도 사회란 단순히 경제의 반영이라는 마르크스의 많은 예언에 동의하지 않았다.

갈등론의 시각에서 보면, 사회 계층화 현상은 갈등 · 경쟁 · 지배로부터 발생되고, 필연적이거나 불가피하지 않다면 보편적일 수 있으며, 계급 체계는 사회 조직을 형성한다. 또한 계층은 특권이 부여된 집단들의 가치의 한 표현이고, 사회와 개인의 발전을 방해한다. 그리고 권력은 사회에서 정당하게 배분되지 않으며, 과업과 그에 따른 보상은 불공평하게 배분되고, 계층 체계들은 종종 혁명적 과정을 통해서 변화한다.[13]

3. 계층론과 계급론

계층이 다양한 요소에 의하여 서열화되어 있는 위치가 유사한 사람들의 집단을 의미한다면, 계급은 주로 경제적 요소에 따라 서열화된 위치의 집단이라고 할 수 있다. 즉 계층이 다원론적인 개념이라면, 계급은 일원론적인 개념이라고 할 수 있다.

그러나 계층과 계급의 개념을 명료하게 해명하려는 논의는 매우 드물다. 대부분의 경우, 계층과 계급의 개념이 실제에 있어 유사한 것으로 전제되고 있거나, 그 차이가 언급된다 하더라도 그저 지나치면서

13. J. L. Roach, L. Gross, O. R. Gursslin, *Social Stratification in the United States*(Englewood Cliffs, N. L.: Prentice-Hall, 1969), p.55.

몇 마디 하는 정도여서 그 진정한 의미가 무엇인지 파악하기가 어렵다. 즉, 사회 계층화 현상의 이론적 하부 구조에 관한 논의는 매우 미약하다고 하지 않을 수 없다.

계층과 계급의 구분은 이론적인 수준에서 기능론과 갈등론의 차이로 설명할 수 있다.

첫째, 계층은 특정 기준에 의해 인위적으로 구획된 조작적 · 분류적 개념이고, 계급은 지배와 복종의 관계에 있는 대립된 사회의 실체적 개념이다.[14] 둘째, 계층 구조는 일정한 수직적 차원에 따르는 연속적인 상하의 구조를 전제로 한다. 셋째, 계급 성원들 간에는 그들의 의식을 묶는 집합 의식이 존재하지만, 계층 성원들 간에는 그러한 집합 의식이 없다. 넷째, 기능주의의 주요 관심은 계층에 있고, 갈등주의의 주요 관심은 계급에 있다. 다섯째, 기능주의에서의 계층은 유기적으로 통합된 사회를 전제로 하지만, 갈등주의에서의 계급은 상반된 이해로 인해 분열된 사회를 전제로 한다.[15]

그러나 계급과 계층의 차이를 실재론과 명목론, 갈등주의와 기능주의, 일원론과 다원론으로 구분하는 데에는 문제점도 있다. 계급 개념과 계층 개념은 모두 실재적이고 명목적인 성격을 공유하고 있으며, 계급과 계층의 문제 축을 갈등론과 기능론의 문제 축으로 연결시켜 그 차이를 구명해 보려는 시도는 일견 그럴 듯 하지만, 계층과 기능론의 관계에 비해 계급과 갈등론의 관계는 그렇게 친화적이지 못하기 때문에 문제가 있다.

갈등론으로 수렴되기 어려운 계급론의 두 가지 특성은 다음과 같다. 하나는 갈등론적 접근에 못지 않게 계급 지배의 유지와 관리를 설명할 수 있는 기능론적 접근이 계급론에 매우 필수적이라는 것이고,

---

14. 김영모, *현대사회계층론*(서울: 한국복지정책연구소 출판부, 1982), p.4.
15. 한상진 편, *계급이론과 계층이론*(서울: 문학과 지성사, 1984), p.145.

다른 하나는 갈등을 다루는 방식에 있어서 계급론과 갈등론의 차이가 매우 현저하다는 것이다.[16] 구조주의의 중요성을 고의적으로 무시하지 않는 한, 계급은 일원론적이고, 계층은 다원론적이라는 종래의 통념은 계급을 단순히 경제적인 범주로 보았던 습벽과 더불어 더 이상 자명한 것이 아님이 분명하다.[17]

구조주의적 입장과 계급론의 공통적 특징들에 입각해서, 사회 계층화 현상에 접근하는 상이한 이론적 체계로서의 계급론과 계층론의 차이는 다음과 같이 설명될 수 있다.

첫째, 기본적인 문제 의식의 차이이다. 계급론은 모순과 대립을 주제로 다루는 이론인데 반하여, 계층론의 핵심 개념은 통합이다.

둘째, 이론 구조상의 차이이다. 계급론은 모순의 문제를 다루는 체계 이론과 사회적 대립과 갈등을 규명하는 행위 이론의 복합인데 반하여, 계층론은 기능론적 체계 이론에 의해 압도되고 있다. 계층론은 한편으로는 사회 체계 내부의 지위들의 등급지어진 질서를 규명하면서도, 다른 한편으로는 역할 수행의 체계론적 통합을 사전에 전제하고 있다. 말하자면, 행위 이론이 계급론에서와는 달리 계층론에서는 체계 이론에 예속되어 있거나, 극히 미개발의 상태에 머물러 있다.

셋째, 계급은 행위의 주체로 간주될 수 있지만, 계층은 그럴 수 없다.

넷째는 분석의 기법에 관한 차이이다. 계급론은 분석적 · 종합적 특성을 갖는데 비해, 계층론은 분석적 · 기술적 특성을 갖는다. 계급의 연구라고 해서 측정과 분류의 조작성을 완전히 벗어나는 것은 아니지만, 계층의 연구에 비해 그 정도가 약하기 때문에, 계급론은 계급들의 역사적 형성과 분화 및 상호 연합을 변동의 맥락에서 총체적으로 파악하려는 경향이 강한데 비해, 계층론은 이러한 역사적 문제 의식을 발전시키지 못한 채, 현상의 분석적 · 기술적 연구에 전념하게 된다.

---

16. *Ibid.*, pp.154~155.
17. *Ibid.*, p.58.

다섯째는 이론과 실천의 문제에 관련된 차이이다. 인식론적으로 볼 때, 계층론은 분석적 · 기술적이면서 실천의 면에서는 몰개인적 · 관찰적임에 반하여, 계급론은 모순 이론과 갈등론의 종합을 통하여 실천 지향적인 특성을 갖는다. 즉, 계급론은 모순적인 계급 관계의 극복을 지향하는 규범적 입장을 자체의 이론 구조 내에 지니고 있다.[18] 계급은 동일 계급에의 귀속 의식과 다른 계급에의 대립 · 투쟁 의식을 가지는데 비해, 계층은 사회적 희소 가치의 불균등한 분배 상태를 범주화하여 이해한다는 분석적 의미를 지닌다.

② 사회 불평등 기능론

사회 계층화 현상에 대한 기능론적 입장은, 사회 불평등이 사회에서 가장 중요한 자리가 가장 자격 있는 사람에 의해서 양심적으로 채워지도록 무의도적으로 점차 발전된 장치라는 말에 잘 나타나 있다. 많은 기능론자들 중에서도 특히 데이비스와 무어가 사회 불평등에 관한 견해와 이론을 가장 체계적이고 독창적으로 전개했다. 따라서 여기에서는 데이비스와 무어의 사회 불평등 기능론을 분석 · 비판함으로써 사회 윤리적 시사를 얻고자 한다.

1. 파슨스 이론의 적용

파슨스는 체계의 개념에서 출발하여 사회 체계의 유지와 변동 조건을 분석하려는 이론적 방법론을 전개하였으며, 사회 불평등 현상 연구에 있어 일련의 명제를 고도로 일반화된 차원에서 설명하고자 노력

18. *Ibid.*, p.162.

하였다. 파슨스는 모든 사회는 공동의 목적이나 가치를 갖는 조직적 활동을 갖기 마련이며, 따라서 인간 사회에서는 행위에 대한 도덕적 판단이나 평가가 필연적으로 존재하게 된다고 설명하면서, 계층의 불가피성에 대한 개념을 발전시켰다.

(1) 기능 분석적 이론

파슨스는 행위의 체계가 존재하려면 어떤 기능적 요구 사항을 만족시켜야 한다는 전제하에서 다음과 같은 '네 가지 기능의 패러다임'이라고 불리는 새로운 이론적 틀을 발전시켰다.[19]

첫째는 체계와 외부 환경과의 관계를 돕고 유지하는 적응의 기능적 조건인데, 이는 사회 체계의 목적 달성에 필요한 자원의 공급과 환경의 이용도 포함하고 있는 기능이다. 둘째는 체계의 목적을 달성하기 위하여 자원을 동원하고 처리하는 목적 달성의 기능적 조건이며, 셋째는 체계 내에 있는 부분들의 결속 유지와 통합의 기능이다. 그리고, 넷째는 사회 체계 속에서 행위자가 필요로 하는 동기를 제공해 주는 기능으로서, 그 행동과 체계의 상징적 · 문화적 가치를 연결시키는 잠재성의 기능적 조건이다.

그러한 기본적인 기능의 문제는 데이비스와 무어의 사회 불평등에 대한 이론적인 연구에 있어서 일차적인 준거가 되어 왔는데, 이러한 준거들은 부분과 부분이 벌이는 활동, 보다 작게는 개인과 개인들이 전개하는 활동이 어떠한 의미를 갖는가를 설명해 주며, 사회 불평등이 이들 부분과 전체로서의 사회에 대해서 가지는 의미가 무엇인지를 설명해 준다.[20]

---

19. Benton Johnson, *Functionalism in Modern Sociology: Understanding Talcott Parsons*(Morrisown, New Jersey: General Learning Press, 1975), pp.50~52.
20. Peter M. Blau, ed., *Approaches to the Study of Social Structure* (New York: Free Press, 1975), pp.111~120.

파슨스의 이론을 적용한 데이비스와 무어의 이론에 있어서, 사회 내의 모든 현상과 움직임들은 다음의 몇 가지를 준거로 해서 설명될 수 있다.

첫째는 존속과 유지의 준거이다. 어떤 부분의 활동이 그 전체의 존속과 유지라는 필요에 상응해 있을 경우, 그 부분은 기능적이며 동시에 체계 내에서 존재 이유를 갖는다. 일반 사회 성원들이 갖는 가치는 그 사회의 요구에 의해서 형성되며, 그 중에서도 가장 핵심적인 가치는 그 사회 체계의 존속과 유지에 가장 긴밀하게 연관되어 있다.[21]

사회 불평등 역시 이러한 준거에서 받아들여지고 해석된다. 즉 불평등 상태에 놓여 있는 어느 한 개인의 고통의 측면에서 사회 불평등을 보는 것이 아니라, 그 불평등이 하나의 전체 즉, 하나의 체계로서의 사회의 존속과 유지에 얼마나 기여하고 어떻게 기여하는가의 측면에서 사회 불평등을 본다. 그러므로 심각한 사회 윤리적 사태를 야기할 수 있는 중요한 사회 문제로서의 불평등이 아니라, 사회에 얼마나 도움을 줄 수 있는 불평등인가, 또한 인간 사회에 얼마나 평화와 안녕을 가져다 줄 수 있는 불평등인가를 중요시한다.

둘째는 화해와 통합의 준거이다. 즉, 전체 내의 각 부분들의 관계와 이들 부분들의 활동은 규범을 통한 화해와 기능을 통한 통합을 이루고 있고, 또 끊임없이 그 화해와 통합을 지향해 가고 있다는 것이다. 화해와 통합을 지향해 갈 경우, 부분들간의 중심적 행동은 협동이 될 것이고, 이 협동의 중심적 행동은 조정이 될 것이다. 다시 말해서 체계 유지에 절대 불가결한 수단적 행위는 화해와 통합이고, 화해와 통합의 조건은 협동이며 협동의 조건은 조정이 된다. 그리고 모든 행위는 이 기본적이면서도 기축적인 행동, 즉 중심적인 행동에서 파생된다.[22]

---

21. Talcott Parsons, *A Revised Analytical Approach to the Theory of Social Stratification*(American Journal of Sciology 14, 1940).
22. 송복, *op. cit.*, pp.33~34.

데이비스와 무어에 있어서는 갈등이나 파쟁까지도 협동이나 조정의 일시적 일탈 행위로, 그리고 사회 불안정이나 변동 역시 협동이나 조정의 잠정적인 파생으로, 보다 직접적으로는 협동과 조정의 결과인 안정의 병리 현상으로 판단될 뿐이다. 이처럼, 사회 내의 모든 움직임들은 화해와 통합의 항상성을 향해 협동과 조정의 대오를 이루고 있다. 사회 불평등 현상 역시 이 준거에서 설명되고 해석된다. 데이비스와 무어에 있어서 사회 계층은 전체 내 각 부분들의 갈등을 화해와 통합으로 이끄는 협동적 · 조정적 메커니즘으로 여겨진다.

그리고 셋째는 전체와 부분간에는 이익의 상충이 없다는 준거이다. 데이비스와 무어는 집단 이익과 개인 이익간에는 서로 모순이 없다고 전제한다. 전체를 위해서 좋은 것은 전체의 존속과 유지는 물론, 전체의 화해와 통합에 이바지하는 것이고, 전체의 번영과 안녕에 기여하는 것이며, 전체 내 각 하위 부분들의 조화와 안정에 봉사하는 것이다.[23]

이러한 준거에서 볼 때 불평등은 오로지 개인 능력의 함수일 뿐이다. 즉, 지위 획득의 독립 변수는 무엇보다도 개인의 능력이 될 것이고, 따라서 능력을 가진 사람일수록 중요하고도 어려운 위치를 차지할 것이며, 능력을 가진 자들의 이 같은 사회 충원으로 그 사회는 번영을 이룩하고 발전할 것이다.

(2) 일반화된 이론

파슨스는 사회가 갖는 일치된 목표나 가치에 비추어 더 좋은 것과 더 나쁜 것의 구별은 항상 존재하게 마련이며, 더 가치 있는 기능을 수행하거나 더 가치 있는 재능을 가진 사회 성원은 더 높은 지위를 차지하

---

23. Gerhard E. Lenski, *Power and Privilege: A Theory of Social Stratification*(New York: Mc Graw-Hill, 1966), p.34.

게 된다고 주장하였다. 파슨스는 또한 일정한 종류의 능력이나 기능이 어떤 조건하에서 더 가치를 갖게 되는가에 관한 조건의 분류 방법을 발전시켰다.[24] 이러한 조건은 어떤 특정 사회가 무엇에 중점을 두는가에 따라서 달라진다. 즉, 어떤 사회의 양상은 그 사회의 목표 달성에 중점을 두는가, 아니면 단결과 통합의 필요성을 더 강조하는가에 따라서 달라진다.[25]

파슨스는 계층의 종류와 정도 또한 그 사회가 갖는 중요한 특성에 따라 달라지게 된다고 설명한다. 그리하여 그는 더욱 일반적이고 광범위하게 적용시킬 수 있는 일련의 가설을 설정하고 있다. 전문화된 정치 · 경제 구조가 발전되려면 사회 공동체 안에서 신분의 분화가 이루어져야 한다. 따라서 사회의 계층화는 가장 원시적인 사회를 제외하고는 모든 사회의 피할 수 없는 현상이다. 지위 분화의 집점은 한편으로는 정치적 지도력과 권위에, 다른 한편으로는 경제적 자원의 지배권에 모아진다.[26]

데이비스와 무어는 발전된 사회는 어느 사회를 막론하고 정치적 위계 질서를 확립하고 경제적 생산 수단을 불균등하게 배분하지 않고서는 존립할 수 없다고 믿고 있다. 그러나 사회적 안정은 계층화가 사회의 가치 체계에 의하여 정당화되어야만 유지될 수 있다. 따라서 우월한 지위를 차지하고 있는 사람들은 파슨스가 묘사한대로 '사회 복지에 기능적 공헌'을 하고 있다고 여겨져야 한다. 다시 말하면, 계층 구조에서 상위에 있는 사람들은 하위에 있는 사람들보다 더욱 참된 존경을 받을 만한 가치가 있다고 생각되어야 한다. 노블레스(noblesse) 오블리지(oblige)와 관련하여 더 많은 재산이나 권력을 갖고 있는 사

24. Melvin M. Tumin, *Social Stratification: The Form & Functions of Inequlity*, pp.6~8.
25. *Ibid.*, p.10.
26. Johnson, *op. cit.*, p.56.

람들은 사회에 특별한 공헌을 하기 때문에 보다 높은 위신을 누리고 있다는 사실이다.[27]

파슨스는 집단 의사의 역할에도 관심을 두었다. 파슨스는 사회 계층이 질서를 유지하고 사람들의 활동을 조정하여 사회적 목표에 기여한다는 것을 인식했으나, 사회적 목표를 위해 계층이 의도적으로 사람들에 의해서 만들어진다고 제시하지는 않았다. 오히려 그것은 사회 체제의 다른 특성, 즉 사회 구성원들에 의해 공유된 가치들에 의해서 만들어진다. 공통 가치들의 토대 위에서 개인들과 그들의 역할이 평가되고 서열화되는데, 그 서열은 사회 계층의 토대를 형성한다. 하나의 상벌 과정(reward-punishment process)은 가치 체계의 기준에 따라 형성된다.[28]

파슨스는 특별한 계층 체계를 논의할 때 불평등에 대한 가치들의 관계를 강조했다. 미국 사회의 경우 사람들의 두 가지 주요한 목표는 재산과 평판의 소유인데, 그 결과 서부 사회는 사람들이 하는 일을 중심으로 조직된다.[29] 이러한 사실은 직업 구조가 위계적 질서에 대한 두 가지 기능적 토대 즉, 많은 다른 기능적 역할들에 포함된 기술 및 능력 수준의 차이와 조직화에 따른 지도력 및 권위의 중앙 집권화의 원천이 되기 때문에 중요하다.[30] 가치 체계는 일을 중요하게 만들며 일은 위계적 질서를 요구한다.

데이비스와 무어의 견해에 있어서 계층은 사람들이 서로를 평가하고 서열화하며, 또한 그 체제 내에서 다른 사람들이 수행하는 역할들을 평가하고 서열화하기 때문에 존재한다. 사람들은 그 사회의 공통

27. Talcott Parsons, *Essays in Sociological Theory*(New York: Free Press, 1954), pp.386~439.
28. Vanfossen, *op. cit.*, p.24.
29. *Ibid.*, p.25.
30. Parsons, *op. cit.*, pp.326~327.

된 가치 정향(value orientations)에 따라 사회화되었기 때문에, 무엇이 중요한가에 대하여 인식을 같이 한다. 위계적 위신 질서는 이 때문에 존재한다. 기능적으로 계층은 사람들의 활동을 조정하고, 갈등을 최소화하기 때문에 사회의 성공적 작동에 필수적이다. 그러므로 사회는 통합되고 안정된 상태에 있으며, 계층은 그러한 안정을 보다 확고히 다지는데 커다란 역할을 수행한다.[31]

2. 체계론적 접근법

데이비스와 무어에 있어서, 무엇보다도 전체는 항상 출발점인 동시에 귀착점이 된다. 전체의 존속과 유지는 부인할 수도 거부할 수도 없는 절대 절명의 명제이며, 전체의 요구와 필요는 의심할 수도 검증할 필요도 없는 공리가 된다. 그리고 사회 전체의 존속과 유지, 구성원의 요구와 필요를 위해 전체 내의 하위 부분들이 어떻게 서로 관계를 맺고 있고, 어떻게 서로 영향을 주고 받으며, 어떻게 서로 의존하고 있는가, 즉 기능과 상호 관계, 상호 작용, 상호 의존이 모든 사회 현상 분석의 기본 주제인 동시에, 사회 현상들을 가장 설득력 있게 설명해 주는 핵심 개념이 된다.

데이비스와 무어의 이러한 생각의 밑바탕에는, 사회란 그것이 설혹 어떤 수준이든 간에 생물학적 유기체와 거의 다를 것이 없는 혹은 생물학적 유기체에 그대로 비유될 수 있는 실체라는 전제가 함축되어 있다.[32]

이러한 유기체와의 비유에서 혹은 사회의 유기체적 유추에서 데이비스와 무어의 전체적 맥락에서의 사회 본질에 관한 주장은 더 한층 명백한 것이 된다. 즉, 그 무엇보다도 사회는 본질적으로 체계의 모습

31. Vanfossen, *op. cit.*, pp.24~25.
32. 송복, *op. cit.*, p.29.

을 띠고 있다는 것이다. 하나의 전체로서의 사회는 여러 부분들로 구성되어 있기는 하지만 이들 부분들은 각기 분리되어 움직이는 독립적인 부분들로서가 아니라, 오직 전체의 요구에 맞추어 질서 있게 활동하는 그러한 부분들로서 언제나 구성되어 있고, 따라서 하나의 전체로서의 사회는 말할 것도 없이 그 어디에서나 질서 정연한 체계를 형성하고 있다는 것이다. 다시 말해 하나의 전체로서의 사회는 반드시 질서 있는 체계로서의 사회로 파악되지 않으면 안 된다는 것이다.[33]

기능론자들이 가장 즐겨 사용하는 개념이면서 동시에 가장 중요한 개념인 이 체계 개념은 처음부터 부분들의 전체에 대한 이반(離反) 없는 존속, 유지의 기능과 요구 충족 기능, 그리고 이 부분들 간의 긴밀한 상호 관계와 조직적인 상호 작용 및 상호 의존을 전제로 한 개념이다. 이러한 측면에서 체계 개념은 전체의 의미를 가장 직선적으로 표현해 주면서 전체의 모습을 가장 역동적으로 나타내며, 또한 전체의 성격을 가장 명백히 설명해 주는 개념이라 할 수 있다.[34]

기능론자들이 즐겨 사용하는 사회 체계라는 개념이 사회라는 전체와 직물과도 같이 잘 짜여진 대상인 체계라는 용어의 합성어인 것은 이러한 이유에서 결코 우연이라고 볼 수 없다. 파슨스와 마찬가지로 데이비스와 무어의 사회 불평등 이론에 있어서도 이 체계라는 개념이 없이는 그 어떤 사회 현상도 제대로 설명되지 않는다.

데이비스와 무어에 있어서 전체라는 개념에 정초한 불평등 이론의 전개는 필요에서 출발한다. 즉, 사회가 존속 · 유지되기 위해서, 그리고 사회 내의 각 부분들이 조화롭게 기능하기 위해서는 불평등이 필요하다는 것이다. 그리고 사회 불평등이 필요한 것이라면 그것은 왜 필요한가, 또한 어떻게 필요한 것으로 작용하는가 라는 시각에서 이

---

33. *Ibid.*, p.31.
34. Talcott Parsons, *The Social System*(New York: Free Press, 1974), pp.16~17.

필요를 검증하고 체계화해서 사회 불평등 이론을 전개해 간다. 데이비스와 무어는 불평등이라는 사회 내의 주요한 현상을 전체라는 가치 위에서, 그리고 체계라는 개념적 틀을 통해서 어떻게 이 전체가 불평등을 필요로 하고, 또 어떻게 이 체계에 사회 불평등이 요구되는가를 이론적으로 일반화하고 있다.[35]

3. 사회 불평등 기능론에 대한 비판

사회 불평등 기능론에 대한 비판은 같은 기능론자들을 포함하여 많은 사람들에 의해서 이루어져 왔다. 그 중에서도 특히 튜민(Melvin M. Tumin)은 사회적 능동성과 통합성의 측면에서 사회 불평등 기능론에 대해 비판을 가하였고, 심프슨(Richard R. Simpson)은 수요 · 공급적 측면에서 비판을 가하였다.

(1) 멜빈 튜민의 비판

데이비스와 무어의 이론에서 주로 기능적인 측면만이 부각되었던 사회 불평등은 오랜 시간에 걸쳐 많은 논의를 거듭하는 동안 역기능적인 면도 그에 못지 않게 드러났다. 튜민은 데이비스와 무어의 이론에 나타나는 불평등 원칙들을 대상으로 하여 비판적 분석을 시도하고 있는데, 이는 무엇보다도 사회 불평등의 기능적 필요성을 중심으로 전개된다.

그는 불평등이 사회적으로 비윤리적이며 사회 해체적인 결과를 가져온다고 하면서, 재능 발굴의 제한, 자원 확장의 저지, 현존 제도의 강화, 호의적 자아상의 축소, 적대 의식의 조장, 성원 의식의 감퇴, 사회적 충성심의 저하, 참여 의식의 감소라는 여덟 개의 사회 불평등 역

---

35. Kingsley Davis, *Human Society*(New York: Macmillan, 1948), p.367.

기능 명제를 제시하였는데, 앞의 네 개의 명제가 사회적 능동성에 관련된 것이라면, 뒤의 네 개의 명제는 사회적 통합성에 관련된 것이라고 할 수 있다.[36]

그러나 사회 불평등이 사회적으로 유용시 되는 재사(才士)의 완전한 발굴 가능성을 제한한다는 튜민의 첫째 명제는 데이비스와 무어의 전제에 의거하고 또 그 제 조건의 충족을 상정할 때 부적합하다고 하겠다. 왜냐하면 누구에게나 다 공평하게 기회가 주어지고, 자기의 능력만큼 성취할 수 있으며, 그 성취의 과실을 아무에게도 착취당하지 않는 한 재능 소지자들을 제한하는 사회적 조건은 경험적으로는 몰라도 이론적으로는 찾아 보기 어렵기 때문이다. 이렇게 볼 때 재능 발굴의 제한이라는 튜민의 사회 불평등 역기능 명제는 데이비스와 무어의 이론에서 말하는 불평등과는 직접적으로 관련되지 않는다.[37] 이것은 자원 확장의 저지라는 튜민의 둘째 명제에 대해서도 그대로 적용될 수 있다. 왜냐하면 이는 첫째 명제의 연속 개념이면서 동시에 결과가 되기 때문이다.

현존 제도의 강화라는 튜민의 셋째 명제는 사회 불평등이 한 사회 내의 제도를 합리화시키는 보수성을 만연시킨다는 것인데,[38] 이러한 보수성이 강한 사회 구조적 특징은 폐쇄성과 귀속성 및 강제성 등으로 상정될 수 있다. 그러나 데이비스와 무어 이론에서의 불평등은 이와 같은 보수성을 철저히 야기하는 사회와는 전혀 다른 조건적인 특징을 지닌 사회의 불평등이기 때문에 튜민의 셋째 명제 역시 설득력이 없다고 하겠다.

---

36. Melvin M. Tumin, *Some Principles of Stratification: A Critical Analysis*(American Sociological Review18, 1983), pp.393~394.
37. George A. Huaco, *The Functionalist Theory of Stratification: Two Decades of Controversy* (Inquiry4, 1966), pp. 215~220.
38. Tumin, *op. cit.*, p.393.

그리고 튜민의 넷째 명제는 불평등이 호의적 자아상을 사회 성원들 간에 불균등하게 배분하는 기능을 한다는 것이다. 이 명제에 의하면, 호의적 자아상은 누구나 다 갖고 태어나는 창조적 잠재력의 개발에 필수적이고, 따라서 그것이 필수적인 정도만큼 불평등은 창조적 잠재력의 개발을 제한하는 기능을 한다. 그러나 데이비스와 무어의 이론에서 상정되는 사회는 능력 개발이 보장된 사회이고 자유로운 사회 이동이 보장된 사회이며, 계층간의 신분적 차이가 없고 자율적인 선택이 가능한 사회로서, 부분간의 기능이 아주 다양한 사회이다. 또한 데이비스와 무어의 이론에서 나타나는 인간상은 능력의 인간이고, 시장적 인간이며, 자율화된 인간이고, 모든 것을 긍정적으로 평가하는 인간이다. 데이비스와 무어의 이론에서는 거의 모든 사람들이 자신에 대해 호의적으로 평가할 수밖에 없는 사회적 조건이 구비되어 있기 때문에 사회 불평등은 오히려 호의적 자아상을 촉진시키는 요인이 된다.

사회 불평등이 사회 내의 적대 의식을 조장한다는 튜민의 다섯째 명제는, 사회적 보상의 불균등은 보상을 받지 못하는 비혜택층에게 충분히 수락되어질 수 없는 이상, 이러한 불평등은 사회 내의 여러 계층들 간에 적대심과 불신감을 조장하는 기능을 할 것이고, 따라서 사회 불평등은 광범위한 사회 통합의 가능성을 제한한다는 것이다.[39]

사회 불평등이 성원 의식을 감퇴시킨다는 튜민의 여섯째 명제는, 사회 성원으로서의 적극적 성원 의식은 그 사회의 지위 서열 중 어디에 위치해 있는가에 좌우되기 때문에 불평등 체계는 성원 의식을 불균등하게 불어 넣는 기능을 한다는 것이다. 또한 사회적 충성심의 약화를 주장한 튜민의 일곱째 명제는, 사회 성원들의 사회에 대한 충성심은 그 사회에 있어서의 적극적 성원 의식에 달려 있기 때문에, 불평

39. Kingsley Davis, *Reply to Tumin*(American Sociological Review 18, 1953), p.396.

등 체계는 사회적 충성심을 불균등하게 제고하는 기능을 한다는 것이다.[40] 그리고 사회적 무관심의 증대를 지적한 튜민의 여덟째 명제는, 사회 참여나 무관심도 그 사회 내 성원들의 적극적 성원 의식에 좌우되기 때문에, 불평등 체계는 참여 동기를 불균등하게 분배하는 기능을 한다는 것이다.

사회적 통합성에 관련된 튜민의 명제들은 데이비스와 무어 이론의 기본가정하에서도 맞는 것이 된다. 따라서 사회불평등은 사회적 역동성 내지 활성화에는 기능적이지만, 사회적 통합성에는 역기능적임을 알 수 있다.

(2) 리차드 심프슨의 비판

데이비스와 무어는 왜 사회 불평등 현상이 언제 어디에서나 지속되어 왔는지에 대하여 하나의 기능적 이론을 전개하였으나, 심프슨은 데이비스와 무어 이론의 부적합성을 지적하면서 보다 중립적이고 포괄적인 분석 도식을 위해, 기능적인 필연성이라는 가치 개입적 개념을 포기하는 수요 · 공급적 접근을 시도하고 있다. 심프슨은 데이비스와 무어 이론의 문제점으로 다음과 같은 네 가지를 들고 있다.

첫째, 어떠한 위치의 중요성을 평가하는 것은 불가능하지는 않지만, 지극히 어렵다는 것이다. 데이비스와 무어는 어떠한 지위의 중요성을 측정하는 일이 어렵다는 것을 인정하면서도, 어떤 위치의 기능을 만족스럽게 수행할 수 없는 정도와 여타의 위치들이 그 위치에 의존하고 있는 정도 등을 그것의 측정 기준으로 제시한다.[41] 그러나 심프슨은 필수 불가결한 기능을 유일하게 수행해 낼 수 있는 위치가 중요하다는 사실은 인정할 수 있다고 하더라도 주어진 기능이 어느 정도 필수 불가결한 것이라는 기준은 대중이 어떤 주어진 지위 혹은 그 지위에

40. Tumin, *op. cit.*, pp.393~394.
41. Davis and Moore, *op. cit.*, p.244.

있는 사람을 얼마만큼 유일하고 중요하다고 생각하느냐의 여부에 달린 것이지, 사회 과학자의 생각에 달린 것은 아니라고 주장한다. 또한 그는 여타의 위치들이 그 위치에 의존하고 있는 정도 역시 중요성을 규정하는 하나의 요소이지만, 이것은 측정하기가 매우 어렵다고 주장한다.[42]

둘째, 데이비스와 무어의 이론은 모든 위치들이 사회에 공헌을 하고 있다는 사실을 내포하고 있으나, 실제적으로 어떤 위치는 일반 사회에 대하여 별로 공헌하는 바가 없으면서도 엄연히 존재하며 또 보상까지 받고 있다는 것이다.

셋째, 어떤 사람들은 그들의 위치가 사회에 대해 가지는 중요성이나 거기에 필요한 수련의 난이도를 고려해서 정당하다고 생각되는 것보다 훨씬 많은 보상을 받는다는 것이다.[43] 그리고 넷째는, 데이비스와 무어의 이론은 충분한 근거도 없이 목적론적 과정, 즉 실제의 사회가 사회 복지를 극대화하거나 사회 자체의 존속을 위해 각 위치에 차등적인 보상을 부여하는 정도를 상정한다는 것이다.

심프슨은 "사회는 분해되지 않으면서도 많은 사람들이 인정하는 것보다 훨씬 많은 혼란과 파괴를 견뎌 낼 수 있다."는 리즈먼(Davis Riesman)의 표현대로,[44] 사회는 어느 정도의 비효율성이나 꼭 적응력이 있지도 않고 없지도 않은 중도적인 유형을 묵인할 수도 있다고 주장한다. 심프슨은 "어떤 위치의 중요도란 어떤 일이 수행되도록 하기 위해 사회가 필요로 하는 인원에 대한 유효 수요에 불과하며, 어떤 위치 보유자에게 요구되는 재능과 수련은 그 위치 보유자들의 공급에

42. Richard L. Simpson, *A Modification of the Functional Theory of Social Stratification*(Social Forces 35, 1956), p.133.
43. *Ibid.*, pp.134~135.
44. Davis Riesman, ed., *The Lonely Crowd: A Study of the Changing American Character*(New York: Doubleday Anchor Books, 1953), p.45.

영향을 미치는 제 요인들 가운데 단지 두 가지 요인에 지나지 않는다."고 하면서, 기능론적 사회 불평등 이론에 대해 수정을 가하고 있다.[45]

심프슨은 사회적 위치들의 담당자에 의해 수행되는 용역들의 공급이 일정하다고 할 때 이에 대한 수요가 많으면 많을수록 보상은 높아지고, 이러한 용역들에 대한 수요가 일정하다고 할 때 그러한 용역을 제공할 수 있는 사람이 적으면 적을수록 그들에 대한 보상은 높아진다고 그의 수정 이론에서 주장한다.

심프슨은 용역들의 수요에 영향을 미치는 요인들로 문화적 가치 기준과 기술, 그리고 보상을 제공하는 집단이나 개인들의 권력 등을 들고 있으며, 용역들의 공급에 영향을 미치는 요인들로는 위치들에 요구되는 재능과 수련, 인원의 공급을 제한하는 권력, 생산의 특수화와 독점, 직업 선택의 과정, 노동력의 이동 등을 들고 있다. 그리고 사회적 위치에 대한 보상에 영향을 미치는 요인들로는 작업 상황의 상징적 측면들로부터 파생되는 후광 효과(halo effect), 위치들과 그 담당자들의 역사적 측면, 역사적 계기를 통해 발전해 온 관습 등을 들고 있다.

한 사회가 유지 · 발전되기 위해서는 일정한 직무들이 반드시 수행되어져야만 하는데, 그것에 필요한 용역의 수요를 충족시키기 위해서는 적절한 사람들로 하여금 그 위치를 맡도록 하는 유형을 발전시켜야 한다는 것이 심프슨의 수정 이론의 핵심이다. 이러한 점에서 볼 때 심프슨 역시 기능주의자라 하겠다.

결국, 인간 행위의 유형 중에는 기능론자들의 주장처럼 사회 전체의 필요의 입장에서 해석될 때에 의미 있는 것이 있고, 갈등론자들의 주장처럼 개인적인 요구나 필요의 입장에서 볼 때에만 의미 있는 것

---

45. Simpson, *op. cit.*, pp.134~137.

이 있다. 기능론이 체제 유지에 중점을 둔 거시적(巨視的) 차원의 이론이라 한다면, 갈등론은 체제 내에서 부분적으로 발생하는 변화에 관련된 구성 요소들 사이의 관계에 중점을 둔 개인적 차원의 이론이라고 할 수 있다.

사회 불평등 현상과 관련하여 기능론과 갈등론은 정치 · 사회적, 또는 기타의 편견 때문에 분리되지만, 이 둘은 상호 보완적이라고 할 수 있고, 또한 그렇게 보아야 한다. 왜냐하면, 인간 사회에는 어떤 하나의 이론만 가지고서는 도저히 설명될 수 없는 부문(部門)이 항존(恒存)하기 때문이다.

제3부

국가와 윤리

■

제7장 국가론과 윤리

오늘날 많은 국가들이 지니고 있는 본질적 속성을 간단히 정의하기는 매우 어렵지만, 대부분의 국가들은 그 나름대로 존립 근거를 갖고 있다. 또한 우리는 국가를 통해 사회적인 목표를 실현시켜 나가고 있다.

그러므로 개인과 사회의 목표 실현과 관련된 국가의 존재 이유를 밝히는 것은 국가의 본질을 규명하는데 있어 매우 중요하다고 하겠다.

사회적 상호 작용 및 자본주의 체제의 내적(內的) 전개 과정을 주된 연구 대상으로 하는 국가론의 근본적인 문제는 경제에 있어 정부가 어떤 역할을 수행하는가에 놓여 있다.[1] 또한 최근의 국가론은 경제관계의 정치적 결정 요인에 분석의 초점을 맞추고 있다. 모든 국가에 있어서 불가분의 관계에 있는 정치와 경제 구조의 복합적인 상호 작용과 그 과정에서의 국가의 자율성을 연구하는 국가론은 크게 두 가지 접근 방법으로 구분이 가능한데, 마르크스주의적 접근 방법과 공공 정책적 접근 방법이 그것이다.

여기에서는 우선 현대 국가론 연구의 중심적 문제를 살펴보고, 마르크스주의적 접근 방법의 윤리적 토대 및 그 적용 한계를 분석·비판하고자 한다.

---

1. J. E. Alt and K. Alec. Chrystal, *Political Economics*(University of California Press, 1983), p.3.

1 현대 국가론 연구의 중심적 문제

현대 국가론 연구의 중심적 문제는 어떤 제도적 맥락에서의 제한으로부터 국가의 자율성을 해결하고, 정치적 접근과 경제적 접근을 조화시키는 것이다.[2] 제도들은 국가의 임의적(任意的)인 행동에 대하여 유인(誘引)과 제한(制限)을 가한다. 국가론에 있어서 주요한 제도들은 어떤 주어진 수준의 경제 발전과 정치 구조의 맥락에서의 노동, 사업, 그리고 재정이다.[3]

경제 정책은 사회에 있어서 소득과 부의 분배에 영향을 미치기 때문에 정치적이다. 그러므로 정책을 이해하는 것은 주요한 사회적 관계들 사이에서 권력의 배분을 이해하는 것을 요구한다. 경제 정책은 또한 어떤 제도적 맥락에 있어서, 선택된 정치인들에 의해 만들어진 결정을 반영하기 때문에 정치적이다. 이러한 정책 결정은 사회적 이익과 대중적 선호, 정치인들의 이해 관계, 그리고 제도들에 의해 부과된 제한과 유인에 기초를 두고 있다.[4]

정책에 대한 어떤 설명에 있어서 기본적인 문제는 국가가 어떤 역할을 수행해야만 하느냐는 것이다. 현대의 국가론자들은 자율적이거나 자유로운 정치인들의 활동에 대한 수동적인 조정자로 국가의 개념을 대치시켰다. 이것은 사고의 다양한 학파들에서 동시에 제기되었는데, 정치적 임의성에 대한 기술은 그 임의성에 대한 제한의 명기를 요구한다.

또한 자유로운 국가 활동에 대한 연구로서 국가론을 정의하는 것이 가능한데, 크레이스너(S. Krasner)는 국가는 자율적인 행위자이며 사적인 욕망의 총체로 되어질 수 없다고 주장함으로써, 그의 국가 지상

2. *Ibid.*, p.35.
3. *Ibid.*, p.36.
4. *Ibid.*, p.33.

론적 접근을 도입한다. 그에 의하면 국가는 본래의 고유한 목적을 지니고 있다. 이러한 종류의 국가론에 있어서 보다 경험적인 문제는 국가 관료들이 일관된 목표를 추구할 수 있는 환경을 조성하는 것이다.

주요한 사회적, 경제적, 그리고 정치적 제도들은 정책 결정자들에 대하여 제한(구속)을 가한다. 예를 들어, 노동 조합 문제, 기업 조직의 집중과 규모뿐만 아니라 중앙 은행(정부)과 국내의 금융 체계 사이의 관계 등은 모두 정책 산출에 영향을 미친다. 정책 결정자들은 또한 헌법적으로 구속되며, 경제 체제가 작동하는 방법에 의해서도 함축적이기는 하지만 제한을 받는다.

2 국가론에 대한 이론적 기초

오늘날 최고의 정치 권력을 갖는 통치 단위로서의 국가는 그 통치권을 어떻게 행사하는가의 문제를 중심으로 윤리적 논의의 대상이 되고 있다. 국가론에 대한 이론적 검토는 다원주의 국가론, 엘리트주의 국가론, 도구주의 국가론 등에 의해 전개되고 있다.

1. 다원주의 국가론

다원주의 국가론은 정치적 권력의 분산을 전제로 하여 수립된 이론인데, 정치 권력은 경제, 민족, 종교 등의 서로 다른 집단 내에서 복잡한 균형을 이루고 있다고 본다. 또한 각 집단은 정책 결정 과정에 일정한 영향력을 행사하여, 국가 내의 모든 집단들은 견제와 균형을 유지하기 때문에 권력을 독점하거나 결정적으로 차지하는 집단은 존재하지 않는다.[5]

---

5. Eva Etzioni-Halevy, *Social Change*(London: Routledge and Kegan Paul, 1981), p.192.

다원주의자들에 있어서 국가는 중립적이고 공허한 상태에 있으며, 시민들의 공복이다. 그리고 다원주의는 국가를 이익 대표 체계로 규정하는 자본주의 국가의 공식적 이데올로기이며, 개인의 자유와 평등을 핵심적 이념으로 삼는 민주주의 사회의 요체이기도 하다. 또한 다원주의적 입장은 고전적 정치 이론의 기본 원리에서 비롯된 것으로, 개인들 간의 사회적·경제적 관계에서 공동선을 추구하고자 하는데 그 참 뜻이 있다고 하겠다.

그러나 이러한 다원주의적 이데올로기가 공동선을 추구하는데 이상적인지에 대해서는 완전한 합의가 이루어진 것이 아니다. 막스 베버, 슘페터, 슈미트, 스테판 등을 포함한 비마르크스주의자들까지도 오늘날 자유 민주주의를 신봉하는 국가들이 진정으로 윤리적이고 민주적인지에 대해서 의문을 제기하기도 한다. 그들 중에는 다원주의를 조합주의라고 비판하는 사람이 있는가 하면, 다원주의를 근거로 한 민주주의가 20세기의 산업 자본주의 단계에서 타락했다고 질타하는 사람도 있다.

다원주의를 비판하는 많은 학자들은 오늘날 민주주의 국가는 엘리트에 의존한다는 데 의견의 일치를 보이고 있으며, 특히 정부를 움직이는 정치 엘리트들은 정책 결정 과정을 통제할 뿐만 아니라, 국민의 공복으로서의 책임을 다하지 못한다고 주장한다. 또한 그들은 국가의 통치권을 집행하는 정부의 엘리트들이 자신들의 이해 관계를 국가 목적에 반영함으로써 국가의 중립성을 견지하지 못하는 점에 대하여 비판하기도 한다.

2. 엘리트주의 국가론

엘리트주의 국가론은 지배 엘리트와 국민, 그리고 국가 사이에는 이해 관계가 일치한다는 전제 아래, 국가의 존재와 기능을 엘리트의 존재와 기능에 연관시켜 설명한다. 엘리트주의 국가론에 의하면, 국가 권력을 장악한 지배 엘리트는 내외의 잠재적인 위협으로부터 국가를 보호해야 하며, 국가 사회의 다양한 집단들이나 하부 조직들을 일정한 규칙에 의해 결속시켜야 한다. 이를 위하여 지배 엘리트들은 경찰과 사법, 행정적 규제 및 군대를 동원하여 엘리트와 국민들 사이에서 합의된 규칙을 강제하게 된다.

이러한 지배 엘리트의 역할 수행 과정을 통해 엘리트 지배 체제 국가는 엘리트에 의한 정치 권력의 장악, 행정 공무원의 기술 관료화 현상, 국가 구조 중앙 집권화 등과 같은 특징들을 지니게 된다.[6] 이러한 국가 구조를 바탕으로 지배 엘리트들은 국가의 상징적 기능을 수행하고, 국가의 위기 상황에서 여러 가지 결단과 조처를 취하기도 하며, 국가의 미래 지향적인 결정을 독창적 · 배타적으로 수행하기도 한다. 이는 지배 엘리트에게 선거를 통해서 막강한 권한이 위임되어 있음을 의미하는데, 무엇보다도 지배 엘리트들의 정권 획득 과정은 합법적이고 정당성을 인정받을 수 있어야 한다. 또한 국가의 상징적 기능을 수행할 의지가 윤리적이고 미래 지향적이어야 한다.

엘리트는 정치 권력의 지렛대를 잡고 있는 사람들이라고 할 수 있다. 엘리트가 지배 체제를 개방하고 참여의 기회를 확대하게 되면 다원주의가 실현되지만, 폐쇄적이고 참여의 기회를 배제하게 되면 과두 체제로 되기가 쉽다.[7] 또한 엘리트가 이데올로기적 측면에서 민주적이라고 하더라도 능력과 효율성 측면에서 수준 미달이면 사회는 파행과 혼란을 면할 수 없게 된다.

밀즈(C. W. Mills)에 의하면, 지배 집단은 효과적으로 권력을 독점할 수 있고, 또한 그 이익을 누릴 수 있다. 즉, 지배 집단을 구성하는 엘리

---

6. 진덕규, *현대 정치사회학 이론*(서울: 삼영사, 1990), pp.384~385.
7. 김호진, *한국정치체계론*(서울: 박영사, 1990), p.290.

트들은 중요한 정책 결정 과정에서 그들의 주장을 관철시키지만, 일반 대중은 그러한 결정을 수용하는 입장을 취할 수밖에 없다는 것이다.[8]

밀즈는 현대 국가의 엘리트 지배 메커니즘을 다음과 같이 기술하고 있다. 첫째, 경제, 군사, 정치 제도 사이에서 이해 관계가 일치하게 될 때 경제, 군사, 정치 엘리트들은 상호 유착하여 지배를 강화하려는 경향이 있다. 둘째, 최상층에서 내려지는 결정은 다른 여러 가지 제도들에 영향을 미치며, 그것은 국가의 윤리적 성격을 좌우한다. 셋째, 직업적인 정당 정치가 권력 구조의 중간 수준으로 전락되어 의회를 통한 대중의 의견 수렴과 반영이 제대로 이루어지지 않는 경향이 있다. 넷째, 경우에 따라서는 중요한 사항들이 대중의 여론이나 의회에서의 토론 없이 결정되기도 한다.[9]

3. 도구주의적 국가론

도구주의적 국가론은 마르크스주의자들의 입장이다. 마르크스주의자들에 의하면, 사유 재산제의 발생과 더불어 분화된 계급은 각각의 특수한 이해를 표출하게 되고, 여기에서 사회 전체의 공동 이익과 모순을 조정할 필요에 의해 국가가 등장한다. 또한 그들에 의하면, 국가는 사회 전체의 공통적 이익을 대변하기보다는 지배와 피지배 관계 위에서 설정된 규칙에 따라 지배 계급의 이익을 합리화시켜 주는 도구에 불과하다.

마르크스는 국가란 지배 계급의 이익을 위한 집행 위원회라고 주장한다. 다시 말해서, 계급 투쟁에서 계급간의 적대감을 억제할 필요성에 의해서 만들어진 국가는 계급 지배의 경제 환원적 · 수동적 성격을

---

8. C. W. Mills, *The Sociological Imagination*(New York: Grove Press, 1959), p.326.
9. C. W. Mills, *The Power Elite*(London: Oxford University Press, 1956), p.36.

지닌다는 것이며, 국가의 자율적 성격과 기능을 무시하고 있다.

네오 마르크스주의자로 알려진 그람시(A. Gramsci)는 국가를 지배계급의 도구로 간주하는 마르크스주의자들의 한계를 극복하고, 동일한 사회 체계 내에서도 상이한 국가 형태가 있을 수 있다는 가정하에 국가를 설명하고자 하는데, 그는 헤게모니의 개념을 토대로 국가를 설명한다. 그는 헤게모니 개념에 의해 상부 구조로서의 이데올로기가 경제적 토대 위에서 규정되는 것을 부정한다.

그람시는 이데올로기를 인간 대중을 조직하며, 인간의 행동, 투쟁, 의식을 결정하는 것으로 보았다. 그에 의하면, 국가는 시민 사회의 도덕적 · 지적 동의를 획득하기 위하여 이데올로기의 무의식적 주입을 강요함으로써, 억압에 의한 지배뿐만 아니라 동의에 의한 지배를 행사한다. 특히 선진적 자본주의 국가들은 지배 계급의 사회적 · 문화적 가치체계를 피지배 계급에 전파 · 주입시킴으로써 사회 구성원들의 통합을 도모하고, 그럼으로써 지배 구조의 안정을 꾀한다. 결국 그람시는 대중을 동질적으로 만들고 조직하는 행위의 복합체로서 국가를 본다.

플란차스(N. Poulantzas)는 자본주의 사회에서의 국가는 자본주의 사회를 지배하는 경제적 이익 집단들에 대한 근본적이고도 불가피한 후견인이며 보호자라는 마르크스의 근본적인 명제에 동의한다. 그러나 그는 국가의 상대적 자율성을 무시하지는 않는다.

그에 의하면, 자유 민주주의 사회에서의 국가는 경쟁적인 정치적 · 경제적 · 사회적 이익 집단들을 중재하는 중립 기구로 등장한다. 이러한 맥락에서 국가는 전체 사회를 위해서 행동할 수 있다는 전제하에, 단기적으로는 지배 계급의 이익에 역행하면서 피지배 계급의 이익을 지지할 수도 있다. 그러나 장기적으로는 정치 · 경제를 장악하고 있는 집단들의 이익을 지지하도록 국가가 기능하게 된다는 것이 플란차스의 국가론의 핵심이다.

마르크스주의자들은 국가가 갖는 사회 전체를 위한 공동선의 추구와 같은 상징적 기능은 통치 집단이나 지배 엘리트 등에 의해 왜곡됨으로써 그 중립성을 상실하게 된다고 주장한다.

③ 마르크스주의 국가 분석의 윤리적 토대

근대 국가 분석에 있어서 마르크스주의의 윤리적 토대는 경제적 접근법 또는 계급 환원론적 접근법이다. 마르크스와 엥겔스의 분석에 있어서 경제적 지배는 곧 사회적 · 정치적 지배를 초래하게 되며, 사유 재산제를 지지하는 국가는 비록 공공을 위해서 기능하는 자율적이고 중립적인 경향을 보인다 할지라도 결국에는 비윤리적인 경제적 이익과 불가피하게 얽혀 있다. 그들에 의하면, 국가란 그 자체의 인과적 영향력이 없는 경제의 단순한 반영에 불과하다.

1. 경제적 접근법

마르크스주의의 핵심은 경제적 동기, 특히 계급 이익이 역사를 움직이는 힘이라는 것이다.[10] 그러나 모든 사회적 발전은 경제적 조건의 발전, 특히 물리적 생산 수단의 발전에 전적으로 의존한다는 마르크스의 경제주의는 사실의 일면만을 지나치게 강조하고 있다. 사물들을 그 경제적 배경과의 연관 속에서 분석하는 것이 참으로 유용하다 할지라도, 경제적 조건과 정치 · 사상은 상호 작용한다고 보는 것이 옳다.

생산 수단의 소유와 분리의 개념은 경제적 계급에 대한 분석에 있어서 중심적인데, 마르크스 이론은 생산 수단에 대한 여러 기구들의 관계에 의해서 경제적 계급을 정의하여 왔다. 그러한 관계들은 특별

10. K. R. Popper, *The Open Society and Its Enemies II*(Princeton University Press, 1971), p.146.

한 생산 관계들로 정의되는데, 이러한 조건하에서 착취는 생산 과정에서 아무런 기능도 가지지 않는 비노동자와 직접적인 생산자들 사이에서 강압적인 관계의 형태를 취하고 있다고 한다. 이러한 주장은 계급 관계는 노동자와 비노동자 사이의 관계로서 생각되어야 하고, 경제적 계급 관계는 노동자들이 생산 수단으로부터 분리되지 않을 때 가능하다는 두 가지 입장을 포함한다.[11]

마르크스는 자본주의 국가에 대한 그의 분석에서, 노동자는 생산 수단으로부터 분리된다고 주장하는데, 그는 이러한 점이 자본가와 노동자 사이의 생산에 대한 분배 양식과 노동 과정의 조직 형태를 지배하는 소유와 분리의 자본주의 형태들에 대한 특성이라고 한다. 마르크스의 주장은 본질적으로 비경제적인 생산 관계들을 가정하고 있는데, 생산 관계는 생산 그 자체에 아무런 관계도 없다고 한다.[12]

경제적 계급 관계는 생산 수단의 효율적인 소유와 그에 따른 동인들의 다른 한 범주의 효율적인 분리의 의미에서 생각되어야 한다. 그러므로 분리 상태의 소유는 계급에 대한 분석에 있어서 결정적인 개념이다. 즉, 소유와 분리의 양식은 계급 관계의 여러 가지 형태를 특징 지운다.

그러나 모든 경우에 있어서 효율적인 소유는 생산 과정에 있어 생산 수단의 기능을 통제할 능력을 포함하므로, 소유에 대한 분석은 항상 생산 단위에 대한 분석을 포함한다. 그것은 그 소유자가 생산 수단의 사용이나 생산물의 분배에 대하여 어떤 통제를 할 수 있다는 것을 의미한다. 이처럼 소유에 있어서의 분리라는 양식으로 인해 소유의 계급과 분리된 비소유의 계급이 존재하게 된다.[13]

---

11. A. Cutler, B. Hindess, P. Hirst, A. Hussain, *Marx's Capital and Capitalism Today, Vol. I*.(Lowe and Brydone Ltd., 1977), p.243.
12. *Ibid*., pp.244~248.
13. *Ibid*., pp.249~250.

계급 관계는 단순히 생산 수단으로부터의 노동자들의 분리를 의미하지 않는다. 왜냐하면 상품 생산자들과 자본가들은 다른 생산 수단을 소유한 계급들에 직면하기 때문이다. 만약 '생산 수단'이라는 개념이 생산의 도구에만 국한된다면, 그것은 소유와 분리의 관계에 대한 기초를 형성할 수 없다. 따라서 경제적 계급 관계에 대한 분석을 위해서는 생산 수단의 개념을 일반화하는 것이 필요하다. 즉, 생산 수단은 생산 단위에서 결합되는 어떤 특별한 노동 과정의 작동에 필요한 모든 조건들이다.[14]

생산 수단에 대한 이러한 일반적 정의는, 만약 계급 관계가 분명하게 결정되려면 생산 단위와 생산 조건의 분배 체계 사이의 관계가 분석되어야만 한다는 것을 요구한다. 생산 단위에 대한 생산 조건의 분배 형태는 계급 관계의 소재지이다. 그러나 분배의 모든 형태가 계급 관계의 관건은 아니다.

계급 관계에 대한 분석에 있어 결정적인 것은 노동의 사회적 분화와 생산 단위의 특징적인 형태에 대한 하나의 이론적 분석이다. 노동의 사회적 분화(계급 관계)는 이러한 형태들에 대한 이론화가 없이는 결정될 수 없다. 일반적으로 사회적 생산 관계는 단지 '직접적인 생산자'와 '그들의 착취자' 사이의 관계로서 생각될 수 없다.[15]

2. 계급 환원론적 접근법

마르크스주의는 모든 정치적 문제들을 착취자와 피착취자의 갈등으로 보는 지나친 일반화의 오류를 범하고 있다. 인류 역사는 계급 투쟁의 역사라는 공식은 역사에 있어서 계급 투쟁이 수행하는 중요한 역할을 면밀하게 검토해야 한다는 제안으로서는 나름대로의 의미가 있다. 그리고 계급주의에 대한 분석을 시도한 마르크스의 업적 역시 무

14. *Ibid.*, pp.249~250.
15. *Ibid.*, pp.250~252.

시될 수는 없다. 그러나 무엇보다도 중요한 점은, 마르크스는 자본주의 국가에서 일어나는 모든 일들을 계급 투쟁이라는 도식에 꿰어 맞추려는 환원론(還元論)에 빠져 있다는 것이다.[16]

마르크스는 생산 관계를 노동자와 노동자들의 잉여 노동을 착취하는 '비노동자' 사이의 관계로 규정한다.[17] 그러나 누가 노동자이고 누가 '비노동자'인가 하는 문제가 제기될 수 있다. 만약 '비노동자'의 범주가 직접적인 생산자가 아닌 모든 경제적 동인들을 포함하는 것이라면, 노동의 사회적 분화가 더 복잡해짐에 따라 더 많은 역할과 기능들의 위치가 애매하게 된다. 마르크스주의 이론에 있어서 '비노동자'의 범주는 분명하게 정의되지 않았다. 이것은 고전적 마르크스주의의 다음과 같은 두 가지 특성과 관련된다.[18]

첫째, 생산 관계에 대한 분석의 형태로서 '착취'에 대한 집착은 잉여 생산물의 사용자와 비노동자를 동일시하려는 경향을 초래하였다.

둘째, 마르크스주의는 오직 육체적 노동자만이 가치의 창조자라는 잘못된 '노동의 철학'(philosophy of labour)에 빠져 있다.

사실 '노동자'와 '비노동자'의 범주는 계급 관계의 분석에 있어 전적으로 부적당하며, 그것은 생산 조직에 있어서 소유 동인(動因)들과 비소유 동인들의 각각의 기능들을 전혀 도외시하고 있다. 소유와 기능의 관계는 노동의 사회적 분화를 가능하게 한다. 그리고 노동의 기술적 분화는 사회적 생산 관계에 의존한다.[19]

노동의 범주를 만드는데 있어서 '노동의 철학'은 자본가를 '비노동자'로 간주하는데, 자본가들이 일하느냐 또는 일하지 않느냐의 문제는 소유와 경제적 기능 사이의 관계를 분석하는데 부적절하다. 마르크스

16. K. R. Popper, *op. cit.,* p.161.
17. A. Cutler, B. Hindess, P. Hirst, A. Hussain, *op. cit.*, p.254.
18. *Ibid.*, pp.254~255.
19. *Ibid.*, pp.256~257.

에 의하면, 생산과 착취의 연계는 직접적이거나 이데올로기적인 강압에 기초한다.[20] 그러나 자본주의는 잉여 생산의 착취에 대한 기초로서 그러한 강압을 포함하지 않는다. 왜냐하면 불균등한 교환은 평등한 교환의 형태에서 이루어지기 때문이다.

모든 계급 관계는 소유의 형태(그럼으로써 분리의 형태)에 달려 있는데, 소유의 형태는 국가에 의해서 인정되지만 정치적이거나 법적인 관계는 아니다. 즉 계급 관계는 경제적인 관계이다. 따라서 어떤 생산수단을 소유하고 있는 동인을 언급하기 위해 '비노동자'라는 범주를 사용하는 것은 불합리하다. 마르크스주의자들은 그들의 분석이 직면하는 결정적인 문제점들을 모호하게 만들기 위해 '노동자', '비노동자'라는 이분법에 집착한다. 특히 '육체적/비육체적' 노동으로 구별하는 것은 그 자체가 계급을 구별하는 것이 아니다. 비육체적 노동자들은 육체적 노동자들과는 다른 보수를 받고 또한 다른 노동 조건을 가지지만, 그들 역시 생산 수단으로부터 분리된다.

그러므로 자본주의적인 소유의 형태는 정신적 노동과 육체적 노동 사이의 분화를 전제로 한다. 그러나 그러한 분화 자체는 계급 분화가 아니다. 그것은 사회주의 국가에도 존재하며, 생산의 완전한 사회화(socialization)에 하나의 장애 요인이 될지도 모른다. 정신적인 노동과 육체적인 노동 사이의 분화는 정치적인 토론이나 투쟁의 대상일지는 몰라도 그것이 하나의 계급 분화는 아니다.

④ 현대 마르크스주의 국가론

마르크스의 분석에 의하면 봉건적 생산과 부르주아 생산은 모두 적

20. *Ibid.*, p.258.

대 의식을 바탕으로 하고 있다. 그에 의하면, 부르주아 사회에 있어서 부르주아적 부의 생산은 프롤레타리아의 빈곤을 초래한다. 따라서 자본주의 사회에서 적대 의식이 성숙되면 이것은 정치적 성격을 띠게 된다고 마르크스는 주장하고 있다.

1. 마르크스의 정치 경제학

마르크스에게 있어서 명백한 것은, 부르주아와 프롤레타리아간의 적대 의식이 바로 계급 투쟁으로 연결된다는 것이다. 따라서 그에 있어서 적대 의식을 해소하고 프롤레타리아를 해방하는 수단은 폭력 혁명이다. 그러므로 인류 역사의 연구는 생산 관계의 연구이며, 계급 투쟁에 대한 연구 역시 생산 관계에 대한 연구이다. 또한 프롤레타리아를 해방시키는 수단의 연구는 생산 관계들에 대한 연구가 되는데, 이러한 생산 관계들에 대한 연구가 마르크스의 정치 경제학이다.[21]

마르크스는 변증법을 경제에 적용하면서, 자본주의 사회에 내재하는 모순들은 주기적 순환의 변화 과정에서 실제적 부르주아에게 현저한 압력 작용을 가하고 있다고 주장한다. 그에 의하면, 그러한 압력 작용에 의해서 근대 산업이 운영되고, 그 결과 보편적인 위기가 도래하는데, 그 위기는 다시 한 번 예비 단계에서 다가온다.

마르크스는 주기적 순환의 변화 과정에서 자본주의 사회가 나타난 것은 역사에 있어서 변증법의 작용이라고 보고 있다. 정치 경제학자로서의 마르크스의 과제는 이러한 변화를 가져오게 만든 모순들을 발견하고 또 그것들의 활동 법칙을 분석하는 것이었다. 따라서 그는 《자본론》 서문(序文)에서 《자본론》의 궁극적 목적이 근대 사회 운동의 경제 법칙을 밝히는데 있다고 말하고 있다.

---

21. 이용필, *공산주의 이데올로기*(서울: 화학사, 1982), pp.99~101.

마르크스에 의하면, 생산력은 사회의 경제적 기초를 구성하고 있으며, 그 기초에 의거해서 상부 구조(법률적, 정치적, 철학적, 종교적 및 기타 사회 생활의 유사한 영역들)가 결정된다.[22] 존재를 결정하는 것은 인간의 의식이 아니며, 그 의식을 결정하는 것은 사회적 존재이므로 물질 생활의 생산 양식은 상부 구조에 영향을 미친다고 한다. 결국 생산력은 기존의 생산 관계들과 상충되어 사회 혁명의 시대가 시작되고, 경제적 기반의 변화에 의해서 상부 구조에도 결과적으로 변화가 생기게 된다는 것이다.

마르크스의 분석은 정치 경제학이 사회 윤리 문제와 계급 간의 관계를 실천적이고 궁극적으로 다루어야 한다는 것을 보여주고 있다. 그러나 이러한 관계들은 사물로서 나타나는데, 마르크스는 이것을 처음으로 발견해서 모든 경제에 적용하였다. 그에 의하면 우리는 다양한 측면에서 생산물에 대하여 고려할 수 있는데, 그것들은 두 가지 관점, 즉 사용 가치와 교환 가치라는 관점에서 고려할 수 있다.

상품은 교환 과정에 들어오는 형태에서 두 가지 가치의 직접적인 통합으로서 나타나게 된다. 여기에서 여러 가지의 모순들이 생기게 되고, 그 해결은 모든 상품들의 교환 가치를 표시하는 단위가 어떤 특수한 화폐로 전환되는 것이다. 화폐는 가치 또는 가격과 유통의 수단이라고 생각될 수 있다. 이러한 가치들의 통합은 실질 화폐에서 찾아지게 된다. 그래서 화폐는 자본으로 유입된다.

이러한 맥락에서 마르크스는 변증법적 운동과 경제 분석의 각 단계에 내재하는 적대 의식이나 모순의 결과적인 종합 또는 해결을 보게 된다. 마르크스에게 있어서 이 방법은 그 발전에 있어 이론적이라고 하더라도, 역사적 사례들이나 현실과의 부단한 접촉을 요구한다. 이러한 관계들은 추상적일 뿐만 아니라 역사적으로 발전된 것이라고 주장

22. *Ibid.*, pp.108~110.

되고 있다. 엥겔스는 이러한 역사적 사례들이 마르크스 경제 이론의 구체성의 증거이며, 이 증거들은 매우 다양하게 도입되고 있다고 주장한다.[23]

그러나 마르크스는 자본주의가 프롤레타리아 혁명 이외의 방법들에 의해 변화되고 수립될 수 있다는 것을 이해하지 못하였다. 그는 변증법의 관점에서 모든 경제적 이익들을 적대적으로 해석하였기 때문에 사회 발전에서의 조화와 협동의 역할을 인식하지 못하였다. 마르크스는 국가란 다만 지배 계급에 의해서 그들의 이익을 위해서 행사되는 억압적 수단이라고만 생각하였고, 지배 계급의 도구라는 그의 편견으로 말미암아, 그리고 인간 사회는 어디에서나 변증법적 대립이 있는 것으로 이해하고 있기 때문에 진정한 대의 정부는 생각하지 못했다.

마르크스의 역사적 유물론은 모든 사상(관념)과 규범을 경제적 조건 위에 토대를 둔 상부 구조라고 본다.[24] 즉, 사상과 규범은 경제적 실재가 겉으로 드러난 현상에 불과하다는 것이다. 이러한 이론의 논리적 귀결은 정치는 무력하고, 모든 정부는 피지배자를 억압하는 지배 계급의 독재 도구라는 것이다. 정치 무력론(政治無力論)이 말하는 것은, 정치는 경제적 실체를 결정적으로 변화시킬 수 없다는 것이다. 그리고 모든 정부가 계급 독재에 지나지 않는다는 주장은 자본주의는 부르주아 독재이며, 사회 혁명은 프롤레타리아 독재라는 귀결을 낳는다. 그러나 프롤레타리아 독재가 사회 혁명을 성취하고 난 후, 이전의 부르주아들이 저항을 중단하게 되면 국가는 기능을 상실하게 된다는 것이다. 다시 말해서 하나의 계급밖에 없는 사회, 즉 계급 없는 사회가 되어 계급 독재는 없어지며, 그 기능을 상실한 국가는 사라지게 된다는 것이다.[25]

---

23. *Ibid.*, pp.110~112.
24. K. R. Popper, *op. cit.*, p.170.
25. *Ibid.*, p.171.

이와 같은 정치 무력론은 마르크스가 경험했던 시대적 상황의 소산인데, '자유의 역설'로 표현될 수 있는 방만한 자본주의 제도 아래에서는 어느 정도 설득력이 있어 보인다. 그러한 상황에서는 자유와 평등의 도덕적 이념에 대한 조정이 필요한데, 그것이 바로 개인의 무제한적인 경제적 자유에 대한 국가의 개입이다. 방만한 자본주의는 경제적 간섭주의에 의해 대치되어야 하는데, 간섭주의는 정치 무력론에 대한 하나의 대안이다. 정치적 힘에 의해 경제적 불평등을 조정하려는 것이 간섭주의이므로 정치는 무력한 것이 아니다.

그러나 국가에 무한한 권력을 부여하는 것은 위험하다. 왜냐하면 그것은 인간의 자유에 대한 가장 무서운 잠재적 또는 현재적 위험이기 때문이다. 그러나 마르크스는 견제받지 않는 막강한 권력은 위험하다는 사실을 미처 깨닫지 못하였다. 개인과 집단의 경제적 힘은 국가의 정치 권력에 의해 견제되어야 하고, 국가의 정치적 힘은 피치자에 의해 견제되어야 한다. 민주 정치는 피치자에 의한 통치자의 통제이다.

마르크스주의자들은 실제에 있어서는 정치 무력론을 전적으로 따르지 않았다. 그들은 그들이 권력을 잡았을 때 정치력으로 경제력을 통제할 수 있다고 생각하였다. 그들은 국가 권력의 증대가 지니는 잠재적 위험을 제대로 인식하지 못하였으며, 국가 권력에 대해서는 심각한 윤리적 문제를 제기하지 않고 오직 부르주아에 의해서 장악된 권력만이 윤리적으로 문제라고 보았다.

2. 계급적 사회 윤리관

계급 투쟁과 자본주의적 축적 간의 관계는 대체로 마르크스주의자들에 의해 정의되어 왔기 때문에, 계급적 사회 윤리관은 마르크스주의적 시각이라고 하여도 무방할 것이다. 계급적 시각에서 볼 때, 개개인의 행위와 조직체의 이해 관계들은 하나의 생산 양식을 구성하는 계급 관계들의 고유한 사회적 모순을 통해 이해되어야 한다.

계급적 시각의 고유 영역은 사회적 분석 수준에서 자본 축적 및 계급 투쟁의 제 조건에 초점을 맞추고 있다. 계급적 시각은 국가의 제 영역에 대한 지배 계급의 헤게모니와 사회 정의에 대한 지배 계급의 헤게모니를 강조한다.

계급적 세계관에서 볼 때, 국가는 생산 수단을 사적으로 소유한 사람들에게 유리하도록 근본적으로 비윤리적으로 운영된다. 즉 자본주의 사회에서는 공적 이익이 존재하지 않고 오직 계급 이익만이 존재한다는 것이다.[26]

자본주의 사회의 '정상적' 기능은 이와 같은 모순들로 가득 차 있고, 사회적 투자는 합리적으로 계획될 수 없다. 왜냐하면 자본주의는 사회적 생산을 위해 점점 더 비합리적인 체계가 될 수밖에 없는 사적 이윤율의 논리에 따라 운영되고, 착취는 성장의 원천이기 때문이다. 따라서 생산성은 빈곤 속에서도 점차 증대되지만, 계급 투쟁과 경제적·윤리적 위기는 자본주의 사회에서 보편적인 현상이 된다.

계급적 시각에서 제기되는 자본 축적과 계급 투쟁 간의 모순은 국가에 대한 기능적 접근 방법과 정치적 접근 방법 간의 주요 논쟁과 연결된다.

계급적 세계관의 기능적 해석에 있어서의 독특한 특징은, 자본이라는 체계적 권력의 존재에 대한 주장이 단순한 철학적 논의나 정치적 입장, 착취에 대해 증오를 내포하고 있는 윤리적 입장으로 간주되지 않는다는 것이다. 오히려 자본이라는 체계적 권력은 개인적 관계의 전후 형태와 내용을 구성할 뿐만 아니라, 자본주의 사회에 존재하는

26. Robert R. Alford and Roger Friedland, *Power of Theory: Capitalism, the State and Democracy*(New York: Cambridge University Press, 1985), p.331.

모든 조직의 역사적 · 실재적 환경을 구성한다. 그러므로 권력은 지배적인 생산 관계의 재생산이라는 측면에서 관찰되어야 한다는 것이다.[27]

계급적인 시각에서 볼 때, 국가 그 자체의 이론은 존재하지 않으며, 단지 자본주의 국가에 대한 이론만이 있을 뿐이다. 기능주의적 계급 접근 방식에 있어서 국가는 자본주의의 필요에 따라 특유한 방식으로 존재하고 구조화된다. 자본주의는 계급 갈등을 축소 · 왜곡하고 생산 관계의 정치화를 막으며 자본주의의 고유한 경제 침체와 위기 경향을 회피하기 위해 독립된 국가를 필요로 한다. 그 결과 국가는 자본주의적 축적의 사회적 · 사적 비용을 부담함으로써 사적 이윤이 손상되지 않도록 한다.

현대 자본주의 사회에 대한 계급적 시각의 기본 입장은 자본주의적 생산의 불평등한 사회적 관계가 경제 그 자체와는 무관한 제도나 형태들에도 침투되어 있다는 점을 분석적으로 강조하고 있다. 계급적 시각 내의 논쟁은 국가가 자본주의적 생산의 사회적 관계를 재생산하는 데 봉사하고 있다는 기능론적 주장과, 국가와 자본주의 사회에는 체계적인 관계가 존재하지만 그 정확한 관계들은 계급 투쟁 및 계급 지배의 역사적 위기 상황에 따라 좌우된다는 정치적 주장을 중심으로 전개되고 있다.[28]

계급적 시각에 의하면, 개인 · 조직 · 사회는 사회적 모순에 따라 동시에 결합 또는 해체된다. 자본주의, 민주주의, 그리고 국가는 자본 축적과 계급 투쟁 사이의 역동적 관점에서 이해되고, 동시에 생산의 사적 · 사회적 비용을 사회화하려는 절대 명제를 창출하는 것으로 여겨진다. 이러한 과정의 복합적 모순들은 위기를 가져오고, 이 위기는 계급 지배의 헤게모니를 위협한다.

---

27. *Ibid.*, p.334.
28. *Ibid.*, p.341.

자본주의 국가에서 계급적 시각이 상정하는 모순은 기능론적 접근 방법과 정치적 접근 방법 사이의 분화로 표현된다. 대부분의 마르크스주의 국가론자들은 자본 축적의 '절대 명제' 또는 '필요'라는 명분으로 운영되는 자본주의 국가의 체계적 위기를 주장하면서, 대체로 기능론적 접근 방법을 취하고 있다. 이러한 입장은 모든 체계적 위기가 모순적인 사회 체계 내부로부터 발생된다고 주장하고 있다.[29]

3. 서구 사회 위기론

서구 자본주의의 위기가 기본적으로 경제적이라면 국가 사회주의의 위기는 정치적인 경향이 있다. 서구 자본주의 국가에서 기업 경영자와 주주들은 이윤을 확보하기가 점차 어려워진다는 것을 인식하였는데, 흥미로운 것은 노동 운동이 상대적으로 강력한 국가들에서 이윤율이 낮다는 사실이다.[30]

급진적 경제학자들은 자본주의가 발전하면 이윤율이 하락하는 고유한 경향을 지닌다고 주장하였는데, 이 견해에 따르면 생산 양식으로서의 자본주의의 기본적 모순은 자본의 유기적 구성의 증대 경향에 있다. 왜냐하면 이러한 경향이 필연적으로 이윤율의 하락을 발생시키기 때문이다. 결과적으로 자본주의적 생산 양식은 위기로 치닫는 경향성을 지니는데, 그 이유는 이윤이 없을 때 재생산 능력이 결여되기 때문이라는 것이다.

그러나 한편에서는 이윤 하락이 자본에 대한 임금 노동의 성공적인 투쟁의 결과라고 주장한다. 스웨덴의 노동 운동은 사회 민주당과 밀접한 관계를 맺으면서 발전해 나감에 따라 이윤을 축소시키면서 노동

---

29. *Ibid.*, pp.350~351.
30. Scase, R., ed., *The State in Western Europe*(London: Croom Helm, 1980), pp.167~169.

계급의 물질적 이익을 확보해 낼 수 있었다. 또한 영국의 노조는 이데올로기적으로나 조직적인 측면에서 스웨덴보다 덜 강력한 정치 세력이지만 노동 현장에서 상당한 영향력을 행사하였다. 이와 같이 영국과 스웨덴 피고용자들의 힘과 교섭력(交涉力)은 이윤율의 하락에 일조하였다.[31]

서구 사회의 경제적 위기를 자본의 유기적 구성의 증대, 노동 조직의 성장, 그리고 개발 도상국의 산업화의 측면에서 설명하고자 하는 논의들은 서로 밀접하게 관련되어 있다. 즉, 노동 조직의 발전은 대기업의 성장에 의하여 촉진되었고, 대기업들은 점차 다수의 개발 도상국의 제조업에 투자하였다.

최근 유럽 사회에서는 국가가 점차 생산 과정에 개입하게 되었는데, 이러한 경향은 국가의 성격에 영향을 미쳤다. 서유럽 국가들에 있어서 국가의 개입은 사적 소유와 공적 통제를 결합하는 경제 체제라는 의미의 조합주의로 나아가고 있으며, 그 결과 과거에 국가가 수행했던 보조적 · 지원적 기능은 보다 지도적인 역할로 대체되었다. 그러나 조합주의는 자본주의 생산 양식의 발전에서 불안정한 단계로 간주되었고, 사적 소유에 대한 공공 통제가 지배적이게 되면 국가 자본주의의 형태로 발전해 나간다.

높은 실업 수준은 여전히 서구 자본주의 국가들의 특징으로 남아있는데, 대부분의 국가들에 있어서 자본주의의 경제적 위기는 저항적인 정치적 반응이나 사회 운동을 유도해 내지 못했으며, 윤리적 측면에서 사회 · 경제적 질서의 정당성을 전혀 손상시키지 못했다. 그러나 1980년대 이후의 자본주의 사회들은 사회적 통합의 문제에 직면하고 있다. 따라서 오늘날 자본주의의 경제적 위기로 인해 발생한 긴장들은 장기적으로는 정치적 결과를 낳을 가능성이 있다.

---

31. *Ibid.*, pp.171~173.

4. 자본주의 국가 윤리 분석

계급적 시각에서 볼 때, 국가 관료주의는 자본주의와 관계가 있다. 자본주의 국가가 집중화될수록 관료주의의 합리화는 논란의 대상이 될 수 있는데, 국가의 자율성은 제계급(諸階級)과 계급 제분파(諸分派)의 도구적 요구에 의하여 심각하게 제한되고 있다는 것이다.

관료주의 국가에 대한 계급적 시각에는 두 개의 서로 다른 관점이 있는데, 그 하나는 국가는 자본주의 모순의 외부에 존재하면서 그 모순을 극복할 수 없는 도구이거나 구조(고전적인 기능적 견해)라는 것이고, 다른 하나는 자본주의의 모순이 국가 내부에서 내재화되기 때문에 국가는 합리화될 수 없다(정치적 견해)는 것이다. 즉, 국가는 자본과 노동간의 모순에 의하여 소멸되며 국가 그 자체는 계급 투쟁의 대상이라는 것이다.[32]

노이만에 의하면, 관료주의화는 자본주의적 지배의 필요 조건이며, 관료주의 국가는 경제에 있어서 생산 관계를 재생산한다. 터본은 관리적 기술 관료주의를 진정한 관료주의 국가의 능력으로 가정하는데, 국가 내의 모순은 관료주의에 대한 이러한 기능주의적 견해에 의해서 사라진다고 한다.[33]

관료주의 국가는 자본 축적이라는 역사적 요구에 부합하기 위하여 존재하여 왔으며, 그런 의미에서 국가는 복잡한 이익들의 타협을 반영한다(부분적으로는 자율적인 실체)는 것이다. 왈러쉬타인은 자본주의 세계 경제하에서 특정한 국가의 엘리트 지배 전략을 계속 강조하는데, 16세기 유럽에 대한 그의 분석은 관료주의적 형태가 자본주의적 고려를 위한 가장 예측 가능한 환경을 제공하기 때문에, 모든 자본주의 사

32. Robert R. Alford and Roger Friedland, *op. cit.*, pp.439~440.
33. *Ibid.*, pp.441~443.

회에서의 국가는 관료주의적 형태를 취하기 쉽다고 한다.

자유 민주주의 국가에 대한 가장 철저한 비판은 마르크스와 엥겔스에 의해 제기되었는데, 그들은 자본주의 국가 제도들의 공적 성질을 인정하지 않았으며, 국가 제도들을 지배적인 자본 계급의 이익을 보장하기 위한 하나의 수단으로 간주하였다. 다시 말해서, 마르크스와 엥겔스는 국가를 하나의 자율적인 실체로서가 아니라 지배 계급의 도구적 실체로서 간주하였다.

5 마르크스주의 국가론의 한계

국가론에 대한 마르크스주의적 접근 방법에 의하면 국가란 경제적 하부 구조, 즉 자본과 임금 노동의 관계를 반영하는 표면적 현상에 불과하며, 국가는 계급 지배 구조 자체의 안정성을 강화·보장하기 위한 지배 계급의 도구이다. 정통적 마르크스주의 국가론에 기초를 두면서, 그 한계점을 극복하려고 시도하는 네오 마르크스주의 역시, 자본주의 사회에서의 국가는 자본가 계급의 정치 권력을 옹호하는 중요한 근원이라고 보고 있다.

다시 말해서, 마르크스주의자들은 국가를 분석함에 있어서 정치와 경제 간의 복합적 연계성을 동태적으로 파악하지 못하였고, 네오 마르크스주의자들 역시 국가의 상대적 자율성에 대한 분석에도 불구하고, 국가가 지배 계급의 정치적 이익에 봉사한다고 주장함으로써 정치 부문과 경제 부문 사이의 복합적 상호 관계 분석에 실패하였다.

또한 그러한 접근법은 총체로서의 사회의 본질과 역동성에 대해 충분한 설명을 제공할 수 없기 때문에, 경제적 토대 이외의 다른 중요한 요소들을 효과적으로 다루지 못하고 있다. 국가 제도들과 그 작동은 기존의 계급의 배열에서 파악될 수 없다. 왜냐하면 국가 제도들은 적어도 부분적인 자율성을 지니고 있기 때문이다. 더욱이 관료 메커니즘과 그 절차들은 정치적 결정과 그 결과에 대해서 많은 영향력을 행사하고 있다.

오늘날 동구 사회에서의 사회주의의 몰락은 마르크스주의 국가론의 신화가 무너졌음을 의미한다. 그럼에도 불구하고 그들 국가에서는 아직도 거대한 국가 조직이 강력한 힘을 발휘하고 있다.

지난 한 세기 이상 동안 많은 사람들이 사회주의의 허구성에 빠졌던 이유는, 조직화된 정치 권력이 인간의 욕구를 최대로 충족시켜 줄 것이란 낭만적인 환상에 도취했기 때문이다. 다시 말해서, 사회주의의 이데올로기에 속아 왔다고 할 수 있겠다. 마르크스는 아담 스미스(A. Smith) 등이 시장 경제 구조를 옹호하기 위해 개발해 낸 경제학 이론들을 자본주의자들을 위한 이론이라고 비판하는 수사학(修辭學)에 있어 탁월한 능력을 지녔음에 틀림없다.

인간의 감정을 자극하는 용어를 동원함으로써, 시장 경제 체제는 마르크스에 의해 '자본주의'를 상징하는 것이 되었고, 자신의 이익을 추구하는 개인적 노력은 비윤리적이고 탐욕스런 자본주의자들의 이윤 추구로 매도되었다. 따라서 마르크스는 분배적 정의의 문제를 국가론의 핵심 쟁점으로 부각시키고, 고전 경제학의 핵심적 개념인 시장 원리를 상대적으로 격하시켰다.

그러나 사회주의는 당초 국민들에게 약속하였던 것을 거의 실현하지 못하였다. 오늘날 구 소련, 중국 및 동구 공산 국가들의 중앙 집중 경제는 기초적인 재화와 용역을 생산하는데 있어서조차 실패하였다. 그러한 경험적 증거가 축적되면서 이제 사회주의의 낭만적 요소는 점차 사라져가고 있다. 그렇지만 마르크스주의 국가론에 대한 이러한 불신(不信)이 고전 경제학의 요체인 자유 방임주의에 대한 완벽한 믿음으로 이어지지는 않고 있다. 다시 말해서, 시장 자체의 규칙에 의해 움직이는 시장 경제 체제가 완전하지 못하다는 점은 아직도 우리에게 많은 과제를 제시하고 있다.

제8장 민주주의의 이념과 실제

민주주의라는 말을 처음 사용한 사람은 고대 그리스의 역사가인 헤로도토스(Herodotos)라고 알려져 있는데, 당시 민주주의는 '인민에 의한 통치'라는 정치 제도를 의미하였다. 이처럼 민주주의는 모든 시민이 참여하는 정치 형태이다. 다시 말하면, 민주주의는 참정권을 지닌 모든 시민이 스스로 다스리는 정치 형태인 동시에, 타인을 신뢰하고 그 인격과 의사를 존중하면서 사회의 제반 문제를 해결하고, 자유로우며 평등하게 살아가려는 태도 및 생활 원리라고 할 수 있다. 이 장에서는 이러한 민주주의의 발전 과정과 근본 이념 및 실제에 대하여 알아보고자 한다.

① 민주주의의 이념과 발전 과정

민주주의의 근본 이념은 "모든 사람은 태어날 때부터 자유로우며, 존엄성과 권리에 있어서 평등하다."는 말에 잘 나타나 있는데, 이는 그리스·로마의 인간 중심 문화와 르네상스의 인문주의(humanism) 및 인간의 존엄성에 대한 자각 등을 기초로 하여 형성되었다. 민주주의와 민주 정치의 개념을 구분하는 것은 매우 어렵다. 민주주의를 포괄적인 사회 생활의 원리라고 한다면, 민주 정치는 그러한 민주주의의의 원리에 따른 정치 형태로서 발전되어 왔다고 할 수 있다.

1. 민주주의의 근본 이념

민주주의의 근본 이념으로는 인간 존중, 자유, 평등 등을 들 수 있는데, 인간은 그 자체로서 가치를 지닌 존엄한 존재이므로 수단이 아닌 목적으로서 대우를 받아야 한다. 이는 일찍이 칸트(I. Kant)의 "너 자신에게 있어서나 다른 사람에게 있어서 인격을 언제나 동시에 목적으로서 대하고, 결코 수단으로서 대하지 말라."는 정언명법(定言命法)에 잘 나타나 있다.

(1) 민주주의의 개념

우리는 일상적으로 민주주의라는 말을 사용하고 있지만, 그 개념이나 의미에 대해서는 구체적으로 이해하지 못하고 있는 경우가 많다. 민주주의의 어원은 고대 그리스의 민중이라는 의미를 지닌 데모스(demos)라는 말과 권력 또는 지배를 나타내는 크라토스(kratos)라는 말에서 찾아질 수 있다. 그러나 모든 사람들이 일반적으로 받아들일 수 있도록 민주주의를 정의하기는 어렵다.

또한 자본주의와 민주주의를 혼동하는 경우도 많이 있는데, 민주주의는 정치 질서에 관한 용어, 즉 정치적 개념이고, 자본주의는 경제 질서에 관한 용어이다. 오늘날 민주주의는 자본주의라는 경제 질서와 결합되어 나타나는 경우가 많다.

정치 질서로서의 자유 민주주의에 반대되는 정치적 개념은 자유 민주주의의 입장에서 보면 전체주의(totalitarianism)인데, 전체주의 국가는 대체로 경제 질서로서 공산주의를 채택하여 왔다. 따라서 정치 질서로서의 전체주의는 흔히 경제 질서로서의 공산주의와 결합되었다. 그러므로 자유 민주주의에 반대되거나 대칭되는 개념은 엄밀히

말하자면 공산주의가 아니고 전체주의라고 해야 옳다.[1]

민주주의에는 자유가 전제된다. 아리스토텔레스는 일찍이 "자유의 한 원칙은 모든 사람이 교대로 다스리고 다스려지는 것이다."라고 말하였다. 또한 평등해지는 것이 자유라는 말도 오늘날 다시 음미해 볼 필요가 있다. 왜냐하면, 오늘날의 민주주의는 지배자가 피지배자가 되고, 피지배자가 다시 지배자가 되는 '동일성(同一性)의 원칙'에 기반을 두고 있기 때문이다. 즉, 교대로 지배자가 될 수 있다는 것이 평등이다.

그러나 민주주의가 곧 자유를 의미하는 것은 아니다. 자유라는 개념은 민주주의라는 개념보다도 더 많은 것을 포함하고 있다. 민주주의는 정치적인 결정 과정에 모든 시민이 함께 참여할 자유, 즉 평등한 참정권(參政權)만 인정한다. 반면에 자유는 개인이 국가로부터 간섭을 받지 않고 자아를 실현할 수 있는 영역에까지 그 개념이 확대될 수 있다. 따라서 자유는 민주주의자들이 주장하는 평등한 참정권 이상을 의미한다.

또한 자유라는 개념이 민주주의라는 개념과 필수적으로 관련을 맺는 것은 아니다. 그러므로 민주주의의 입장에서 보면 자유주의는 별개의 것이라고 볼 수도 있다. 다만 자유주의적인 입헌주의(立憲主義) 사상이 나타나서 발전된 결과로 생긴 자유라는 개념이 민주주의라는 개념과 관련을 맺게 되었을 뿐이다. 따라서 민주주의자들이 주장하는 것 이상의 평등을 평등주의자는 이상(理想)으로 표방할 수 있다.

한편 국민 주권 사상은 국민이 참여하여 통치를 분담하는 적극적 자유, 즉 '국가를 구성할 자유(freedom to form the state)'를 포함하고 있다. 민주주의 국가에서는 이러한 국민 주권 사상을 다양한 방법으로 실현시키기 위해 노력하고 있다. 링컨은 1863년 게티즈버그 연설에서 "인민의(of the people), 인민에 의한(by the people), 인민을 위한(for the people) 정부는 지구상에서 사라지지 않을 것이다."라고

1. 이종은, *민주주의와 혁명*(서울: 영학출판사, 1989), pp.77~78.

민주주의의 성격을 간략하게 규정하였다.

그러나 로스(Alf Ross)는 "인민에 의한(by the people)"이라는 말 가운데 '의한(by)'이라는 단어가 민주주의의 정수(精髓)를 의미한다고 역설하면서, "인민의 정부(the government of people)"라는 말 가운데 'of'는 민주주의의 성격을 제대로 규정할 수가 없다고 주장하였다. 왜냐하면, 인민의 정부가 아닌 정부가 있다면 그 정부는 과연 누구를 다스리는가 라고 반문해야 하기 때문이라는 것이다. 역사적으로 보면, 전혀 민주적이 아닌 정부도 "인민으로부터(from the people)" 나왔다고 선전되는 경우가 허다하였다. 중세의 정치 이론조차도 군주의 권력은 인민으로부터 나온다고 주장하였다.

또한 "인민을 위한(for the people)"이라는 말도 민주주의의 진수를 의미한다고 할 수 없다. 전체주의자들은 그들이 인민을 위하는 방법을 인민들보다 더 잘 안다고 생각하였지만, 실제로는 인민의 자유와 권리를 침해하고 국가의 목적을 절대시하는 독재 정치를 하였다. 그러나 적어도 자유주의와 결부된 민주주의는 자기 자신에게 이로운 것과 자신을 행복하게 해 줄 수 있는 것, 그리고 자신을 행복하게 만드는 방법은 각 개인이 가장 잘 알고 있다는 것을 전제로 한다. 그러므로 지도자가 인민을 위한 정치를 표방한다고 해서 민주주의적인 정치를 한다고 말할 수는 없다.[2]

민주주의라는 개념은 여러 가지 형태로 사용되어 왔으며, 심지어는 민주주의와 거리가 먼 공산 국가들까지도 민주주의 국가로 자처하고 있는 실정이다. 이러한 이유로 흔히 민주주의는 그 속에 무엇이나 넣을 수 있는 여행용 가방에 비유되기도 하였다. 일반적으로 민주주의에 대한 개념 정의에서 생기는 혼란은 그것을 정치 형태로 볼 것이냐, 아니면 생활 양식으로 볼 것이냐 하는 데에서 발생한다고 할 수 있다.

---

2. *Ibid.*, pp.78~80.

민주주의를 정치 형태나 정치 제도로 볼 때에는, 그러한 정치 형태나 제도로부터 나오는 정책은 민주 정치의 산물이거나 과정이라고 할 수 있다. 이처럼 민주주의를 정치 형태로 볼 때의 민주 정치란, 국민이 주권을 갖고 정부에 대하여 효과적인 감시와 통제를 수행할 수 있는 제도적 장치를 갖춘 정치 체제를 의미한다. 이러한 의미에서 베커(C. Becker)는 "다수에 의한 정치"를 민주주의라고 하였으며, 브라이스(J. Bryce)도 "정치 권력이 사회 전체의 구성원들에게 합법적으로 부여된 정치 형태"를 민주주의라고 정의하였다.

그러나 만약 어떤 통치자가 자의로 '민중을 위한다'고 생각한 정책을 표방하면서 함부로 통치를 한다면, 그것은 민주 정치라고 할 수가 없을 것이다. 왜냐하면, 민주 정치를 그 추구하는 정책 목적만을 기준으로 해서 개념 정의를 한다면, 국민의 복지를 표방한 독재 정치도 민주 정치라고 해야 할 것이기 때문이다. 민주 정치와 독재 정치를 구분하는 기준은 자유로운 정치 참여의 통로가 열려 있느냐의 여부에 달려 있다.

일반적으로 민주주의를 개념 정의할 때에는, 그것을 정치 형태와 생활 양식의 통합 개념으로 규정한다. 이러한 입장은 듀이(J. Dewey)에서도 볼 수 있는데, 그는 "민주주의란 단순히 정치 형태만을 의미하는 것은 아니며, 그것은 공동 생활의 양식이고 또한 서로 교류하는 경험의 한 양식"이라고 하였다.

한편, 메이오(H. B. Mayo)도 민주주의를 "인간의 존엄성에 대한 신념을 구현하기 위한 사회 생활의 원리와 정부 형태"라고 정의하였다. 이와 같이 민주주의는 20세기에 들어와서 '정부 형태'라는 어원적인 의미 규정에서 민주적 정부 운영을 가능하게 하는 생활 원리와 행동 양식까지도 포괄하는 개념으로 발전되었다.[3]

---

3. 이극찬, *민주주의*(서울: 종로 서적, 1987), pp.9~13.

(2) 민주주의의 기본 이념

민주주의라는 개념은 위에서 살펴본 것처럼 다양한 의미로 해석되고 있는 것이 사실이며, 또한 역사적으로 민주주의에 대한 견해차가 존재해 왔음에도 불구하고, 민주주의를 구성하는 몇 가지 원칙이나 기본 이념에는 대체로 합의가 이루어져 있다. 우리가 민주주의를 최선의 방법으로 선택하는 이유는, 그것이 인간다운 삶을 보장할 수 있는 최선의 가치들을 내포하고 있을 뿐만 아니라, 우리 스스로의 노력으로 그것들을 실현할 수 있다고 믿기 때문이다.

민주주의는 인간의 존엄성을 보장하는 것을 기본 이념으로 하고 있는데, 이는 봉건적 신분 제도와 절대 군주적인 권위주의를 배격하고, 인간을 외적인 규제로부터 해방시킬 뿐만 아니라, 인간 존재의 가치를 존중하기 위하여 인간을 수단으로 삼지 못하도록 하고, 기본적 인권(human rights)을 보장하는 인간 존중의 정치를 실현한다는 의미를 지니고 있다. 또한 민주주의는 자유와 평등 및 복지, 그리고 개인의 자아 실현을 기본 이념으로 하고 있는데, 자아의 실현은 개인적 삶의 의미만을 부여하는 것이 아니라, 인간의 존엄성을 보장하는 인권, 자유, 평등, 복지, 정의, 질서 등과 같은 보편적인 가치의 실현도 포함한다.

이처럼, 민주주의의 기본 이념은 민주주의 정치 체제가 추구하는 목적이나 가치 등을 의미한다고 할 수 있는데, 그 중에서 가장 중요한 것이 인권 보장이다. 프랑스 혁명 이후 자유주의가 보수주의와 사회주의로 나누어져 변모한 것은, 인권 가운데 어떤 것은 정부의 제약으로부터 자유로워야 했고, 어떤 것은 정부의 보호를 통해서 보장되어야 했던 차이에서 연유한다. 따라서 인간의 권리 가운데 객관적, 절대적, 그리고 항구적인 이른바 자연권(natural rights)에 대해서는 어떠한 정부도 그것을 절대적으로 보장해야 한다는 생각이 대두되었다.

그러나 여기에서 말하는 자연적 권리라는 것도 절대적인 것은 아니며, 다른 권리 및 가치에 대해서 상대적이고, 또한 시대와 장소에 따라 다른 권리 및 주장이 있을 수 있다는 사실을 상기할 필요가 있다. 즉, 무정부주의자들의 사회를 제외하고는, 자연적인 개인의 권리와 국민적 동의(common consent)와 지지에 기초한 정치 원리를 어떻게 조화시킬 수 있는지는 극히 어려운 문제이다. 왜냐하면, 자연적 권리의 내용과 특성이 모호하고, 이른바 공공의 이익이라는 미명하에 정부에 의해서 침해되기 쉬우며, 또한 이러한 일이 일반 대중의 폭넓은 지지를 받고 있는 것이 현실이기 때문이다. 따라서 대부분의 정치 체제는 상대적 정의나 자유와 같은 비교적 달성하기 쉬운 권리만을 다루고 있는데, 이는 넓은 의미의 도덕적 원칙에는 모두 동의하면서도, 그것의 구체적인 입법이나 집행에 있어서는 정치와 정책이 그 성격과 내용을 제약하게 되는 것을 피할 수 없기 때문이다.

또한 민주주의가 추구하는 가치와 목적으로 들 수 있는 것은 자유경쟁 체제의 유지인데, 이는 아담 스미스의 말을 빌린다면, "자유 경쟁하에서의 이기주의는 자연적 자유의 체제에 속하는 것"이다. 스미스는 민주주의를 주장했다기보다는 제한된 대의 정치를 주장했다고 볼 수 있는데, 그는 정부를 상업적 자유 경제를 유지하기 위한 하나의 수단으로 간주했다. 스미스가 이러한 주장을 하게 된 데에는 나름대로의 이유가 있었는데, 그것은 인간의 삶에 있어서 가장 중요한 것은 비정치적·비정부적(non-governmental) 국면이며, 정부가 국민의 생활에 간섭하지 않을 때 국민은 그 스스로를 돌보게 된다고 믿었기 때문이다.

한편, 페인(Thomas Paine)은 "최소의 정부가 최선의 정부"라고 말하면서 국가와 사회를 구별하였는데, 그는 사회가 존재하는 것은 인간이 도덕적이기 때문이며, 국가가 필요한 이유는 인간의 죄악 때문이라고 하였다. 그는 사회는 자발적이고 사교적이며, 또한 지역 사회적이고 자연스럽기 때문에 선한 것이지만, 국가는 강제적이고 타의적이며, 또한 인위적이고 국민 위에 군림하기 때문에 악한 것이라고 주장하였다.

그러나 오늘날 자유 방임주의(自由放任主義)적 경제 체제는 존재하지 않는다. 오히려 거의 모든 민주주의 국가의 경제는 이른바 혼합 경제 체제라고 할 수 있는데, 이는 국민의 복지를 위해 불가피하게 정부와 경제가 점진적으로 상호 작용하게 되었음을 의미한다.

그리고 민주주의가 추구하는 또 하나의 가치로는 인격의 발달을 들 수 있는데, 이는 넓은 의미에서 인간의 존엄성과 자존심 및 개성의 신장 등과 밀접한 관계에 있다.[4]

(3) 민주주의의 사상적 배경

현대 민주주의 사상은 개인주의와 자유주의 및 합리주의로 대표되는 서양 근대 사상의 성숙과 더불어 발전되기 시작하였다.

민주주의는 국가나 사회에 대하여 개인의 우월한 가치를 인정하는 것인데, 민주주의는 국가주의나 사회주의에 대립되는 의미로 사용되어왔다. 개인주의라는 말은 1840년에 토크빌(A. Tocqueville)이 처음으로 사용하였는데, 이는 자유주의의 모체를 이루고 있다. 개인주의가 추구하는 가치 체계는 인간 중심주의(인본주의), 개인의 최고 가치설, 평등 사상 등인데, 이러한 개인주의는 역사적으로 다음과 같은 인자(因子)에서 발생하였다.

첫째는 크리스트교 사상, 특히 프로테스탄티즘인데, 인간은 개인 자격으로 신과의 대화가 가능하다는 입장은 개인의 비중을 제고시켰다. 둘째는 자연법 사상과 사회 계약설이다. 특히 사회 계약설은 개인이 주체적 의식을 가지고 사회 계약을 맺으며, 또한 시민 사회를 형성한다고 주장함으로써 개인주의의 신장에 크게 기여하였다. 셋째는 자본주의의 사유 재산제인데, 이에 따라 개인의 재산을 보호하기 위하여 개인의 권익을 법률적으로 보장하는 사회 제도가 발전하게 되었다.

---

4. 전득주, *자유민주주의와 사회주의 비교*(서울: 행림출판, 1991), pp.66~67.

이와 같은 역사적 배경을 갖는 개인주의가 최고조에 이른 것은 특히 밀(J. S. Mill)에 의해서였다. 밀은 민주주의라는 미명하에 다수로부터 억압당하는 소박한 개인의 권익을 어떻게 보호할 것이냐에 지대한 관심을 기울였다. 오늘날 개인주의는 전체주의와 사회주의의 이데올로기적 비판의 대상이 되고 있지만, 이러한 비판에도 불구하고 사회 계약설과 공리주의 및 자유주의적인 학설의 근저에는 개인주의 사상이 놓여 있다.

결국 개인주의는 개인의 인격에 최고의 가치를 부여하는 개인 존중의 원리를 핵심으로 하고 있는데, 이는 인간 존엄성 실현의 바탕이다. 그러나 개인주의가 지나치면 이기주의가 되어 사회 공동체에 해를 끼칠 수도 있다.

근세에 이르러 홉스(T. Hobbes)는 자연 상태, 즉 국가가 없는 상황에서 '자연권'을 누리는 개인들을 상상하였는데, 그 결과는 '만인에 대한 만인의 투쟁' 상태라는 것을 발견하고, 투쟁을 중재하는 존재로서 강력한 정부나 지도자의 영향력을 강조하였다. 그러나 홉스와는 달리 로크(J. Locke)는 인간이 본질적으로 선하므로, 자연 상태는 평화롭고 상호 협동적이라고 보았다. 그는 이러한 상태에서 유린되거나 양도될 수 없는 권리가 바로 생명, 자유, 재산이며, 따라서 국가는 이를 보호하기 위한 수단이라고 주장하였다.

루소(J. J. Rousseau)는 인간이 원초적 자연 상태에서는 행복하였지만, 자기 보존을 가로막는 장애물(예를 들면, 개인의 허약성과 자연적 재앙 등) 때문에 자연 상태로부터 추방되었다고 주장하였다. 홉스가 자기 보존을 중시하고, 로크가 소유권을 자연권으로서 중시한 반면, 루소는 자유를 중시하였다. 이처럼 자연법 사상은 자유주의의 기초가 되었을 뿐만 아니라, 시민 혁명의 이론적 토대가 되었다.[5]

자유주의는 개인의 자유를 국가 권력보다 우선하는 가치로 보며, 모

---

5. 이정식, *민주주의의 모델*(서울: 인간사랑, 1989), pp.57~65.

든 사람의 자유는 평등하다는 원리를 근본으로 하고 있는데, 이는 인간 존엄성 보장의 기초이다. 자유주의는 원래 인간이란 정부가 자유롭게 방임해 놓는다면 경제, 종교, 문화, 또는 도덕에 있어서까지 모든 활동에서 자유롭다는 뜻이다. 다시 말하면, 어떤 법적 제재로부터의 자유야말로 자유주의 사상의 핵심이다. 특히, 생산과 교역의 자유를 주창했던 맨체스터 학파에서는 자유 방임주의를 그 교리로 삼았는데, 아담 스미스와 스펜서(Herbert Spencer) 등이 그 대표적 인물이다.[6]

한편, 합리주의는 이성주의 또는 이성론이라고도 불리어진다. 일반적으로 합리주의는 이성을 중시하고, 사상과 윤리를 이성적 사유에 의하여 규정하려고 하는 태도를 말한다. 합리주의의 원류는 그리스 철학에서 찾아볼 수 있는데, 그것은 형이상학적인 것이었다. 그러나 이것이 이론의 형태로 전개된 것은 17~18세기의 합리주의 철학에 의해서였는데, 데카르트, 스피노자, 라이프니츠, 칸트, 피히테, 헤겔, 헤르바르트 등이 그 대표적 사상가들이다.

근대에 합리주의가 지배적인 흐름을 형성하게 된 것은 사회 자체의 발전에 기인하였다. 화폐 경제의 보급과 봉건적 · 신분적 질서의 붕괴, 자본과 노동의 분화, 자본주의 정신의 고양, 자연 과학의 발전과 생산 기술의 발달 등은 그 자체에 합리성이 요구되는 것이었다. 이처럼 근대의 합리주의는 자본주의와 병행하여 발달하였다는 점에서 합리주의는 개인주의, 이해 타산적인 합리적 경제인(homo economics), 기계적인 사회관, 그리고 생활 영역의 사물화 등을 촉진시켰다.

또한 합리주의는 학문의 영역에서는 실증주의 정신을 존중하였으며, 사물을 유기적인 통일체로 보지 않고 개개의 단순한 총화라고 보는 과학적 세계관으로 나타났다. 따라서 합리주의는 특정한 이데올로기라고 하기보다는 자유주의와 함께 발전한 근대 자본주의 사회의 정

---

6. 전득주, *op. cit.*, p.66.

신이나 의식의 형태라고 할 수 있다. 그러므로 근대의 합리주의는 자본주의에 있어서 상품과 노동력의 계산 가능성에 그 원형이 있다고 할 수 있는데, 더 나아가 정치도 합리주의적인 계산의 문제로 설명된다. 이는 개인의 합리적인 의사 결정과 사회 계약, 인간의 이성적 판단과 투표의 합리성 및 의회 정치론 등에서 찾아볼 수 있다.

그러나 사회 구조가 변화됨에 따라 합리주의에 대한 신념도 크게 동요되었다. 지나친 합리성의 강조는 사회·경제적 영역에서 인간 소외와 비인간화 현상을 초래하였을 뿐만 아니라, 특히 정치적 영역에서도 대중이 정치 무대에 본격적으로 등장함에 따라 비합리성이 여러 가지 형태로 나타나게 되었다.[7]

2. 민주주의의 발전 과정

민주주의는 인간의 존엄과 가치 및 창조적인 능력에 대한 확신을 전제로 하고 있다. 근대 초기에는 개인의 자유에 대한 가장 심각한 제한은 정부의 간섭에서 비롯되는 것으로 믿었기 때문에, 개인의 자유를 최대한으로 보장하기 위하여 국가의 권력을 최소화하여야 한다고 보았다. 그러나 현대에 와서는 정부의 간섭으로부터의 해방 자체가 또 다른 억압을 야기하게 되는 문제점이 나타났다. 다시 말하면, 정부의 간섭을 배제한 자유 방임주의는 다른 사람의 자유를 침해하는 결과를 초래하여 평등의 원리를 저해하게 되었다. 따라서 자유와 평등의 조화를 추구하고, 국민 통합과 국민 복지의 증진을 위해 민간 부문을 규제하고 조정할 수 있는 것이 현대 민주 정치의 특징이라고 할 수 있다.

(1) 근대 민주주의의 출현

아리스토텔레스 이후 사람들은 자유와 평등이 민주주의의 본질적인

7. 정인흥, *정치학 대사전*(1984), p.1730.

전제 조건이라고 여겼다. '인민에 의한 통치'로 정의되는 민주주의는 국민들이 통치 행위에 동의하거나, 또는 직접 참여함으로써 권력을 실질적으로 행사하는 제도인데, 고대 아테네의 민주 정치 제도에서 구현되었던 다수결과 선거 및 정치 지도자의 공적 책임 등은 오늘날의 민주주의 제도의 근간이 되었다.

당시 아테네에서 시행되었던 민주주의 제도와 방법은 민주주의의 근본 이념에 비추어 볼 때, 제한적인 특성을 지니고 있었다. 당시 아테네의 민주주의는 보편적인 정부의 형태가 아니라 특수한 정부의 형태로 운영되었기 때문에, 이른바 귀족 정치(aristocracy)와 과두 정치(oligarchy)가 지배적이었고, 특정한 사람들만이 통치권을 행사하는 제한적이고 부분적인 정치 제도에 불과하였다.8

그러나 근대에 와서 로크와 루소 등은 자연법 사상에 입각하여 정부의 권력은 모든 국민의 동의에 의해서만 성립된다고 주장하였는데, 이는 근대 시민 계급이 절대 군주의 지배 체제에 저항하는 원동력이 되었다. 특히 로크는 구체적으로 개인의 자유, 평등, 피치자의 동의에 의한 통치, 국가 권력의 제한 등 네 가지의 중요한 민주주의 이론을 발전시켰고, 이는 대의제(代議制)와 의회 제도 확립의 토대가 되었다.

한편, 19세기의 민주 정치에 있어서는 "무위(無爲)가 최선의 정치"라는 제퍼슨의 말과 같이 정치의 세계를 가능한 한 극소화하는 것이 이상이었다. 당시에 있어서 민주주의는 부르주아적 시민 사회의 기초 위에서만 순조롭게 운영될 수 있다고 생각되었으며, 시민적 민주주의는 경제·문화·종교 및 학문 등의 비정치적 영역과 정치적 영역 사이에 명확한 구별이 있었기 때문에, 쌍방간에 일종의 불가침 조약과 같은 묵계가 있었다. 이것은 사회 계층뿐만 아니라 개인간에 있어서도 나타났으며, 이에 의해서 사회 전체가 안정되었던 것이다.

---

8. 한국국민윤리학회 편, *사상과 윤리*(서울: 형설출판사, 1994), p.357.

그러나 부르주아적 시민 사회를 형성케 하였던 자본주의의 급격한 발전은 사회적 분화를 촉진하였고, 사회 구성원들 사이에 이해 관계의 대립을 격화시켰다. 또한 생활 수준의 향상과 교육의 보급 등을 배경으로 제한 선거제는 보통·평등 선거제로 대치되었으며, 정치적 자유는 교양과 재산이 있는 사람들의 전유물이 아니라 모든 시민에게 개방되어, 정치적으로 소외되었던 일반 대중이 여론의 근원으로서 정치의 영역에 본격적으로 등장하게 되었다.

이는 민주주의의 이념이 추구하는 정치적 자유와 평등을 확대한 것이었는데, 이에 따라 권력의 기초는 확대되었으며, 대중 자체를 권력의 기반으로 간주하는 양의 정치 형태라고 할 수 있는 대중 민주 정치(mass democracy)가 발전하게 되었다. 이것은 린세이(A. D. Lindsay)가 지적했던 것처럼, '보편적인 민주주의(universal democracy)'가 기술의 발전에 의해서 대중 민주 정치로 변용(變容)된 것을 의미한다.

이와 같은 대중 민주 정치는 19세기에 있어서의 민주 정치의 단순한 양적 발전에 그치지 않고, 사회 구조의 변화에 따라 질적으로도 극히 상이한 것이 되었다. 다시 말하면, 대중 민주 정치에 있어서 권력의 기반을 구성하고 있는 여론의 근원으로서의 대중이 광범위한 지역에 산재하고, 상호 익명성(匿名性)을 바탕으로 그들 간에는 어떠한 조직이나 통일성도 존재하고 있지 않았기 때문에, 사회의 분화가 촉진됨에 따라서 대중은 점차 무력감과 고독감에 사로잡히게 되었다. 이러한 대중들로 구성된 사회, 즉 대중 사회를 기반으로 한 민주 정치가 대중 민주 정치인데, 이러한 점에서 대중 민주 정치는 대중 사회로부터의 강력한 제약을 받고 있다고 할 수 있다.

또한 사회적 분화의 진행은 사회에 대해서 상대적인 자립성을 유지했던 시민의 존재를 부정하게 되었고, 개인들은 거대한 사회 기구의 각 부분에서 서로 정서적으로 단절된 채로 움직이는 소외된 존재에 지나지 않게 되었다. 그 결과 개인은 정치적 영역의 인자로서 정치적 자유를 획득하였으나, 복잡한 정치적 메커니즘 속에서 정치 동향에 대해 합리적인 판단을 자주적으로 내릴 수가 없게 되었으며, 이러한 정치적 무력감과 불안감은 정치적 무관심이나 권위에 대한 의존욕(依存欲)을 생기게 하였다. 이와 같은 대중의 비합리적인 감정의 유출과 권위에의 의존은 이것을 조작하고 이용하는 정치 기술을 발전시켰으며, 이는 매스 커뮤니케이션(mass communication)의 발달에 의해서 더욱 촉진되었다.

현대 사회에 있어서 대중 매체에 의해 전달되는 정보는 어떤 개인의 판단을 가능하게 하는 조건이지만, 현실적으로 그것은 판단의 조건이라기보다 오히려 판단의 기준이 되었다. 또한 매스 커뮤니케이션은 대중이 파악하기 어려운 정치 · 사회적인 환경에 대한 어떤 이미지(image)를 생산하게 되어, 개인은 사실보다도 환영(幻影) 속에서 생활하게 되었다. 이러한 대중 사회에 있어서는 직접 원자화(atomization)된 개인을 정치의 대상으로 하지 않으면 안 되기 때문에, 정치인들은 커뮤니케이션의 기술에 의해서 대중의 비합리적 감정에 호소함으로써 정치적 통합을 달성하고자 하였다.[9]

(2) 대중 민주주의의 특징

앞에서도 지적했지만, 근대 민주주의에서는 국가 권력의 간섭이 없거나 적을수록 개인의 자유와 평등이 더욱 잘 실현될 수 있다고 보았다. 그러나 현대의 대중 민주주의에서는 국민적 합의를 기초로 하는 강력한 국가 권력의 관여가 필요하다고 보았다.

대중 사회의 출현은 민주 정치를 지탱해 주고 있었던 시민의 동질성, 합리적인 토론, 관용 및 자발적 정치 참여 등의 제 조건을 전면적으로 위협하게 되었다. 이에 따라 행정권의 우위 경향과 관료제화 및 비인격화(impersonalization), 그리고 의회 외적인 정치 활동(예를 든

---

9. 이용필, *민주주의와 사회주의*(서울: 인간사랑, 1990), pp.9~11.

면, 각종 시민 단체의 여러 가지 사회 운동)이 발생하여, 민주 정치의 핵심이라고 할 수 있는 권력 분립이나 의회 제도의 본질은 필연적으로 그 내용이 변질되기에 이르렀다. 이러한 대중 사회의 발전은 개인을 원자화시켰지만, 자본주의의 고도 성장에 따른 이해 관계의 대립은 더욱 첨예화되었고, 그러한 이해 관계의 조정은 국가 권력에 의지하지 않으면 안 되게 되었다.

이러한 상황하에서 개인의 원자화와 커뮤니케이션의 발달은 대중 조작의 가능성을 더욱 증대시키는 한편, 정치적 · 사회적 운동의 가능성을 확대시켰다. 특히, 대중 매체의 놀랄 만한 발달과 더불어, 각종 상징 조작을 가능하게 하고 대중을 일거에 파악할 수 있는 장치나 기술이 발달된 결과, 정치 권력은 그 침투성 및 기동성이 증대되었고, 이러한 권력의 간섭으로 인하여 대중의 사생활이나 심지어 내심의 세계까지도 무방비 상태에 놓이게 되었다. 즉, 기술과 정치의 결합은 대중 조작을 더욱 촉진시켰고, 이에 따라 대중 민주주의는 '강제 없는 동조(conformity without coercion)'를 유발하여 현대의 지배 체제를 안정시킬 수가 있었다.

그리하여 현대 사회에 있어서 정치 권력은 구조적으로 거대해졌고 대중의 여론이나 압력 단체의 활동에 의존하고 있지만, 대중의 여론은 자기 중화(自己中和: self-neutralization) 작용을 반복하여 환류(feed- back)의 기능을 상실하게 되었다. 이른바 국민 투표적 독재의 출현도 이러한 상황에서 가능했으며, 리프만(Walter Lippmann)이 지적했던 바와 같이 "전제(專制)란 무법(無法)한 지배자의 아나키(anarchy)이며, 아나키는 무법한 군중의 전제"라고 정의할 수 있다.[10]

한편, 20세기에 들어오면서 거의 모든 정당은 민주주의라는 용어를 채택하였다. 보수주의적인 집단조차도 이제는 '민주적'이라는 말을 사용하는 것을 주저하지 않았다. 민주주의가 가장 바람직한 정부 형태

10. *Ibid.*, pp.11~12.

라는 점에는 서구의 민주주의자 뿐만 아니라, 제3세계의 대표자들이나 일부 공산주의자들까지도 동의하였다. 다시 말해서, 거의 모든 사람들이 플라톤이 가장 경멸하였던 민주주의적인 헌법을 가장 아름다운 헌법이라고 여기게 되었다.[11]

이제는 민주주의를 반대하는 사람들조차도 감히 공개적으로 민주주의를 공격하지 않는다. 다만 민주주의를 어떻게 조직하고 운영할 것인가라는 문제에서만 이견을 보일 따름이다. 오늘날 헌법을 삼분(三分)하였던 19세기의 전통적인 방법으로는 분류할 수 없는 수많은 정부 형태가 나타났다. 민주주의와 대의 제도가 합쳐져서 민주주의라고 불리기도 하지만, 엄밀히 말하면, 대의 제도와 민주주의는 별개이다. 양자가 반드시 결합되어야 할 논리적인 필요성은 없었으나, 양자는 역사적으로 자연스럽게 결합되었다.

따라서 지금은 대의 제도가 없는 민주주의를 생각하기가 어렵게 되었다. 어쨌든 미국에서는 대통령제가 나타났으며, 영국에서 시작된 의회제는 여러 가지 수정된 형태로 전 유럽으로 확산되었고, 스위스는 협의체 제도(the Swiss collegial or conciliar system)를 발전시켰다. 이러한 모든 것들은 민주주의가 본질적으로 요구하는 것을 다양한 방법으로 충족시킨 것으로 볼 수 있다.[12]

2 민주주의의 이상과 현실

민주주의의 이념이 실현되는 방법은 시대와 장소에 따라 달랐다. 모든 정치 형태 가운데 민주주의가 가장 바람직한 정치 형태임은 틀

---

11. 플라톤은 '국가론'에서 민주주의를 여섯 가지 정부 형태 가운데 하나로 파악하였다.
12. 이종은, *op. cit.*, pp.86~87.

림없지만, 이는 정치 이상일 뿐 정치 현실은 아니다. 민주주의는 공동체의 일에 관심을 갖고 참여하는 국민이 있다는 것을 전제로 하며, 보다 많은 사람들의 이익을 고려하여 공동체의 문제를 결정하고 해결하는 능력은 민주주의의 발전을 위해 반드시 필요한 조건이다. 따라서 개인의 가치를 존중하면서도 개인 의사의 절대성을 인정하지 않는 상대주의와 다원주의가 민주적 생활의 기본적 태도이며, 민주주의를 정착시키기 위한 기초라고 할 수 있다.

1. 민주주의의 발전 조건

민주주의는 지금까지 세계 어느 나라에서도 완전한 형태로 실현된 적이 없으며, 예측 가능한 미래에도 그러할 것이다. 왜냐하면, 민주주의는 인간 사회의 문제를 해결하기 위한 하나의 방법이지 그 자체로서 해결책이 될 수 있는 것은 아니기 때문이다. 일반적으로 민주주의의 발전을 위한 기본적 전제 조건으로는 정치적 요인, 경제적 요인, 사회 · 문화적 요인, 국제 환경적 요인 등을 들 수 있다.

첫째, 정치적 요인으로는 정치 환경, 정치 문화적 조건(정치 풍토), 정치 제도적 측면 등을 고려할 수 있다. 여기에서 무엇보다도 중요한 것은 정치 과정의 민주화이며, 기능적으로 분화된 정치 제도와 정치 집단들의 자율성이다. 또한 정당 못지 않게 중요한 것이 여론의 활성화이며, 시민의 자발적 정치 참여이다.

민주 정치는 국민의 정치 의식 수준이 높아, 모든 사람들이 공동의 문제를 충분히 인식하고 해결할 수 있는 상황하에서 제대로 운영될 수 있다. 실즈(Edward A. Shils)는 정치적 민주주의 또는 자유 민주주의를 가능하게 하는 정치 문화적 조건들을 다음과 같이 제시하였다.[13]

---

13. Edward A. Shils, *The Political Development of the New States* (Hague: Mouton, 1964), p.34.

① 씨족이나 촌락을 초월하는 국민의 성숙된 정치 의식이 있어야 한다.
② 공동체의 일에 대한 국민의 관심이 높아야 한다.
③ 정부의 정당성이나 정통성에 대한 국민적 신념과 합의가 있어야 한다.
④ 사람들이 인간 존중과 개인의 권리 및 의무에 대하여 올바른 의식을 가져야 한다.
⑤ 정치적 가치와 제도에 대한 국민적 합의 기반이 있어야 한다.
⑥ 국민들이 자신의 역할과 사명에 대한 일반화된 상식을 가지고 있어야 한다.

그렇지만 권위주의적인 정치 문화 속에서 살아온 역사를 가진 나라에서는 이러한 정치 문화적 풍토를 기대하기가 어렵다. 특히, 언론의 자유가 제약되고 지식인들이 순종적이며 정치에 무관심할 때에는, 후견 민주주의가 나타날 가능성이 많다. 물론 그 나라의 지도층 인사들이 도덕적으로 얼마나 성숙되어 있는가에 따라, 후견 민주주의가 유익할 수도 있고 유해할 수도 있다.

그러나 후견 민주주의에서 벗어나 선진국형 민주주의로 발전하려면, 각계의 지도층은 물론 국민 모두가 윤리적, 도덕적으로 성숙되어야 한다. 현대 국가의 가장 기본적인 자원은 그 국민이기 때문에, 국민들의 잠재 능력을 최대한으로 계발하고 신장시키는 것이 현대 민주 정부의 최우선 과제라고 하겠다. 왜냐하면, 민주주의의 미래는 궁극적으로 개개인의 성숙된 민주 시민 역량에 달려 있기 때문이다. 각 개인은 질서를 지키고 다른 사람의 인격을 존중할 수 있는 자질과 능력을 구비했을 때, 비로소 민주 시민의 자격을 갖게 되는데, 이러한 의미에서 민주 시민 교육은 매우 중요하다.

둘째, 민주주의는 경제적 부가 사회 각계 각층에 넓고 고르게 배분되어, 특히 중산층이 두터울 때 잘 실현될 수 있다. 다시 말해서, 민주주의는 국민 경제가 발달하여 사회가 안정적 기반을 유지하고, 대다수의 국민들이 번영을 누리는 상황 여건에서 잘 발전될 수 있다. 역사적으로 보더라도 경제적 번영을 구가했던 아테네나 영국 등에서 민주주의가 가장 먼저 발달하였고, 오늘날에도 경제가 발전한 선진 자본주의 국가에서 민주주의가 안정적으로 발달하고 있다.

역사적으로 볼 때, 산업의 발달과 시민 계급의 등장이 전제 정치하의 신분 사회를 붕괴시키고 민주 정치의 발전을 가져왔던 사실을 상기하면, 민주주의와 경제 발전 간에는 밀접한 관련성이 있음을 알 수 있다. 폐쇄적이고 정체적인 농업 사회는 개방적이고 동태적인 현대 산업 사회에 비해 전제 정치의 가능성이 더 많았다. 국민의 대부분이 농업에 종사하고 경제적으로 낙후된 나라에서는 선진국형 민주주의가 실현되기 어려웠다.

라틴 아메리카 국가들 대부분은 민주적 기반이 형성되지 못한 상황에서 민주 정치 체제를 채택하였으나, 거의 형식에 그쳤을 뿐 실제로는 실패하고 말았다. 그러한 국가들의 여러 가지 실패 원인들 가운데 가장 중요한 것은 국민 다수가 무지하고, 경제적으로 빈곤하였다는 점이다.

경제적으로 윤택하지 못할 때에는 국민들을 제대로 교육시킬 수가 없고, 제대로 교육을 받지 못한 사람은 민주 시민이 될 수 있는 자격 요건을 충분히 갖추기가 어려울 것이며, 민주 시민성이 결여된 국민들로부터 민주주의를 기대하기란 매우 어렵다. 그린(T. H. Green)이 지적했던 것처럼, 경제적으로 궁핍한 국민은 민주 시민에게 부과되는 사회적 제 기능을 담당하기가 어렵다.[14]

셋째, 민주주의는 사회 · 문화적으로 민주적 생활 방식이 그 구성원들에게 내면화된 사회에서 가능한 정치 제도이다.[15] 서구 사회에서 민주주의는 근대적인 합리주의와 민주적 가치관이 생활 규범화되면서 하나의 전통을 이루게 되었다. 이러한 역사적 과정을 거침으로써 국민들은 민주적 생활 양식에 익숙하게 되었고, 시민 윤리를 체득하게

14. 한국국민윤리학회, *op. cit.*, p.355.

15. 한국정신문화연구원 편, *한국의 자기발견*(1982), pp.37~38.

되었다. 민주적 생활 양식과 민주 시민성은 국민 각자의 개성과 사회 집단의 자율성을 존중하고, 소수는 다수의 결정에 승복하며 또 다수는 소수의 의사와 이익을 존중하고, 개인이나 사회 집단이 자기의 의사를 다른 사람에게 일방적으로 강요하지 않으며, 타협과 양보하는 태도 및 습성이 생활화될 때 확립될 수 있다.

역사적으로 볼 때, 민주주의는 도덕적이며 신념이 강한 국민이 오랜 세월 동안 지녀온 경건한 생활 양식이 관습과 생활 윤리로 정착되어 온 전통에 기초하고 있다. 이러한 국민은 자기 주장의 권리와 자유를 앞세우기 전에 자기 통제의 윤리를 보다 귀중한 가치로 수용하여 왔으며, 개인이나 집단의 이익보다는 공공의 이익을 우선시하는 문화적 전통을 확립하였다.

넷째, 국제 환경적 요인 가운데 가장 중요한 것은 안보적 조건이다. 민주 정치 제도의 정상적 운영은 국제적 평화와 국내적 안정이라는 환경적 요인을 필요로 하는데, 평화와 민주화의 가능성을 높이기 위해서는 국제 협력의 다변화가 요청된다.

민주주의는 본래 평화를 전제로 하여 기능하도록 고안되었다. "민주주의는 평화의 아들이며, 민주주의는 그 어머니를 떠나서는 살 수 없다"는 라파드(William E. Rappard)의 말[16]은 안보와 평화가 민주주의의 중요한 전제 조건임을 단적으로 보여주고 있다. 또한 루스벨트(F. D. Roosevelt) 대통령도 "민주주의는 국제적 불안정의 분위기 속에서는 성공할 수 없다."고 말한 바 있는데, 평화는 교전(交戰) 상태의 부재나 정지만을 의미하는 것이 아니다. 적대 세력과 군사적으로 대치하면서 교전 상태가 벌어질 가능성이 상존(常存)하는 국가에서는 진정한 의미의 평화가 존재한다고 말할 수 없다.[17] 민주주의는 국제

---

16. William E. Rappard, *The Crisis of Democracy*(Chicago: Chicago University Press, 1983), p.125.
17. 한국국민윤리학회, *op. cit.*, pp.356~357.

적인 평화뿐만 아니라, 국내적으로도 안보가 보장될 때 안정적으로 발전할 수 있다.

2. 민주주의의 실제

오늘날 실제적으로 민주주의가 그 근본 이념에 따라 제대로 기능하고 있는 나라는 많지 않다. 브라이스(James Bryce)는 지구상의 많은 나라들 가운데에서 민주주의를 제대로 실시하고 있는 나라는 35개국 정도에 불과하다고 그의 저서 《현대 민주주의(*Modern Democracy*)》에서 밝히고 있다.[18]

영미(英美)형 민주 국가는 군주나 중앙 정부의 권력을 제한하고 견제하는 시민 계급이 일찍부터 성장하여 의회 민주주의 제도가 비교적 순조롭게 발달하였으나, 영국은 의원 내각제를 채택하고 있고, 미국은 대통령 중심제를 고수하고 있다. 또한 독일과 일본은 시민 계급의 성장이 늦었고, 군주의 권력에 의하여 근대화와 산업화가 추진되었기 때문에, 민주 정치의 발전이 순조롭게 이루어지지 못하였고, 많은 시행 착오(施行錯誤)를 거듭한 끝에 의회 민주주의와 정당 정치가 정착되었다.

현재 민주 국가임을 자처하는 세계 각국은 크게 세 가지 유형으로 나누어질 수 있는데, 첫째는 명실 상부한 서방의 선진 민주 국가이고, 둘째는 민주 국가를 자처하면서도 실제적으로는 반민주적인 동유럽의 사이비(似而非) 민주 국가이며, 셋째는 이념적으로는 민주 국가의 건설을 표방하지만 현실적인 제반 여건이 미숙하기 때문에, 민주주의의 원리로부터 궤도 이탈이 잦은 개발 도상 국가들이다.[19]

민주주의 정치 체제를 제대로 운영하고 있는 나라를 구체적으로 말

18. 전득주, *op. cit.*, pp.79~80.
19. 한국정신문화연구원 편, *op. cit.*, pp.30~33.

하면, 서유럽 및 스칸디나비아 등의 국가들이고, 1980년대 초 이래 많은 비민주적 요소를 지니고 있었던 스페인, 그리스 및 포르투갈도 민주화된 국가라고 볼 수 있다. 또한 북미 지역의 캐나다와 호주 및 뉴질랜드 등도 민주주의 정치 체제를 갖고 있을 뿐만 아니라, 실질적으로도 민주주의의 이념을 실현하기 위해 노력하고 있다.

아시아 지역에서는 이스라엘과 인도, 그리고 일본이 민주주의 체제를 보다 활성화하고 있다고 하겠다. 우리 나라도 비교적 최근에 와서야 민주주의를 모든 부문에서 실질적으로 실천하려고 노력하고 있는데, 특히 현재의 '국민의 정부'는 민주주의와 시장 경제의 병행을 국정의 기조로 삼고 있다.

민주 정치를 올바로 실시하기 위해서는 일반적으로 두 가지 전제조건이 충족되어야 하는데, 그 하나는 권력의 남용을 방지하기 위한 제도적 장치의 마련이며, 다른 하나는 국민에 대한 책임 정치 및 정부 관료들의 책임 행정이다. 권력의 남용을 방지하기 위한 제도적 장치는 국가가 개인의 기본권이나 사회 단체의 권한과 관련하여, 국가 권력을 함부로 사용할 수 없도록 하는 문제들과 관련된다. 또한 책임 정치는 정치인이나 정부 관료들이 그들의 행위에 대해 정치적, 법률적, 또는 도덕적 책임을 지도록 하는 것을 의미한다. 이는 대의제와 공명선거의 실시 및 사법부의 공정한 재판과 관련되는 문제이다.

민주주의 정치 체제에 있어서 정치 권력의 제한과 책임은 각국의 헌법 속에 개략적으로 규정되어 있다. 민주주의 정치 체제는 국민의 동의와 지지에 의해 제정된 여러 가지 법규에 의거하여 운용된다. 따라서 민주주의 국가의 헌법은 정치의 목표 및 한계와 그 목표의 실현을 위한 제 방법, 즉 여러 가지 과정과 절차를 규정하고 있으며, 또한 헌법은 그 나라의 최고법이자 기본법으로서 위반시에는 사법부나 다른 방법에 의해 제재를 받게 된다.

일반적으로 민주주의 국가의 헌법은 대부분 성문화되어 있으며, 관습이나 협정 및 사법적 해석에 의해 제한을 받거나 개정될 수도 있다. 예를 들면, 미국의 헌법은 연방 배심원의 해석에 의해 제한을 받거나 개정될 수 있는 반면, 영국은 개인의 권리와 정부의 권력 기구를 규정하는 의회의 기본적 법규를 제외하고는 공식적 기록 문서인 헌법을 갖고 있지 않다. 그러나 우리 나라를 포함한 대부분의 민주주의 국가들은 성문 헌법을 가지고 있다.

민주주의 국가의 헌법은 다양한 국가 기관과 기구에 특정한 권력과 역할을 배분하고, 다른 권력 및 역할과의 관계 속에서 그것들을 한정해 준다. 이러한 역할과 기능은 주로 행정부와 입법부 및 사법부에 배분된다. 한편 일부 민주주의 국가의 헌법에서는 정책 결정에 있어서 신중을 기하기 위하여 정당과 군부 및 경제 단체의 대표나 기타 전문적인 자문 위원에 권력을 분담시키기도 한다. 그러나 대부분의 민주주의 정치 체제에서는 국민이 주권을 가진 주인이며, 공정한 선거를 통하여 국민이 선출한 대표자들에게 주권이 위임되는 것이 일반적이다.

또한 의원 내각제에서는 의회가 최고의 권한을 가지고 있고, 다른 모든 권력은 의회에 종속되어 있으며, 대통령 중심제에서는 일부의 영역에서만 의회가 최고 권한을 갖고, 다른 영역에서는 대통령이 최고의 권한을 갖는다. 그리고 아주 중요한 문제에 대해서는 국민이 직접 그 정책의 결정을 위해 국민 투표를 실시하기도 한다.

그러나 헌법의 규정에 따라 입법·행정·사법부의 권력을 조직하고, 그들간의 기능을 분배하며, 또한 그들간의 관계를 규정하는 것만으로 민주주의가 저절로 이루어지는 것은 아니다. 앞에서도 언급했지만, 우리가 민주주의를 실제로 활성화시키기 위해서는, 정치 권력을 담당하고 있는 정치인 및 행정 각 부처의 공무원들이 규칙에 따라 그 역할을 수행하고, 헌법에 규정된 방식에 의거하여 그들의 임무를 수행하는 책임 정치나 책임 행정이 필요하다.

19세기 초 이래로 유럽에서는 입법권 또는 행정권을 가진 사람들,

즉 대통령이나 수상 및 각료들이 국민이 선출한 대표자들로 구성된 의회와 국민에 대해 책임을 지도록 하고 있다. 그 책임 장치는 바로 민주주의 국가에 있어서 정기적으로 실시되는 선거이다. 대통령제에서는 대통령은 반드시 정기적인 선거를 통해 국민들에게 직접적으로 책임을 지도록 하고 있다. 대통령이 의회와 다른 헌법 기관에 의해서 탄핵을 받게 되는 것은 그가 헌법과 같은 중대한 법을 어겼거나, 아니면 반역 행위를 했거나 하는 특별한 경우에 한한다.

내각제에 있어서 수상은 한편으로는 입법부에, 다른 한편으로는 선거에 의해 국민에게 책임을 지도록 하고 있다. 결국 민주주의 국가에서 헌법은 개인의 권리와 의무를 규정하고, 정치 권력의 남용을 방지하기 위해 정부 기관에 대해 일정한 제약을 가하면서 통치 구조를 조직하며, 정부 관료들이 의회와 궁극적으로는 국민에게 책임을 지도록 하고 있다.[20]

민주주의는 인간의 존엄성과 자유, 평등, 정의 등을 전제로 하지만, 모든 사람들이 존엄한 가치를 실현하고 있는 것은 아니며, 또한 모든 사람들이 자유와 평등을 원하지만, 현실적으로 자유와 평등은 상충되는 측면이 없지 않다. 다시 말하면, 민주주의는 실현 가능한 이상을 말하는 것이지, 이미 실현된 현실을 의미하는 것은 아니다.

민주주의는 국민 대중이 나라의 주인 행세를 할 수 있도록 보장한 정치 제도이지만, 실제로는 소수의 엘리트가 국사(國事)를 이끌어 나가는 것이 현실이다. 특히, 오늘날과 같이 복잡한 사회 구조 속에서는 민주주의의 이념과 가치는 보편적으로 인정되지만, 그것이 실현되는 형태는 시대와 장소에 따라 다를 수밖에 없다. 즉, 민주 정치가 추구하는 이상과 가치는 동일하더라도, 민주주의의 발전 과정과 정부 형태는 나라마다 다르다.

---

20. 전득주, *op. cit.*, pp.80~82.

제9장 사회 정의와 윤리

사회와 윤리 사상의 지배적인 흐름은 이제 공리주의에서 사회 정의론으로 전환되었다고 해도 과언은 아닐 것이다. 따라서 현대 사회의 중요한 윤리적 과제 가운데 하나는 희소 가치의 정의로운 배분과 국민 복지의 증진이라고 할 수 있다.

마르크스는 국가뿐만 아니라 심지어 사법상의 개념과 제도까지도 사회 정의를 위협하는 요소로 간주하지만, 사회 정의의 문제는 개인과 조직 사회를 포괄하는 관점에서 조명해야 그 윤리적 당위성을 입증할 수 있다.

사회 정의와 윤리는 실증적인 개념이라기보다는 가치가 내재된 규범적인 개념이기 때문에 객관화하여 다루기는 어렵지만, 여기에서는 먼저 사회 정의의 문제를 살펴본 다음, 마르크스주의 사회 정의론을 비판적 관점에서 고찰하고, 자본주의 사회 윤리 분석을 위한 마르크스주의적 접근 방법 및 주장의 유용성과 한계, 그리고 방법론적 문제점을 분석함으로써 사상과 윤리 교육을 위한 시사를 얻고자 하였다.

또한 마르크스주의 사회 정의론을 무비판적으로 수용함으로써 초래되는 사상적 · 윤리적 혼란을 극복하고, 자본주의 사회의 전개 과정을 체계적으로 분석할 수 있는 이론적 기초를 모색하고자 하였다.

① 사회 정의의 문제

마르크스는 자유주의적 정의론을 비판하기 위해, 기초적인 사회적·정치적 개념이 사회 구조에 대한 이론과 실천의 결합에 밀접하게 관련되어 있다는 사실을 부각시키려고 노력하였는데, 이는 그의 지적인 왜곡을 보여주고 있다. 사회주의 사회에서처럼 자유를 억압하는 상태에서 평등과 정의를 강조하는 것은 그 자체가 넌센스(non-sense)이다. 사회 정의에 관해 '진리'를 말한다면 그것은 상대적일 수밖에 없다. '진리'보다는 오히려 효용이 사회 정의론에 대한 비판의 기준이라고 할 수 있다.

1. 정의의 일반적 원칙

일반적으로 정의의 원칙으로는 교환 정의와 분배 정의 및 법적 정의 등을 들 수 있다. 교환 정의는 사회적으로 중요한 의의를 가지는데, 어떤 물품에 대하여 정당한 가격을 주고받아야 한다는 가격 정의와 적절한 임금과 이에 따르는 의무 수행을 결정하는 노동 조건에 있어서의 거래 정의 등이 그 대표적인 예이다.

또한 분배 정의는 사회 공동체가 그 구성원에 대한 관계를 바로잡는 것이라고 할 수 있는데, 분배 정의의 목적은 정당한 분배를 통해서 개인들로 하여금 사회의 공동선에 참여하도록 하는 것이다. 그렇게 함으로써 사회 구성원들은 정신적·도덕적 계발을 도모할 수 있다. 분배 정의는 교환 정의에서처럼 산술적인 균등을 추구하는 것이 아니라, 기하학적인 균등(예: 세법 등)을 추구한다.

그리고 법적 정의는 공동선을 위한 질서 확립을 중요한 목적으로 삼고 있는데, 이는 주로 국가와 관계되는 정의이다. 분배 정의가 주어진 환경과 조건에서 자기의 몫에 알맞는 가치의 분배를 목적으로 하는 것이라면, 법적 정의는 정당한 입법과 행정을 도모하고 공동선을 위해 개인이 희생하도록 요구한다.

최근 정의의 문제에 대해 가장 주목할 만한 학설을 제시한 롤즈(J. Rawls)의 《정의론(*A Theory of Justice*)》에 의하면, 일단 모든 사람들에게 자유를 완벽하게 누릴 수 있도록 해야 한다는 것이 정의의 첫째 원칙이고, 그 다음으로 경제적인 문제를 고려할 경우, 가장 빈곤한 사람들의 복지를 우선적으로 배려해야 한다는 것이 둘째 원칙이다. 롤즈는 이러한 정의의 원칙에 의해 가치의 통합을 이룬 사회는 공동의 궁극적 목적을 가지며, 합목적적인 제도를 통해 개인과 사회의 이상을 실현할 수 있다고 주장했다.

또한 롤즈는 "각 개인은 사회 전체의 복지라는 명목하에서도 유린될 수 없는 정의에 입각한 불가침성(不可侵性)을 지니고 있으며, 따라서 정의로운 사회에서는 이러한 정의에 의해 보장되는 기본적인 권리가 더 이상 정치적 흥정의 대상이 되거나 사회적 이해 관계에 따라 희생되어서는 안 된다."고 주장하였다.[1]

정의의 두 원칙은 기본적으로는 사회 구조에 적용되는데, 이들 원칙은 권리와 의무의 할당을 규제하고 사회적 · 경제적 이익의 배분을 통제한다. 그리고 정의의 원칙들은 사회 구조가 각각의 원칙이 적용될 수 있는 두 부분으로 나누어질 수 있음을 전제로 하는데, 그 하나는 균등한 시민권을 규정하고 보장하는 사회 체제의 국면이고, 다른 하나는 사회적 · 경제적인 불평등을 구체적으로 설정하는 국면이다.

모든 시민의 기본적인 자유와 권리는 첫째의 원칙에 의해 누구에게나 균등할 것이 요구되는데, 그 이유는 정의로운 사회의 시민들은 동등한 기본권을 가져야 하기 때문이다. 둘째의 원칙은 소득 및 재산의

---

1. J. Rawls, *A Theory of Justice*(Oxford: Oxford University, 1971) 참조.

분배와 권한, 책임, 명령 계통 등에 있어서 차등을 두는 제 조직의 기획에 적용된다. 재산 및 소득의 분배는 반드시 균등해야 할 필요는 없으나, 그것은 모든 사람들에게 이익이 되도록 이루어져야 하며, 권한과 명령을 내릴 수 있는 사회적 지위는 누구에게나 개방되어 있어야 한다. 그렇게 함으로써 우리는 둘째의 원칙을 적용하게 되며, 사회적·경제적 불평등을 모든 사람에게 이익이 되도록 재구성할 수 있다.

정의의 원칙들은 위계(位階)적 순서를 이루고 있는데, 이러한 순서가 의미하는 것은, 첫째의 원칙이 요구하는 평등권에 대한 침해가 사회적 및 경제적 이해에 의해 정당화되거나 보상될 수 없다는 점이다. 다시 말해서, 경제적인 부와 소득의 분배 및 권력의 위계는 반드시 동등한 시민권의 자유 및 기회 균등을 보장하는 한에서만 정당화될 수 있다.

이처럼 정의의 원칙들은 순차적으로 배열되어 있기 때문에, 기본권과 경제적·사회적 이득의 교환은 허용되지 않는다. 정의의 원칙들이 순차적으로 배열되어 있다는 것은 사회의 기본 가치들 사이의 선호를 나타내고 있는데, 이러한 선호가 합리적일 경우 제 원칙들의 서열을 정하는 것도 합리적인 것이 된다.[2]

동서 고금을 막론하고 사회 정의 및 사회 윤리의 실현은 형식적으로나 실제적으로 인류의 이상이었다. 그러나 역사상 존재하였던 어떠한 사회 체제도 완전한 정의 사회의 건설에는 성공하지 못하였다. 그럼에도 불구하고 마르크스는 사회주의는 정의 사회이며 자본주의는 불평등, 즉 정의롭지 못한 사회라는 도그마(dogma)를 확산시키려고 노력하였다.

물론 자본주의 사회의 절차나 시장의 분배는 우수성에 대한 보상기제로 완벽하지는 못하다. 왜냐하면 자본주의 시장의 경쟁에는 여전히 참여자의 우수한 능력과 노력 이외에도 많은 불확실성과 우연성이 개재(介在)되어 있기 때문이다. 마르크스는 이러한 자본주의의 모순에

2. 황경식 역, *사회정의론*(서울: 서광사, 1986), pp.81~86.

대한 논거를 규범적 기준에서 찾기 위해 '기여의 원칙' 대신에 '필요의 원칙'을 적용하였다. 그러나 그는 '필요의 원칙'에 있어 필요가 어느 정도여야 하는지에 대해서는 명백하게 언급하지 않았다.

마르크스의 자본주의 비판은 자본주의가 근원적으로 부정의(不正義)하거나 비윤리적이어서가 아니라, 자본주의가 정의와 윤리의 개념을 필요로 하는 결함 있는 생산 양식에 기초하기 때문에 제기된다고 하겠다. 사유 재산권을 노동, 자유, 정의와 연관시키는 규범적 분석을 통해 자유주의적 자본주의에 대해 윤리적 비판을 가하는 것은 나름대로 유의미하다고 할 수 있다. 왜냐하면 그것은 소유권에 대한 자유주의적 정당화의 한계를 밝힘과 동시에 자본주의의 윤리적 개선 방향에 관해 사회 철학적 함축을 지니기 때문이다.

사회 정의는 하나의 근본적인 사회적 · 윤리적 가치이지만, 정의에 관한 올바른 분석과 철학적 정당화에 대해서는 사회 윤리학자들 사이에서 상당한 논란이 제기되고 있다. 특히 마르크스주의자들은 자유주의와 자본주의 사회를 비판하는 시각에서 정의론을 다룬다. 마르크스주의자들은 실적주의(merit system)적인 정의를 배척하지만, 현실적으로 사회주의 사회에서 실적주의적인 정의는 작동하고 있다고 보아야 한다.

사회 정의에 대한 마르크스의 급진적인 평가적 전망은 도덕적 · 윤리적인 것이라기보다는 오히려 인식론(認識論)적인 것이라고 할 수 있다. 다시 말해서, 자본주의는 많은 모순과 폐해(弊害)가 있기는 하지만, 마르크스가 자본주의를 비윤리적인 것으로 단정하는 것은 자본주의가 본질적으로 비윤리적이라서가 아니라 비윤리적인 것으로 인식하는 데에 문제가 있다는 것이다.

어떠한 정치 체제나 경제 체제도 결코 완전하지 않으며, 완전할 수도 없다. 사회주의 체제하에서 벌어졌던 구조적 모순들과 마찬가지로 자유 자본제 역시 그 자체로서 완성된 패러다임(paradigm)을 제시해 보인 적이 없다. 자본제와 자유 시장 체제의 구조적 결합과 시장의 실패는 정부의 개입을 초래하였으며, 정치적 개혁의 중요성 못지 않게 경제적 민주화의 필요성이 제기되었다. 그리하여 서구의 성숙된 자본주의는 장구한 세월을 통해 끊임없이 자기 수정과 메커니즘(mechanism)의 개혁을 진행시켜 왔다. 그 개혁은 사회 구성원들의 공통적인 이상에 기여할 수 있는 공정하고 균형 있는 사회 정의의 구현에 최우선 순위가 두어져 왔다고 해도 과언은 아닐 것이다. 이는 마르크스의 주장과는 달리 시민 민주주의의 가능성이 열려 있음을 의미한다.

물론 자본주의 사회에서 윤리적인 성숙이 없이는 민주주의, 자유, 인권, 정의 그 어느 것 하나도 제대로 구현할 수 없다. 인류가 공동으로 지향해 가야 할 새 질서는 인간의 존엄성과 기본권이 보장되는 정의 복지 사회의 실현에 초점이 맞추어져야 한다. 그것은 개인적 · 집단적 이기주의를 초월하여 윤리적 · 도덕적인 사회를 건설하는 것이다. 이러한 의미에서 전통적 자유주의의 방법론이 완전한 것이 아니라면, 우리는 새로운 사회 윤리적 도전과 과제 속에서 살고 있다고 할 수 있다.

2. 사회 정의와 복지 국가

플라톤(Platon: B.C. 427?~347)에 의하면, 정의는 모든 다른 덕목들을 조화시키는 최고의 덕목인데, 개인적 덕목들은 사회적 전체와 동일시되는 국가의 덕목들의 재생산이다. 그러므로 그에 있어서 정의의 개념은 국가와의 조화를 통해서 파악되며, 정의는 사회 질서의 유지라는 요구에 의해서 개인들에게 주어진 임무를 수행하는 것에서 성립된다. 그리하여 개인은 조직적 전체 사회 속에서 하나의 행위자로서 행동하지 않으면 안 된다. 플라톤의 이상 국가에 있어서, 개인은 그의 동료들과의 자유로운 경합에 의해서 그 자신이 놓여 있는 상황을 발견하는 것이 아니며, 공동체의 구성원들은 그 자신을 가장 잘 적응시키게 되는 계급에 지정되어야 하고, 따라서 완전한 조화와 통일은 국가와 국가 안의 모든 개인들을 특징지을 수 있다.

현대 사회의 복합적 변화 과정에서도 정의의 문제는 우리에게 사회의 기본적 구조를 경험적 또는 규범적 차원에서 재조명하는데 있어 적지 않은 통찰력을 요구하고 있다. 다시 말해서, 정의의 문제는 단순한 사변적(思辨的) 차원에서가 아니라, 주어진 사회의 기본적 구조라는 맥락에서 인간 관계를 다루게 됨으로써, 배분적 정의의 측면에 주안점이 모아지고 있다.[3] 특히, 롤즈의 정의에 대한 체계적 연구는 이러한 관점에서 높이 평가되고 있다. 그에 의하면, 정의의 문제는 사회의 기본 구조에 초점을 두고 있으며, 헌법 및 사회 · 경제적 제도 등과도 밀접하게 연결되고 있기 때문에, 정의에 관한 논의는 항상 어떤 주어진 사회의 기본적 구조의 쇄신이나 개혁과 직결된다.

20세기 후반에 접어들면서 제기되기 시작한 모든 정치적, 경제적, 사회적, 그리고 문화적인 병리 현상들은 너무나 복합적으로 전개되고 있기 때문에, 단순한 정의의 원칙이나 구호에 의해서 해결될 수 없음은 당연하다 하겠다. 즉, 배분적 정의의 문제는 매우 심각한 과제이기는 하지만, 그 자체가 복합적 요소들로 얽혀 있을 뿐만 아니라, 이를 평가하는 기준도 다차원적인 것이기 때문에, 보편적인 의미에서의 배분적 정의를 논의하는 것은 거의 불가능하다. 역설적이지만, 배분적 정의는 현실의 세계, 즉 불완전한 인간에 의한 불완전한 세계에서만 실현될 수 있다. 다시 말해서, 우리가 어떤 종류의 부정의(不正義)를 피하기 위해서 체계를 수정하게 되는 경우, 그것은 사실상 다른 종류의 부정의를 증가시키게 된다.

또한 공적(功績)과 욕구(필요)의 실제적 기준을 설정하는 데에는 많은 어려움이 따른다. 각 사회가 요구하는 능력과 공적은 상이할 것이기 때문에, 우선 소정의 가치를 판단하고 인정하는 기준이 마련되어

---

3. 이용필, *현대정치이론*(서울: 박영사, 1984), p.230.

야 할 것이다. 그리고 인간의 욕구에는 시대적인 제약을 초월하여 나타나는 요소들과 구체적인 현실에 의해 영향을 받는 요소들이 있으므로, 욕구의 기준과 관련하여 인간의 필요는 무엇인가, 누가 그 필요를 결정하는가, 인간의 욕구간의 갈등이 있을 경우에 그 우선 순위를 결정할 수 있는 준거는 무엇인가 하는 문제들이 논의되어야 할 것이다. 다시 말해서, 공적과 필요의 기준이 실제적인 의미를 갖기 위해서는 각 사회의 특성이 고려되어야 한다.

한편, 라파엘(D. D. Raphael)은 법과 사회 윤리에 있어서의 정의에는 보수적인 측면과 개혁적인 측면이 있다고 주장하였다.[4] 기존의 질서에 어떤 모순이 있다 하더라도 그 사회의 구성원들이 안정된 기반 위에서 편익을 얻고 있다고 생각하면서 현존 질서의 보존을 요구하는 경우, 사회 정의는 보수적 경향을 띠게 된다.

그러나 기존의 모순들을 시정하고 공정한 사회 질서를 확립하여 여러 가지 사회적 가치들을 구성원들에게 재분배하려는 요청이 강력하게 제기될 경우, 사회 정의는 개혁적 경향을 띠게 된다. 배리(B. Barry)에 의하면, 정의론은 옹호될 수 있는 사회 제도에 관한 이론으로서, 사회 제도란 인간의 창조물이기 때문에 필요에 의해 시정될 수 있다. 그러므로 이 경우 정의론은 기본적인 사회 제도 및 구조의 개혁과 밀접히 연관된다고 할 수 있다.[5]

산업 자본주의의 발전 과정에서 극명하게 부각되기 시작한 분배의 불평등 문제는 사회주의 경제 체제를 발생시킨 주원인이 되었으며, 이는 그 이후 자본주의의 변화 과정에서 하나의 외부 요인으로 작용하여 왔다. 사회주의 경제 체제가 사유 재산제에 따른 경제적 불평등을 모든

---

4. D. D. Raphael, *Problems of Political Philosophy*(London: Macmillan, 1976), p.170.
5. Brian Barry, *Theories of Justice: A Treatise on Social Justice, Vol. I*.(London: Harvester-Wheatsheaf, 1989), pp.192~198.

사회악의 근원으로 보고 이것의 폐지를 지향한 반면, 자본주의 경제 체제에서는 사유 재산제에 따른 불평등을 일차적으로는 정상적인 상태로 간주하고 있다. 이 점은 현대의 대표적인 정의론자라고 할 수 있는 롤즈에 의해서도 인정되고 있는데, 문제는 계층간의 심각한 부와 소득의 격차에 따른 갈등과 위화감을 완화시키는 것이라고 할 수 있다.

경제적 불평등이 자본주의 사회에서 정상적인 상태로 간주되는 것은 자본주의 경제 윤리가 자유주의, 개인주의, 합리주의 및 부의 사적 소유권에 그 근원을 두고 있다는 데에 연원한다. 로크(J. Locke)와 흄(David Hume) 등에 의해 기초된 부의 사적 소유권 개념은 아담 스미스(Adam Smith) 이후의 고전 경제학과 케인즈(John Maynard Keynes) 등의 신고전(新古典) 경제학을 거쳐 오늘날의 자본주의 경제 윤리의 근간을 이루고 있다. 로크는 모든 사람은 자유를 향유할 수 있는 동등한 자격이 있다는 전제하에, 어느 누구도 타인의 노력에 의해 생산된 재화에 대해 소유권을 주장할 수 없으며, 생산물의 소유권은 오직 이를 위해 노력한 당사자에게 귀속된다고 주장하였다.

따라서 로크에 있어서, 불평등한 소유는 당연한 것으로 인정된다. 즉, 불평등한 소유권을 부인하는 것은 개인의 소유 욕구와 경제 행위를 제한하는 것이며, 근면하고 능력 있는 사람의 생산적 의욕을 저하시키기 때문에, 결과적으로 사회 전체의 복지에 악영향을 미치게 된다. 노직(R. Nozick)은 이러한 로크의 사적 소유권론(私的 所有權論)의 전통을 계승하고 있는 대표적인 사회 정의론자이다.[6]

그러나 로크의 소유권 불균형 규범은 생산적으로 사용되면 경제 발전을 위한 강력한 추진력이 될 수 있지만, 부정적인 방향에서 사용되면 유산 계급을 옹호하는 역할을 하게 된다. 다시 말해서, 부와 소득의 불평등이 자본주의 체제의 운영에 활력을 불어넣는 요인으로 작동한

---

6. R. Nozick, *Anarchy, State and Utopia*(Oxford: Blackwell, 1974) 참조.

다 할지라도, 그러한 불평등의 심화 현상은 결코 바람직하지 않다. 마르크스가 로크를 가리켜 노동자 계급을 착취하는 산업 자본가라고 비난한 것은 이에 기인한다. 버거(Peter L. Berger)도 그의 최근 저서 《자본주의 혁명(*The Capitalist Revolution*)》에서 경제적 불평등의 원인과 그 개선책 등을 제시하고 있는데, 그에 의하면 불평등의 원인은 기술의 발전과 인구 증가 및 이동 간의 상호 작용에 있으며, 불평등 구조는 적절한 수준의 정부의 정책적 개입에 의해 개선될 수 있다.[7]

자본주의의 내부적 모순을 극복하기 위하여 생겨난 수정 자본주의는 자본주의의 근본 원칙인 사유 재산 제도와 계층 구조의 본질은 인정하면서도, 자본주의 경제 체제를 일부 수정함으로써 자본주의의 문제점을 시정하려는 체제이다. 수정 자본주의에서는 그러한 주도적 역할을 정부가 담당하게 되는데, 정부의 경제적 통제 및 조정 정책의 시초는 미국의 뉴딜(New Deal) 정책이다.

원래 자본주의는 하나의 우월한 경제 체제일 뿐이지 정치 체제는 아니었다. 그러나 자본주의가 발달함에 따라 점차 자본주의는 그 체

7. 근대 시민법은 개인주의와 자유주의의 입장에서 각 개인에게 사유 재산권을 보장하고, 계약의 자유를 인정하여, 그 결과 자본주의 경제 체제의 원동력이 되어 인류에 물질적 풍요와 경제적 번영을 가져다 준 것이 사실이지만, 극단적인 개인주의와 자유 방임주의로 흘렀기 때문에 기업의 집중과 독점화, 계층간의 대립과 갈등, 주기적인 경제 공황과 그에 따른 실업자의 대량 배출 등 여러 가지 사회 경제적 문제가 발생하여, 개인은 물론 국가 경제 전체가 중대한 위기에 직면하였다. 그리하여 실질적으로 평등하고 자유로운 생활을 확보(경제적, 사회적 약자의 보호)하기 위해 근대 시민법의 수정이 불가피하다는 주장이 대두되었고, 이에 따라 초기의 독점 자본주의가 가져 온 사회·경제적 폐해를 합리적으로 해결하기 위해서 비교적 근래에 노동법, 경제법, 사회 보장법 등과 같은 사회법이 등장하게 되었는데, 이는 정부의 적극적인 개입의 근거가 되었다. 또한 오늘날 재정 정책은 세입면에서 누진세와 특별소비세 제도, 그리고 세출면에서 저소득층에 사회 보장비를 지출(사회 보험, 공적 부조 등)함으로써, 소득 재분배 기능을 통해 빈부의 격차 해소에 기여하고 있다.

제가 기초하고 있는 정치 제도와 상호 유기적인 관련성을 맺게 되었다. 산업 자본주의와 독점 자본주의 시대에는 정치가 경제 제도에 대해 극히 제한적이고 소극적인 역할만을 담당하였다. 즉, 정부는 외적의 침입 방어(國防), 법과 질서의 유지(治安), 계약의 준수 보장, 조세 징수 등 고전적인 역할만을 담당하였다. 그러나 자본주의의 발달 과정에서 제기된 이념적, 실제적 문제점들과 1930년대에 발생된 경제 공황은 경제에 대한 정부의 역할을 크게 변모시켰고, 마침내 정부는 능동적으로 경제에 개입하기에 이르렀는데, 이러한 맥락에서 대두된 것이 복지 국가에 대한 전망이다.

신자유주의자인 그린(Thomas H. Green)은 복지 국가론(福祉國家論)의 창시자들 가운데 한 사람이라고 할 수 있는데, 그는 자유 방임주의자들이 강조했던 국가로부터의 자유(소극적인 자유)보다는 국가에의 자유(적극적인 자유)를 강조하면서, 국가는 이러한 자유를 모든 사회 구성원들이 향유할 수 있도록 적극적으로 입법 활동을 해야 하며, 교육, 보건, 주거 문제 등에서도 국가의 역할이 증대되어야 한다고 주장하였다. 영국의 자유당은 그린의 신자유주의에 입각하여 정책이 수행되도록 하는 것이 당의 사명이라고 선언하였고, 그린의 신자유주의는 페이비안 사회주의와 더불어 영국의 복지 국가 정책의 이론적 기초가 되었다.

페이비안 사회주의의 이론적 근거는 제본스(W. Jevons)의 한계 효용 이론 및 리카아도(D. Ricardo)와 조지(H. George)의 지대론(地代論)에 있다.[8] 페이비안들은 소득과 관련하여 한계 효용 이론을 전개하였는데, 국민 각자의 소득이 증대됨에 따라 그 증대 분에 대한 효용(한계 효용)은 점차 감소된다고 해석하였다. 그들에 의하면, 자본주의 체제에서 이미 기본적인 욕구를 어느 정도 충족시킨 부유층은 소득

8. Overton H. Taylor, *A History of Economic Thought*(New York: McGraw-Hill Book Company, 1960), pp.417~422.

증대 분을 생활 필수품 구매에 사용하지 않기 때문에, 소득의 총 효용을 높이기 위해서는 이 소득이 가난한 사람들의 긴요한 욕구 충족에 할당되어야 한다. 또한 전체적인 한계 효용의 관점에서 보면, 개인간의 소득이 평준화될 때, 소득이 전체 국민에게 가져다주는 총 효용이 극대화된다.

리카아도와 조지의 지대론에 의하면, 지대는 인구나 부의 증가 및 좋은 토지에 대한 선호 등 제반 사회적 수요의 증가로 인해 생기는 소득이다. 조지와 페이비안 사회주의자들은 토지의 사유화에 반대하면서, 토지는 국유화되어야 하고, 그 지대는 공익을 위해 사용되어야 한다고 주장하였다. 조지는 이러한 견해를 토지에만 국한시켰지만, 페이비안 사회주의자들은 그러한 주장을 모든 산업 부문에 확대 적용시켜, 생산수단도 토지와 마찬가지로 국유화되어야 한다고 역설하였다. 이를 위해 국가는 조세 정책에서 누진세율을 정하고 상속세율을 높여 조세 수입을 증가시킬 수 있고, 이러한 세입 중의 일부를 사기업체의 구입에 사용한다면, 종국에는 모든 사기업을 국유화할 수 있다는 것이다.

한편, 영국 노동당의 라스키(Harold Laski)는 그린의 자유 개념에 '최선아(最善我)'를 실현할 기회의 실질적 보장이라는 적극적인 의미를 부여하는 동시에, 그것을 국가의 기능으로 간주함으로써 국가 기능의 확대를 긍정하고, 복지 국가 내지 적극 국가에서의 국가 권력의 정당성을 확립시키려고 노력하였다.[9] 그에 의하면, 국가는 자유 방임을 전통적인 경제적 자유를 제안하고 '최선아'의 실현을 위한 물질적 제 조건을 보장하여야 한다. 그러나 실제로 오늘날의 자본주의에서는 국가나 정부의 기능이 크게 증대되어, 기본적인 경제 정책과 생산 및 유통만이 아니라 소득과 부의 분배 문제까지 국가가 관여하기에 이르렀다.

복지 국가는 경제적인 측면에서 볼 때 혼합 경제 체제이다. 즉, 기

---

9. *Ibid.*, pp.421~422.

본적으로는 자본주의 경제의 요인(민간 부문)을 갖추고 있지만, 동시에 최소한의 인간다운 삶의 보장, 완전 고용, 경제의 안정적 성장, 그리고 배분적 정의의 실현 등을 위해 정부가 경제 계획과 사회 보장 정책을 추진하는 역할을 담당한다는 점에서 사회주의 경제의 요인도 갖추고 있다. 그러나 모든 사회 구성원들의 복지를 향상시키기 위해서는 생산과 소득의 증대나 분배 및 안정만을 중시할 것이 아니라, 비경제적인 복지의 문제도 고려되어야 한다.

이와 같은 측면에서 볼 때, 복지 국가는 단지 경제적 풍요로움만이 아니라, 사회 보장이나 완전 고용에 의한 생활의 안정, 분배의 형평, 경제 외적인 복지 등과 같은 모든 요인들이 조화를 이루면서 높은 수준에서 유지되고, 보다 높은 차원의 개선 및 개혁이 민주적으로 조직된 정부나 기타의 공공 기관 또는 민간 단체에 의하여 합목적적으로 추구되는 국가 사회라고 할 수 있다. 그러나 그러한 사회를 완벽하게 구현하는 것은 현실적으로 어려운 일이다. 따라서 복지 국가는 하나의 이상적 사회상이라고 할 수 있는데, 현대의 자본주의 국가들은 그 운영 과정에서 나타나는 실제적인 문제점들(예를 들면, 시장 기구의 한계 및 실패)을 보완, 시정하면서 그러한 이상에 접근하고자 노력하고 있다.

2 마르크스주의 사회 정의론

마르크스는 하나의 체계적인 정의론을 정립하고자 시도하지는 않았으며, 정의에 관한 절대론적 윤리설의 입장을 부인하였다. 그는 역사 발전의 운동 법칙을 믿었기 때문에 국가의 자율성을 충분히 인식할 수 없었고, 사회 정의론을 이데올로기적인 것으로 간주하였다.

1971년 롤즈의 《정의론》이 출판된 이래로, 정의의 문제와 관련하여 마르크스주의는 분석 철학자들 사이에서도 상당히 진지하게 논의되어 왔다. 마르크스는 사법(司法)상의 개념들(juridical conceptions)을 비판하는데, 정의나 권리에 대한 마르크스의 급진적 비판은 모든 정의론에 대한 하나의 도전이지만, 최근의 정의론은 마르크스의 가장 기본적인 비판들로부터 벗어날 수 있는 가능성을 보여주고 있다.

특히, 롤즈의 《정의론》은 매우 복합적이기 때문에 롤즈에 대한 대부분의 마르크스주의적 비판은 적어도 부분적으로는 오해에 기초하고 있다. 독창적이기는 하지만 선동적인 마르크스의 견해는 갈등의 원천에 대한 오해 및 사법상의 개념들이 수행하는 역할에 대한 몰이해에 기초하고 있다. 따라서 마르크스의 사고는 정의가 사회 제도의 최우선적인 덕목이라는 명제와 인간 존중이 개인의 최고 덕목이라는 명제에 대해 심각한 도전을 제기하고 있다. 마르크스는 국가나 사법상의 이론 및 실천에 관해 어떠한 체계적인 논문도 쓴 일이 없다. 여기에서는 주로 경험적 차원에서 마르크스주의 사회 정의론을 비판하고자 한다.

1. 마르크스주의 사회 정의론의 사상적 기저(基底)

전통적으로 마르크스의 사회 정의론은 완벽주의(perfectionism) 정치 철학10과 역사주의 및 실질적 정의관에 기초하고 있다고 할 수 있다.

완벽주의 정치 철학은 가치 실재론과 이성적 직관주의를 특징으로 하고 있는데, 가치 실재론은 가치가 인식의 주체와는 관계없이 이미 객관적으로 결정되어 있다고 보는 관점이며, 이성적 직관주의는 도덕적 진리와 사실을 이성으로 직관하여 알 수 있다는 입장이다. 그러나 가치간의 대립은 현상적인 것이 아니라 본질적인 것이라는 생각이 근대 이후의 사회 철학에서 주류를 이루고 있으며, 인간은 직관주의를 완전히 벗어날 수는 없지만, 직관주의의 최대 약점은 인간의 직관이

10. Paul Edwards, ed., *The Encyclopedia of Philosophy, Vol. 7&8*(New York: Macmillan Publishing Co., Inc. & The Free Press, 1967), pp. 340~343.

불명료하다는 것이다.

완벽주의는 그 정신에 있어서 정치적 중립주의의 반명제(反命題)이다. 정의의 원칙에 대한 선택은 중립적일 수 없다는 점에서 완벽주의는 윤리 이론에 관한 마르크스의 방법론으로서 중요한 의미를 지니지만, 그 문제점 또한 적지 않다. 완벽주의가 사회주의에서와 같이 좁은 삶의 이론에만 집착한다면, 그것은 자유주의의 근대성(近代性)이 이루어 놓은 성과를 부인하는 반문명적 해결이 될 것이다.[11]

마르크스는 논리적으로 사회를 개인의 선행체(先行體)로 보았는데, 모든 진리와 가치의 사회적 · 역사적 상대성을 주장하는 역사주의는 윤리적 상대주의의 가장 극단적인 형태라고 할 수 있다. 그러나 존 케케스의 주장처럼, 다원 사회의 도덕성을 논의할 때는 사회의 다양성을 수용하면서도 보편적인 가치를 인정하여 도덕적 상대주의에 빠지지 않는 것이 옳다.

마르크스에 의하면, 사회주의는 실질적 정의의 개념을 구체화시킨다. 그는 정의나 다른 사회적 가치들에 관한 문제를 평가적이기보다는 오히려 실제적인 것으로 본다. 따라서 그의 방법론은 실제적인 명제로부터 규정적인 결론을 유도하는 오류를 범하고 있을 뿐만 아니라, 도덕적 사실주의의 형태를 띠고 있다고 할 수 있는데, 현대의 사회 윤리학자들은 도덕적 사실주의가 철학에서의 퇴보를 초래하였다고 주장한다.[12]

마르크스주의 사회 정의론은 사회주의적 정의 개념과 착취 및 소외

---

11. G. McCarthy, "German Social Ethics and the Return to Greek Philosophy: Marx and Aristotle", Bob Jessop, ed., *Karl Marx's Social and Political Thought, Vol. 1.*(New York: Chapman and Hall, Inc., 1990), pp.347~348.
12. Karl Marx & Lewis S, Feuer, ed., *Basic Writings on Politics and Philosophy*(New York: Doubleday & Company, Inc., 1939), pp.42~46.

이론, 그리고 일원론적 계급론과 사회 불평등 갈등론 등으로 구성되어 있다고 할 수 있다.

마르크스는 자본주의 사회의 정의를 귀속된 이익에 대해 정당화의 영향을 미치는 것으로 보았다. 그에 의하면, 희소 자원은 사회에서 정당하게 배분되지 않으며, 과업과 그에 따른 보상은 불공평하게 배분되고, 계층 체계는 종종 혁명적 과정을 통해서 변화한다.

계층이 다양한 요소에 의하여 서열화된 위치의 집단을 의미한다면, 계급은 주로 경제적 요소에 따라 서열화된 위치의 집단이라고 할 수 있다. 이러한 의미에서 마르크스는 일원론적인 계급론자라고 할 수 있다. 마르크스주의 사회 정의론은 노동과 자본 간의 사회적 제 관계는 모순적이며, 그것은 사회적 합의에 따라 윤리적으로 설정되지 않고, 궁극적으로는 계급 권력에 따라 좌우된다는 일원론적 계급론에 토대를 두고 있다. 그러므로 마르크스주의는 사회 정의의 문제를 지나치게 정치주의에 입각해 해석함으로써 자본주의 사회의 실적제(merit system)를 간과한 나머지 사회 정의론과 계급론을 혼동하는 오류를 범하고 있다.

마르크스주의자들은 사회 계층화 현상에 대해 갈등론적인 관점에 입각해서, 사회 불평등은 얼마든지 회피할 수 있고, 그것은 사회와 개인의 발전에 저해되며, 사회의 해체 요인이 된다는 급진적인 주장으로 일관하고 있다. 그들은 갈등과 변화를 언제나 있어 왔고, 불가피하며, 또한 기대되는 것으로 본다.

그들에 따르면, 지배는 강압에 토대를 두고 있기 때문에 지배 계급에 대한 피지배 계급의 저항은 필연적이며, 지배 집단은 이데올로기와 신화를 통해서 그들의 특권을 정당화하려고 시도한다. 따라서 계급은 지배와 착취에 의해서 생겨나며, 권력을 가진 사람들이 그들의 영향력을 유지 · 증대시키려고 노력하기 때문에 영속된다고 주장한다.

마르크스는 인간 사회에 대해 근본적으로 냉소적(冷笑的)인 입장을 취했다.[13] 그에 있어서 사회의 공통된 가치들로 나타나는 것은 전체 구성원들 사이에서 합의된 것이 아니라, 특권을 부여받은 계층의 가치들에 지나지 않는다.

마르크스는 이론적으로 무도덕성주의(無道德性主義)의 입장을 취하고 있다. 그는 정의와 권리에 대한 사법상의 개념이 사회 구조와 사회 변화를 설명하는데 중요한 역할을 한다는 사실을 인식하지 못하였다. 사회 정의에 대한 마르크스주의적 개념은 필요에 따른 분배로서 간주될 수 있는데, 실제적인 공산주의 사회에서는 희소성의 원칙이 존재하지 않는다는 마르크스의 주장은 사회 정의에 대한 이론적 출발점이 자유주의와는 근본적으로 다르다는 것을 보여주고 있다.

마르크스에 있어서 윤리와 정의는 본질적으로 자본주의 사회의 이데올로기를 표현하는 부르주아적 개념이다. 만약 사회 정의가 마르크스의 주장처럼 본질적으로 자본주의적 개념이라면, 정의에 대한 규범론은 부르주아적 개인주의의 가치들을 설명하는 것이 된다. 따라서 마르크스주의 사회 정의론은 정의가 모든 사회에 적용될 수 있는 전(全)역사적인 개념이라는 주장에 대한 비판으로 구성된다. 즉, 자본주의에서의 정의는 보편적인 가치를 가장하여 부르주아 이익을 옹호하는 하나의 이데올로기적 개념에 불과하다는 것이다.

마르크스에 의하면, 공산주의는 정의나 권리의 일반적 개념이 사회관계를 형성하는데 있어서 아무런 역할도 수행하지 못하는 사회이며, 정의나 권리의 개념을 필요로 하는 자본주의는 그러한 개념들에 대한 요구가 충족될 수 없는 사회이다. 정의와 권리에 대한 이와 같은 마르크스의 급진적 비판은 현재의 사회학 이론이나 윤리학 이론에 심각한 도전이 되고 있다. 마르크스주의자들은 정의와 권리의 개념을 제대로 파악할 수 없었고 심지어는 그것을 경시하기까지 하였다. 또한 그들

13. George G. Brenkert, *Marx's Ethics of Freedom*(London: Routledge & Kegan Paul, 1983) 참조.

은 공산주의 사회도 정의와 권리에 대한 사법상의 개념을 필요로 할 것이라는 점을 인식하지 못했다.

마르크스는 사회주의 사회에서의 불균등 분배를 자본주의 사회의 잔재에 기인한 불가피한 사정의 탓으로 돌리고 있다. 그리하여 그는 공산주의 단계에 이르게 되면 그러한 모순이 극복되어 절대 평등의 사회가 도래할 것이라고 예언하였다. 마르크스의 이러한 논리는 그의 주장의 한계로 여겨지고 있다. 사회주의에서의 불평등은 자본주의의 객관적 속성에서 비롯되는 것이 아니라, 인간의 천부적 재능과 소질 및 노력의 차이에서 비롯되는 것으로 보아야 한다. 따라서 절대적인 평등은 인간 사회에서는 그 개념 자체가 성립될 수 없는 오류를 내포하고 있다고 할 수 있다.

2. 마르크스주의 사회 정의론과 국가

사회주의자들의 자본주의 비판은 주로 자유주의적 낙관론과 추상적 개인주의에 초점이 맞추어졌다. 사회주의자들이 자유주의를 비판할 때 규범적 준거로 삼았던 삶의 가치는 공동체적 삶의 양식(communal life-style)인데, 그러한 공동체적 삶의 양식이 지니는 규범성은 '인간은 사회적 유대 관계를 통해서 가치로운 삶을 실현한다'는 전제에 기초하고 있다. 자유주의적 개인주의에 대한 마르크스의 증오는 그가 역사의 종국으로 보았던 계급 없는 사회에 모든 희망을 걸었던 데에서 잘 나타나고 있다.

마르크스주의자들은 흔히 '부르주아의, 부르주아에 의한, 부르주아를 위한'이라는 명제를 가지고 자본주의 사회를 특징지우고 있다. 그 이유는 자본주의의 계급적 구성 원리와 생산 양식으로부터 파생되는 자본가 계급의 헤게모니가 사회정의와 관련하여 심각한 윤리적 문제가 있다고 믿기 때문이다.

그러나 사회 정의의 문제와 관련하여 마르크스의 오류는, 자본주의 사회의 근대성(近代性)의 발전으로 야기되었던 여러 가지 문제들(자본주의의 모순과 폐해)을 전근대적인 발상법인 좁은 삶의 이론(narrow theory of life)으로 풀려고 한데 있다고 할 수 있다. 매사를 경제적 하부 구조의 반영으로 파악하려는 경제 환원주의와 계급 환원주의는 좁은 삶의 이론이라고 하겠다.14

자본주의 사회의 모순과 해체 원인 및 그 현상을 탐구하려는 마르크스주의적 접근 방법에 의하면, 국가란 경제적 하부 구조, 즉 자본과 임금 노동의 관계를 반영하는 표면적 현상에 불과하며, 따라서 국가는 계급 지배 구조 자체의 안정성을 강화, 보장하기 위한 지배 계급의 비윤리적인 도구이다. 비록 네오 마르크스주의자들이 자본가 계급을 통제하고 노동자 계급의 복지를 도모하는 정책을 추진할 수 있는 정치 메커니즘으로 자본주의 국가를 파악한다고 하더라도, 그들은 자본주의 국가의 상대적 자율성만을 인정하고 있을 뿐이다.

다시 말해서, 네오 마르크스주의 역시 자본주의 사회에서의 국가는 자본가 계급의 정치 권력을 옹호하는 중요한 근원이라고 보고 있다. 즉, 마르크스주의자들은 국가를 분석함에 있어서 정치와 경제 간의 복합적 연계성을 동태적(動態的)으로 파악하지 못하였고, 네오 마르크스주의자들은 국가의 상대적 자율성에 대한 분석에도 불구하고 국가가 지배 계급의 정치적 이익에 봉사한다고 주장함으로써 정치 부문과 경제 부문 사이의 복합적 상호 관계 분석에 실패하였다.

마르크스주의와 네오 마르크스주의는 그들 간의 다양한 차이에도 불구하고, 근본적으로는 권력 관계로서의 자본주의만을 비판하고 있기 때문에 다른 경험적인 문제들을 도외시하는 경향이 있다. 그들 모

---

14. Allen W. Wood, "The Marxian Critique of Justice," *Marx, Justice & History*, Marshall Cohen, Thomas Nagel, Thomas Scanlon, eds. (Princeton: princeton University Press, 1980), pp.14~17.

두는 자본주의 사회의 복합적인 메커니즘을 동태적으로 분석하지 못하고 있으며, 토대-상부 구조 모델에 입각한 경제 결정론은 네오 마르크스주의자들 사이에서조차도 그 적실성(適實性)에 의문이 제기되고 있다. 또한 그들의 국가 기능에 대한 분석은 지나치게 정치주의에 빠져 있다고 할 수 있다.

자유주의적 정의론에 있어서 실적주의적 상벌 체계는 정당한 것으로 간주되지만, 마르크스주의자들은 실적주의적인 정의를 배척한다. 이는 유물 사관의 결정론에 기초하고 있는데, 그것에 따르면 인간의 모든 행위는 회피할 수 없는 사적(史的) 과정의 산물이며, 역사는 하나의 결정된 과정이다.

그러나 민주적 절차가 존재하는 인간 사회에서는 개인 및 집단의 공과(功過)를 고려하는 것이 윤리적이고 도덕적이다. 따라서 마르크스주의자들은 도덕적 기준에 있어서 인간의 선택과 노력 및 인격에 의해 이루어지는 행위에 대한 책임과 책무성(責務性)을 도외시하는 오류를 범하고 있다고 할 수 있다. 만약 인간이 도덕적 원칙의 견지에서 욕망을 통제할 수 없다면, 인간의 행위에 대해 칭찬하거나 비난하는 것은 아무런 의미도 없다고 하겠다.

사회 정의의 문제는 사회 구조와 연계되어 있다고 보는 것이 옳다. 즉, 사회 정의는 여러 가지 사회 제도와 밀접하게 관련되어 있다. 비록 배분적 정의에 관한 어떤 원칙이 일반적으로 인정된다고 할지라도, 그러한 분배 원칙을 공정하게 운용하는 데에는 경험적으로 많은 어려움이 수반된다.

희소성의 원칙은 차치(且置)하더라도 각 사회는 공적과 필요의 두 가지 기준 중에서 그 사회가 보다 큰 가치를 두는 기준을 적용하게 된다. 일반적으로 계약적 사회관이 지배적인 사회에서는 공적의 기준이 강조되며, 이와는 달리 경제의 구성을 합리적 개인의 계약적 집합으로 보지 않고, 운명적 · 필연적인 존재로서의 개인이 모여 사는 상태로 보는 사회에서는 필요의 기준이 강조된다. 왜냐하면, 전자(前者)의 사회는 자유와 효율성을 선호하는 반면, 후자(後者)의 사회는 평등과 형평의 가치를 실현하려는데 중점을 두는 경향이 있기 때문이다. 그리하여 모든 사회에 있어서 정의의 실천적인 원칙은 그 사회의 목표에 의거하여 설정되기 때문에, 정의의 원칙은 사회적으로 제약되게 마련이다.

마르크스의 목표는 개인들의 자아 실현과 개인간의 평등이었다. 마르크스에 의하면, 자본주의의 도덕성에 관한 연구에 있어 노동의 기여에 따른 배분 원칙은 좋은 이론적 도구가 아니며, 이상적인 평등 · 복지에 대해서도 차선적인 원칙이 아니다. 그에 있어서는 오히려 필요의 원칙을 복지 · 평등주의로 해석하는 것이 보다 타당할 것이다.

마르크스의 사회 정의론은, 노동의 기여에 따른 배분 원칙이라는 차원에서 그가 말하는 착취가 부당하다는 것에 대해 분명한 이론(異論)이 있다는 점과, 필요의 원칙 그 자체는 이론적으로는 몰라도 실제적으로는 옹호되기가 어렵다는 점에서 반박될 수 있다. 이러한 점에 비추어 볼 때, 마르크스는 그 자신이 맡았던 이론적 · 실제적 임무를 수행하는데 있어서 너무나 유토피아적이었고 지적인 통제력도 없었다고 할 수 있다.

마르크스와 레닌은 당시의 그들 모두를 휴머니스트라고 자처하였다. 그러나 그 당시는 산업 혁명으로 인간에 대한 착취가 극에 달했던 상황이었고, 인간의 지성과 양심은 그 비참한 상황을 제대로 인식할 수 없는 수준에 머물러 있었다. 오늘날 공산권의 몰락은 인간이 물리적 강제력을 동원해서 사회 정의를 구현하는 것은 비현실적이고, 평등 실현은 자유의 말살이라는 비용을 지불할 경우에는 불가능하며, 사회주의의 이상을 추구하기 위해서는 자유주의의 기본적 가치들을 모두 부정해야만 한다는 생각은 잘못이라는 점을 여실히 증명하고 있다.

인간적인 것이나 존재론적인 성찰보다는 사회 과학적 · 전략 전술적인 변증법적 유물론으로 인간의 존재론을 대체하려는 것은 윤리적으로 문제가 있을 뿐만 아니라, 인간 사회가 사적 유물론(史的 唯物論)을 통한 계급 투쟁 하나만으로 다른 사회로 넘어 간다고 본 것도 잘못된 생각이었다. 마르크스의 유물 사관에 기초한 평등주의는 기회의 평등이 아니라 분배의 평등(형식적, 절대적 평등)을 주장한다는 점에서 상당한 모순과 위험성을 내포하고 있다고 할 수 있다.

인간이 공동 생산과 균등 분배를 통해 인간성의 문제를 해결할 수 있다는 주장은 너무나 인간 존재의 현실을 무시한 단선적인 발상이었다. 이러한 인간성의 문제에 직면하여 사회주의는 처음에는 인간 해방을 표방하였지만, 결국 권력 정치와 피의 숙청 및 경제적 침체를 경험할 수밖에 없었는데, 이는 인간에 대한 인식 부족과 윤리 의식의 부재 등 철학의 빈곤을 입증하는 것이라고 하겠다.

그러므로 프롤레타리아 독재와 급진적인 저항 문화로 사회 정의를 실현할 수 있다는 이론과 주장은 공상에 지나지 않는다고 말할 수 있다. 넓은 삶의 이론으로 사회 구성 양식을 창출하려면, 사회 정의 뿐만 아니라 그것을 넘어 선 넓은 삶의 가치들(예: 인간 존중, 사랑, 미적 가치 등)이 사회 구성 양식에 주요 가치로 편입되어야 할 것이다. 왜냐하면 넓은 삶의 이론은 비도덕적 가치를 포함한 다양한 가치를 수용할 수 있는 가능성을 열어 놓고 있기 때문이다. 적어도 혁명적인 인간보다는 문화적인 인간이 보다 넓은 삶을 영위할 수 있을 것이다.

3. 시민 민주주의의 가능성에 대한 부인

마르크스는 시민 민주주의의 가능성을 부인하였다. 사회주의와 자유주의를 적대적으로 분리, 단절시켰던 마르크스의 오랜 이분법적 고정 관념은 자유와 평등을 타협이 불가능한 적대 개념으로 양극화시킴으로써, 자유 민주와 평등 추구가 양립될 수도 있다는 여망을 원천적으로 봉쇄하였다. 그러나 20세기 말 동구에서 진행되었던 세계사적 변혁은 그러한 고정 관념을 타파하고도 남음이 있다. 이제 마르크스주의는 유일 무이한 신학적 진리의 위치로부터 '여러 가지 관점 가운데 하나'라는 위치로 전락(세속화)되고 말았다.

마르크스주의를 처음으로 제도화시켰던 사람은 레닌이었는데, 그는 의회를 해산하고 다른 좌파 정당(SR 黨)을 비롯한 모든 반대파를 숙청한 다음, 소위 '부르주아 민주주의'라고 그들 스스로가 부르는 자유 민주적 장치들을 폐기하고, 공산당 일당 체제를 확립하였다. 또한 레닌은 전위당론과 민주 집중제라는 독재 이론을 체계화하여 노동자, 농민, 병사, 기타 민족 대표들로 구성되는 이른바 소비에트 모델을 제도화하였다. 그러나 소비에트는 무력화(無力化)되었고, 노동 조합도 국가 기관으로 편입되었으며, 민주 집중제는 '민주'가 사라진 대신 '집중'만이 남게 되었다. 그로부터 70여 년 후 생활 필수품마저 부족한 경제난에 봉착한 나머지 나온 것이 공산당 권력 독점의 포기였는데, 이는 사회 정의를 표방하였던 마르크스-레닌의 국가론이 종말을 고하게 되었음을 고백하는 것이라고 하겠다.

레닌, 스탈린, 브레즈네프 등의 볼셰비키들은 인간의 이기적 욕망을 극도로 억제시켜야만 착취와 불평등이 없어지고 사회 정의가 실현된다는 명제를 그들 이론의 기저로 삼았다. 그러나 그들은 사회적인 삶의 조직 원리가 불가피하게 욕망의 원리와 절제의 원리, 시장의 원리와 조정의 원리, 개인의 원리와 공동체의 원리 등을 병립시킬 수밖에 없다는 사실을 간과하였다.

세속의 인간은 이기적인 욕망과 도덕적인 절제의 이중성 속에서 살아갈 수밖에 없다.[15] 인간의 사회적인 삶에서 강제로 욕망의 원리를 배제한 것이 사회주의의 실패 원인이라고 한다면, 자본주의가 직면하

15. Erich Fromm, "Philosophische Anthropologie und Psychoanalyse" in *Philosophische Anthropologie Heute*(München: Rudolf Huber-Wilkoff, 1972), pp.84~86.

고 있는 문제는 과도한 욕망을 억제하기 위해 절제의 원리를 강화하는 것이라고 할 수 있다. 그리하여 우리는 인센티브 체계(incentive system)에 인간적이고 도덕적인 절제의 원리를 보완시키는 균형 체계를 미래 사회의 모델로 설정해야 할 것이다.

마르크스주의 사상이 출현한 이래, 유신론적인 인간관 및 경제 사회관과 무신론적-유물론적인 마르크스주의 인간관 및 경제 사회관은 부분적으로는 궤를 같이 한 측면도 없지는 않지만 근본적으로는 대립과 투쟁으로 일관했는데, 결국 마르크스주의는 인간적인 측면에서뿐만 아니라 경제·사회적인 측면(특히, 생산)에서도 실패할 수밖에 없었다. 그 이유는 본연의 인간상이 왜곡되고 소외된 곳에서는 올바른 경제 사회상이 나타날 수가 없기 때문이다.

인간은 공동체를 형성하여 살아야 하기 때문에 개인이나 법인에 무제한적인 사유 재산을 허용할 수는 없지만, 합리적이고 조화로운 사유 재산은 허용되어야 한다. 그러나 마르크스주의는 사유 재산권을 전면 거부하였다. 인간은 존재에 있어서는 평등하지만, 실제적인 삶의 현실에 있어서는 신체적 및 정신적 조건, 유산의 정도, 욕구, 취향, 수요, 시대와 역사적 배경 등이 각기 다르기 때문에 물리적으로 균등한 생산과 분배를 강요할 수가 없다. 하지만 부와 소득의 공정한 분배는 오늘날 모든 국가의 당면 과제가 되었다. 따라서 현대 국가는 사회 정의와 진정한 국민 복지의 실현을 위해 여러 가지의 제도적 장치를 마련하고 있다.

물론 자본주의 국가의 노동자들이 조세 구조의 불합리성으로 인하여 조세 형평과 응능(應能)의 측면에서 상대적인 박탈감을 느끼는 경우도 있다. 국가에 따라서는 근로 소득과 여타 소득간의 불공정과 불공평이 여전히 문제점으로 남아 있으며, 조세 정의와 크게 배치되는 자본 이득이나 재산 과세에서의 허점과 특혜 또한 잔존하고 있는 실정이다. 그러나 이러한 구조적 불공평에서 비롯되는 소득세제 자체의 모순 및 근로 소득자들의 상대적 박탈감은 정부의 부동산, 자본 이득에 대한 과세 등 세제 개혁에 의해서 근본적인 개선이 가능하다.

자본주의 국가에서는 소득 분배를 놓고 계층간의 갈등이 없지는 않으나, 추세적으로 보면 중산층이 두터워지면서 불균형이 시정되고 개선되어 가고 있다. 또한 역사적으로 자본주의 국가들은 내적인 조정을 거듭하면서 발전하여 왔다. 이는 시장 경제가 내세우는 '보이지 않는 손(invisible hand)'에 의한 자율 조정 기능과 '보이는 손(visible hand)'의 의도적인 기능(정치권을 포함한 광의의 정부의 의도적 기능)이 공조 체제를 유지하여 왔기 때문이다.

탈산업화(脫産業化), 즉 정보화 사회를 지향하는 오늘날의 시민 민주주의는 삶의 질에 대한 욕구, 지식과 교육, 사회 복지와 자기 실현, 과학 기술, 그리고 환경과 공해 등을 총체적 시스템으로 보는 패러다임(paradigm)이라고 할 수 있다. 자유 민주주의에서 개혁은 바로 생명력이기 때문에, 선거 등을 통한 개혁은 무기력한 사회가 역동적으로 활기를 되찾게 해주는 메커니즘이기도 하다.

오랜 서구 자본주의의 경험에 비추어 볼 때, 여전히 확립된 교과서적인 원리는 존재하지 않는다는 점에서, 민주주의와 시장 경제의 병행 추구는 모든 사람들의 관심사이자 책임이라고 할 수 있다. 시장 경제는 그 효율성에도 불구하고 수많은 문제점과 모순으로 인해 독과점과 불공정성이 지배하는 실패한 측면을 보여주기도 하였다. 그리하여 이러한 시장의 실패를 해결하기 위해 정부의 개입과 정책적 개혁이 불가피하게 되었다.[16] 또한 아담 스미스가 '도덕 정조론(道德情操論)'에서 지적한 바와 같이 자본주의는 엄격한 도덕 규범을 바탕으로 하지 않고서는 성공할 수 없게 되었다.

---

16. 독일은 사회 시장 경제(social market economy)라는 틀을 만드는데 성공하였고, 미국은 다원적 시장 경제(pluralistic market economy)의 틀을 만들어 왔으며, 일본은 협조적 시장 경제(corporatist market economy)라는 그들 국민의 특성에 맞는 경제의 틀을 형성시켜 왔다.

이제 자유와 평등, 시장의 원리와 계획의 원리는 상호 조화적이고 보완적인 관계 속에서 미래의 세계를 설계해야 한다. 구 소련에서의 실패가 자본주의의 자기 혁신 메커니즘의 필요성을 희석시키는 것은 아니다. 왜냐하면, 보다 공정한 국가와 사회 관계를 만들고 싶어하는 인간 내면의 본성적 욕구 자체는 인간이 원하든 원치 않든 언제 어디서나 항상 남아 있기 때문이다.[17]

인류 역사상 생산 양식으로서의 자본주의는 부분적으로는 불공정한 경쟁과 경제력의 집중 등으로 인해, 본래의 취지와는 다른 방향으로 발전하기도 하였으며, 때로는 자유 민주주의가 기득권 집단의 권익을 옹호하는 이데올로기로 전락되기도 하였다. 그러나 현실 사회주의의 실패를 예로 들지 않더라도 혁명적 수단에 의한 사회주의에로의 이행은 결코 해결책이 될 수 없다. 왜냐하면 현재의 모든 정치 체제에서는 중산층의 역할이 핵심적일 수밖에 없기 때문이다. 즉, 어떤 정치 체제이든지 간에 중산층을 사회적 기반으로 할 수밖에 없으며, 체제의 성격도 중산층에 의존할 수밖에 없다.[18]

따라서 현대는 더 이상 자본주의냐, 사회주의냐 하는 이분법적인 양자 택일의 시대가 될 수 없고, 제3의 이데올로기로서 양대 이념간의 변증법적 융합을 도모할 시점이라고 할 수 있다. 다시 말해서, 정치적으로는 시민 민주주의, 그리고 경제적으로는 생산의 사회적 통제, 즉 자본주의 경제에 사회주의의 원리를 가미하는 것이 바람직할 것이

---

17. 토마스 아퀴나스(St. Thomas Aquinas)에 의하면, 모든 법규범들의 근원은 자연법인데, 자연법의 기본 원리는 인간의 본성에 적합한 것이며, 인간이 이성적인 존재로서 그 나름대로 본성적인 경향을 가지는 데에 기인하고 있다. 또한 자연법은 한 시대의 역사적 상황에 의존하는 실정법과는 달리 쓰여지지 않으며, 인간의 본질에 의해 규정되는 것으로서 절대로 상실해서는 안 되는 영원한 법이다. Heinrich A. Rommen, *The Natural Law* (New York: Arno Press, 1979), pp.215~246.

18. 차인석, *사회의 철학*(서울: 민음사, 1992), pp.308~310.

다. 민주적인 선거의 시대에 살고 있는 지금 혁명의 시대는 이미 끝났다. 이제 우리에게 필요한 것은 급진적인 체제 변혁이 아니라, 민주주의의 재정립을 위한 건설적인 개혁주의이다.

서로 다른 집단적 이해 관계 속에서 최적의 대안을 실현하고, 사회 구성원 모두가 그것에 동의할 수 있도록 하는 유일한 방법은 정치이다. 정치는 민주주의적 규칙을 존중하며, 광범한 대중의 동의를 이끌어 내면서 개혁 운동을 추진하고, 사회적 공동선의 구현과 조화를 추구하면서 각 계층이나 집단의 요구를 실현하는 기능을 맡아서 해야 한다. 또한 경제적인 측면에서는 민주주의에 대한 새로운 해석을 출발점으로 해서 효율성과 형평성이 동시에 충족될 수 있는, 그러면서도 사회 구성원 대다수의 자발적 동의를 이끌어 낼 수 있는 민주적인 경제 모델의 정립이 필요하다.

경쟁은 인간의 모든 잠재력과 창의력을 일깨워 주고 모든 가능성을 약속해 주는 유일한 힘이다. 이러한 경쟁을 바탕으로 하는 자유 시장이 뛰어난 경제 조직인 것과 마찬가지로, 정치면에서도 자유화 및 민주화는 정치적 시장이 더 잘 작동되도록 정치 질서를 재편하는 기능을 한다. 그러므로 어떤 정치 질서를 평가하고 개혁하는 데는 자유 시장의 원칙들이 기준이 되어야 한다. 이러한 관점에서 볼 때, 정치적 시장은 사회주의에서는 제대로 작동될 수가 없다는 사실이 분명하게 된다. 왜냐하면 사회주의에서는 자유 시장의 기본 원리인 경쟁을 제한하는 요소들이 너무나 많기 때문이다.

정치적 시장(市場)에서의 지배적인 존재는 정당이다. 모든 사회 문제들을 다루는 정치적 프로그램은 전체적으로 채택되기 때문에, 정치적 프로그램을 만들어서 시민들의 지지를 얻는데는 비용이 든다. 이를 경제적으로 설명하면, 정치 산업에도 '규모의 경제'가 있으므로 독과점이 존재할 수 있다는 것이다. 따라서 정치적 시장에서도 현실적으로는 완전 경쟁이 불가능하다. 그러나 그러한 사실이 경쟁을 일부러 제한하는 사회주의를 합리화시키는 것은 아니다. 경제의 논리는 정치 산업에서도 경쟁을 보장해야 함을 강조한다.

개별적 사안에 따른 처방은 사회 전체의 일관성과 효율성 및 공동성의 추구에 위배되는 것이기는 하지만, 대량 생산을 특징으로 하는 산업 사회에서는 하나의 표준 처방으로 사회의 문제들에 대처할 수 있었다. 그러나 정보화 사회로 일컬어지는 오늘날, 하나의 자[尺]로 다양해진 정치, 경제, 사회 문제들을 재단하고 처방하는 데는 한계가 있을 수밖에 없다.

이제는 보수냐 진보(또는 자유주의)냐의 획일적인 선택은 물론, 두 이념의 시간적 격차를 둔 자리바꿈도 변화된 인간적 욕구를 충족시킬 수 없게 되었다. 그만큼 우리는 동시에 자유주의적이고 동시에 보수적인 시대에 살고 있다고 할 수 있다. 즉, 어떤 사물이나 사태를 자본주의와 사회주의, 보수와 진보의 이분법적 기준을 가지고 접근하는 방법론은 이제 더 이상 설득력이 없게 되었다.

현대에는 폐쇄적인 체제 내에서 단순하고 기계적인 인과 법칙에 바탕을 두고 18세기의 영불(英佛) 사상가들이 고안해 냈던 뉴튼 식의 민주주의 모델이 적합하지 않게 되었다. 왜냐하면, 그러한 원초적인 모델은 역동적이고 복합적인 현대 사회와 조응할 수 없기 때문이다. 이제는 민주주의 개념 자체도 새로운 과학적 사고에 바탕을 두고 재창조될 필요가 있다. 이제는 새로운 정보 통신 기술을 이용해 정부의 정책 결정 과정에 일반 대중도 자유롭게 참여하게 될 것이다. 전자 매체 메커니즘을 이용해 정책 결정 참여자의 범위를 일반 대중(grass-roots) 수준까지 확대한다는 것은 뉴튼 식 민주주의 모델을 대체하는 프리고지니언 민주주의 개념[19]이라고 할 수 있다. 이는 민주주의 제도

19. 프리고진(I. Prigogine)은 1977년 노벨 물리학상 수상자인데, 그는 뉴튼의 학문에 기초하고 있는 고전 과학의 이론들과 단절하고, 새로운 과학의 패러다임을 주창한 혁신적인 물리학자이다.

의 변혁과 진화의 필요성을 강조한다.

민주주의에서 중요한 것은 전사회적 통합 과정을 조화롭게 진행시키면서, 광범위한 계층의 참여를 무리 없이 유도할 새로운 규범을 개발하는 것이다. 새로운 민주주의는 분열적 요소를 극복하는 개방 체제가 되어야 한다. 급속하게 변화되고 있는 현대 사회에서 민주주의 체제는 다양하고 복잡한 심리를 가진 대중들을 끌어안을 수 있어야 살아 남을 수 있다.

산업 혁명 이후의 사회를 해석하려는 여러 가지 지적 노력 가운데 하나인 마르크스주의는 그 성과에도 불구하고 많은 한계를 내포하고 있다. 사회주의가 붕괴된 가장 결정적인 원인은 사회를 존재론적으로 규정하고, 인간에게는 의미를 부여하지 않았던 철학적 빈곤 때문이었다고 할 수 있다.

사회주의 사회에서의 비밀주의와 집권 세력인 공산당의 부패와 무능, 그리고 비현실적인 정책은 체제의 와해를 촉진시켰다. 다시 말해서, 관료의 부패와 비밀주의에 따른 낭비와 비리 및 비현실성이 시정되지 않고 누적되어 결국 국가 붕괴를 자초하였다고 할 수 있다.

자본주의 국가에서는 산업화 초기의 에토스가 효율이었다면, 지금의 그것은 정의와 형평이 되었다. 불공정과 불공평의 시정이 경제 개혁의 핵심이 되었고 경제 발전의 방향이나 정책의 준거가 되었다. 특히, 부의 편재와 소득의 불균형 문제에 대해 발상의 일대 전환이 이루어져 토지의 공공재(公共財)적 개념이 정립되었고, 조세 체계의 전면적인 개혁도 시도되었다. 이는 사적 소유권과 공공재적 효용성을 동시에 추구하여 소득의 재분배를 도모하려는 것이지, 결코 사유 재산권을 부정하는 것이 아니다.

다시 말해서, 이는 자본주의의 기초를 부정하기보다는 오히려 자본주의의 취약한 기반을 보강하는 자기 수정의 과정이며, 뉴 레프트(new-left) 운동에서 볼 수 있었던 이념적, 체제적 혼란에 대응하고 자유 민주 체제를 지키는 방도이기도 하다.[20] 이러한 의미에서 정치 경제학은 정책 과학(policy science)으로의 전환이 매우 시급하다고 하겠다.

마르크스주의 사회 정의론은 마르크스주의 경제학에 기초하고 있다. 마르크스주의 사적 유물론(私的唯物論)에 의하면, 계급 사회에서 계급적 차이가 커지면 커질수록 사회는 분열되고, 계급 사회가 발생해서 계급 대립이 격심하게 된 이후에는 현행의 도덕이 항상 압제를 옹호하면서 불평등과 착취를 조장해 왔다.

그리하여 피지배 계급은 그들의 이해에 맞지 않는 구 도덕(alte moral)을 반대하고 그들의 이해에 맞는 신 도덕(neue moral)을 만들어서, 그것을 일반 윤리로 삼아야 된다는 것이 마르크스주의 사적 유물론에서의 정의관이다. 마르크스주의 사회 정의론은 노동을 자본의 대립적 개념으로만 해석하는 편향된 시각 때문에, 노동 자체를 착취와 수탈의 대상으로 인식하는 모순을 낳았다. 즉, 마르크스주의 사회 정의론은 '단죄(斷罪)의 정의'만을 내세울 뿐 '책임의 정의'는 도외시하는 우(愚)를 범하고 있다.

---

20. 예를 들면, 일본은 법인 자본주의 체제를 정착시켜 부의 중심을 개인으로부터 법인(여러 사람)으로 이전시켜 놓음으로써, 배분적 정의의 문제를 해결하는데 어느 정도 성공하였다고 할 수 있다. 즉, 국민의 경제 생활을 민간 기업이 책임지고 있으며, 정부는 기업의 힘이 미치지 못하는 부문을 해결하면서 기업의 경쟁력을 증대시키는 모든 시책을 강구하여 제도화시켰다.

제10장 통일 문제와 윤리

최근까지 남북한의 관계는 기본적으로 한민족 사회의 정통성 문제를 놓고 상대방을 비난하는 양상으로 전개되어 왔다. 북한은 김일성 사후 내부 정세의 어려움에도 불구하고, 매사에 시종 일관 한국 정부 배제라는 원칙을 견지하면서 좀처럼 우리와 화해 · 협력하려는 기미를 보이지 않고 있다.

반면에 우리 사회에서는 남북 관계에서 모든 것을 제쳐 두고 민족만을 얘기하려는 비현실적인 낭만주의의 경향도 나타나고 있다.

분단을 극복하기 위해서는 해결되어야 할 과제가 무수히 많고, 그 어느 것도 아직 구체적으로 해결되지는 않았지만, 남북 관계는 지금 새로운 국면을 맞고 있으며, 특히 국민의 정부 출범 후 국내외에서 한반도의 통일에 대한 논의도 점차 활성화될 전망이다.

이와 관련하여, 우리의 자유 민주 체제를 유지 · 발전시키기 위해서는 민족 분단의 현실과 통일 문제를 올바로 이해하여야 하며, 또한 전 국민을 대상으로 민족 공동체의 형성을 위한 통일 교육이 본격적으로 실시되어야 한다.

여기에서는 남북한의 통일 방안과 주체 사상의 형성 과정 및 정책 노선, 그리고 통일 환경의 변화에 따른 통일 교육의 기본 방향과 과제를 논의해 보고자 한다.

① 통일 환경의 변화

한반도의 통일은 궁극적으로 남한에 거주하고 있는 우리 민족이 주체적으로 해결하여야 할 민족 내부의 문제이며, 동시에 국제 권력 정치의 관점에서 보면 다분히 국제적 영향을 받지 않을 수 없는 국제 문제적 성격을 띠고 있다. 그러므로 통일 문제는 국제 환경, 북한의 변화, 그리고 한국의 발전이라는 세 가지 요소들이 삼위 일체가 되어야 진전이 가능하다.

국제 환경의 측면에서 볼 때, 한반도 주변에 있는 강대국들의 역할은 한반도 통일에 결정적인 작용 요소가 될 수 있다. 미국과 구 소련은 한반도 분단에 직접적인 책임이 있고, 일본은 분단의 원인을 제공하였으며, 중국은 분단 고착화에 결정적인 역할을 하였다. 이들 강대국들은 지금까지 한반도의 문제 해결에 직·간접적으로 영향력을 행사하여 왔으며, 앞으로도 한반도의 통일 과정에 영향력을 행사할 것으로 예상된다.

분단 이후 얼마 전까지만 해도 미국과 일본은 한국과 공식적인 관계를 맺고서 한국의 통일 정책이나 남북 대화 입장을 지지, 지원하여 왔고, 반면에 구 소련과 중국은 북한과 동맹 관계를 맺고 북한의 대남 전략을 지지, 지원하여 왔다. 그러나 이상과 같은 도식적인 구조는 최근에 와서 복잡한 양상으로 변화하였다.

고르바초프 등장 이래의 구 소련의 '신사고 외교' 정책은 세계 질서의 재편은 말할 것도 없고, 한·러 수교라는 획기적 사태로까지 발전하였다. 이는 북한의 입지를 약화시켰을 뿐만 아니라, 한국의 안보에도 상당히 긍정적인 효과를 미쳤다.

중국도 개혁과 현대화에 박차를 가하기 위해서는 평화적인 국제 환경이 필요하므로 한반도 정세의 안정을 희망하면서, '정·경 분리'의 원칙을 내세워 한국과 공식적인 외교 관계를 수립하였다. 이는 앞으로 남북한이 현실을 인정하는 토대 위에서 관계 개선과 통일 문제에 실질적으로 접근하게 되는 계기로 작용하게 될 것이다.

한편, 범세계적인 공동 안보 체제를 구축하려는 미국의 의도는 NPT(핵 확산 금지 조약) 체제로 상징되어 왔다. 북한은 미국의 이러한 구상을 역이용하여 핵 모험주의로 체제 존립을 모색하게 되었고, 미국은 NPT 체제를 유지하기 위해 할 수 없이 북한의 요구를 거의 수용하기에 이르렀다. 이는 북·미 수교가 논의될 수 있는 상황으로까지 발전하였으며, 미국과 북한이 국교를 수립하게 되면 일본도 이를 따를 것이 명백하다.

중국과 러시아가 '두 개의 한국' 정책을 택한데 이어, 미국과 일본 등 우리의 우방 국가들까지도 '두 개의 한국' 정책을 표방하게 된다면, 통일 문제를 우리의 주도로 풀어나가려던 우리의 통일 정책은 상당한 도전과 시련에 직면할 수밖에 없다. 다시 말해서, 한반도의 통일 환경은 복합적인 요인으로 말미암아 새로운 지평을 맞고 있다고 할 수 있다.

2 남북한의 통일 방안

1. 이론적 분석의 틀

통일은 상호 신뢰의 구축에 바탕 한 협상에서 그 접근 방안이 모색될 수 있는데, 그러한 접근 방법으로는 기능주의(機能主義)와 신기능주의(新機能主義)를 들 수 있다. 그러나 기능주의는 지나치게 경제적 관계에 치중하였기 때문에 상호 접근의 본질적 한계를 극복할 수 없었고,[1]

---

1. J. E. Dougherty & R. L. Pfaltzgraff, *Contending Theories of International Relations*(New York: Harper and Row, Publishers, Inc.,

신기능주의는 '정치+경제'라는 복합적 접근 방법이기는 하지만 구체적 통합의 제도적 장치를 소홀히 하였다.[2]

따라서 기능주의와 신기능주의의 종합으로서 연합적·연방적 통합 방식이 제시될 수 있다. 이론적으로 국가 연합과 연방 국가의 근본적 차이는 통합시 당사국의 주권 상실 여부에 놓여 있다. 국가 연합은 각 당사국이 주권을 행사하는데 반해, 연방 국가는 단일 주권 체제를 이룬다.

우리의 통일 문제와 연관지어 볼 때, 국가 연합은 완전한 통일을 위한 일차적 분단 문제의 해결을 뜻하며, 연방 국가는 일개 국가로서의 완전한 통일과 분단의 해소를 뜻한다. 즉, 두 개의 분단국이 통일을 향해 상호 협력적인 관계로 전환되는 과정이 국가 연합의 형성이며, 하나의 통일 국가로 되는 과정이 연방 국가의 형성이다.

우리의 '민족 공동체 통일 방안'은 과도적 단계로서 국가 연합의 형태를 강조하고 있다. 이에 반해, 북한은 시종 일관 '고려 연방제'를 고집하고 있지만, 그것이 국가 연합을 의미하는지 연방 국가를 의미하는지는 불분명하다. 또한 북한은 연방제를 위한 제도적 장치(예를 들면, 국민 투표라든지 연방 헌법 등)에 대한 언급이 없이 원론적인 주장에만 머물고 있다.

지금 남북한의 관계는 원론적인 방법론보다 실질적인 관계의 축적이 무엇보다 중요하다. 따라서 이를 위한 다각적인 구체적 접근 통로의 개설이 시급하다고 하겠다.

2. 북한의 통일 정책 전망

북한에서 가까운 장래에 동구 식의 변화가 일어날 가능성에 대해서는 회의적인 견해가 지배적이다. 그러나 북한의 경우에 있어서도 변

1981), pp.418~424.
2. *Ibid.*, pp.430~439.

화는 불가피하며, 그 변화의 시기가 점차 다가오고 있다는 데는 대체로 폭넓은 합의가 형성되고 있는 것도 사실이다. 최근 북한의 태도에서는 이중성이 엿보이는데, 이는 변화와 개방의 압력에 직면하고 있는 북한이 개혁과 체제 고수 사이에서 갈등을 겪고 있음을 나타낸다.

내부로부터의 북한의 변화는 엘리트의 저항이나 동구에서와 같은 민력(民力)의 형성에 기대할 수밖에 없지만, 북한의 엘리트는 철저하게 관리되고 있고, 일반 주민들은 전면적인 통제하에서 침묵을 강요당하고 있기 때문에, 단기간 내에 그런 가능성은 생각하기 힘들다. 이렇게 볼 때, 북한에서 가능한 변화의 일차적 계기는 외부로부터의 압력에서 올 수밖에 없으며, 그 압력에 대응하는 개혁의 이니셔티브는 소수의 권력 핵심 집단으로부터 나올 수밖에 없다고 하겠다.

따라서 그러한 개혁은 외관상의 특징이 어떤 것이든 우선은 실질적으로 체제 위기를 관리하기 위해 제한된 범위 내에서 조심스럽게 시작될 것으로 생각된다. 즉, 내부적으로는 체제를 안정화시키면서, 그것을 토대로 밖으로부터 오는 충격을 흡수할 수 있는 능력을 제고하는 위험하지 않은 개혁을 추진할 것으로 예상된다. 이는 대외 정책에서의 신축성으로 나타날 가능성이 있으며, 경제난 및 식량난의 해결이 시급한 만큼 부분적으로는 시장 원리를 도입하는 등 제한된 개방 및 다원화 조치를 수용할 가능성도 있다고 하겠다.

북한은 공산권의 변화에 대한 대응책으로서 '최고 인민 회의 9기 제1차 회의(1990년 5월)'에서 통일을 위한 '5개 방안'을 제시한 후, 남북 고위급 회담, 남북 정상 회담 합의(김일성의 사망으로 실현되지는 못했지만), 금강산 공동 개발 수용 등 일련의 화해 제스처(gesture)를 취하기도 하였다.

그러나 북한의 통일 정책은 통일에 앞서 소위 '환경(여건) 문제'의 해결을 우선시 하고 있다. 따라서 북한은 남북간의 대화에 있어서도 이원화 정책을 추구하고 있는데, 이는 최근 우리로부터 식량과 소 등을 받으면서도 한편으로는 도발적인 행동을 계속하는 그들의 이중성에서도 잘 나타나고 있다.

북한은 통일의 전제 조건으로서 '정치 · 군사적 긴장의 해소'를 주장하고 있는데, 이러한 여건 조성 문제는 당국 간의 회담을 통해서 실현시키고, 통일의 실질적인 문제는 당국을 포함한 정당, 사회 단체 대표들의 '정치 협상'을 통해 해결해야 한다는 두 가지 측면에서의 접근을 시도하고 있다. 이처럼 북한이 이원적인 정책을 시도하는 이유는, 당국간의 접근 방식으로만 할 경우, 그것은 남한 정부의 대표성(代表性)과 정통성(正統性)을 인정하는 결과가 되기 때문이다.

현재의 김정일 체제도 기존의 대남 정책에 별다른 변화의 모습을 보이고 있지 않다. 북 · 미 핵 협상에서 나타났던 북한의 조치도 그것이 국제 질서에의 편입을 의미하는 것인지, 아니면 단지 대미(對美)관계의 개선만을 노린 것인지 불분명하다. 만일 북한이 오직 미국과의 관계 개선에만 신경을 쓴다면, 앞으로 남북 대화가 재개(再開)되더라도 북한은 기존의 입장을 크게 수정하지는 않을 것으로 전망된다.

그러나, 보다 중요한 것은 북한의 권력 재편 문제라고 할 수 있다. 이 문제는 북한의 정치 구조 및 사회 구조와 밀접한 관련을 맺고 있는데, 북한 사회의 구조적 관점[閉鎖性]에서 볼 때, 김일성의 사망에도 불구하고 북한의 변화는 하루아침에 일어나지는 않을 것이다. 만일 김정일의 정치 생명이 과도기적이고 한시적인 것이라고 할지라도, 김정일 체제의 붕괴, 또는 변화에는 상당한 시일이 소요될 것이다. 그리고 만약 김정일 체제가 공고해 진다면, 한반도는 풀어야 할 많은 문제들과 도전에 직면하게 될 것으로 보인다.

현재 북한의 최대 관심사는 체제 유지라고 할 수 있다. 북한은 이제 쿠바를 제외하고는 지구상에 남은 유일한 스탈린 식 공산주의 국가라는 고립감에 시달리고 있으며, 심각한 경제난 등 제한된 자원을 어떻게 배분할 것이냐에 고심하지 않을 수 없다. 또한 상대적인 한국의 고도 성장과 발전은 북한을 더욱 불안하고 초조하게 만들고 있다.

3. 남한의 민족 공동체 통일 방안

김일성 사후의 북한을 개혁과 개방으로 유도하기 위해서는 이론보다는 실익을 가져다주는 통일 방안을 제시하는 것이 보다 효율적이라고 할 수 있다. 이러한 의미에서 우리 정부가 '자주', '평화', '민주' 원칙에 입각한 '민족 공동체 통일 방안'을 천명하고 자유 민주주의를 통일의 철학과 방법으로 설정한 것은, 상이한 방안을 놓고 대립하기보다는 실질적인 원칙을 중시하고 있다는 점에서 매우 적절한 것으로 평가되어 왔다.

우리 정부가 광복 49주년에 즈음하여 천명한 '민족 공동체 통일 방안'은 1993년 7월에 밝힌 '3단계 3기조 통일 방안'과 그 내용이 거의 비슷한데, '민족 공동체 통일 방안'은 '화해와 협력의 단계'와 '남북 연합 단계'를 거쳐, '1민족 1국가'의 통일 국가를 완성한다는 단계적이고 현실적인 접근 방법을 제시하고 있다. 또한 개인의 자유와 복지 및 인간의 존엄성이 존중되어야 한다는 통일 국가의 미래상도 잘 나타나 있다.

그러나 '민족 공동체 통일 방안'은 몇 가지 점에서 이전의 통일 방안과 차이가 있다. 첫째, '3단계 3기조'에서 '공동체'로 그 명칭이 바뀐 점이다. 이는 '3단계 3기조'가 통일 방안이라기보다는 통일 정책 추진 방향이라는 측면이 강한데다, 북한의 '연방제'에 비해 상징성에서 약하다는 지적이 있는데 따른 보완책으로 해석된다.

둘째, '민족 공동체 통일 방안'은 북한의 '연방제'에 대한 대응 논리를 보다 구체화시켰다는 점이다. 우리 정부는 "통일을 추진하는 우리의 기본 철학은 자유와 민주를 핵심으로 하고 있다."고 천명하였는데, 이는 북한의 '연방제'가 내포하고 있는 통일 철학을 '계급 중심의 주체 사상'으로 간주한 것으로서, 통일의 미래상은 물론 통일로 나아가는 과정과 절차에서도 자유 민주주의는 반드시 추구해야 할 가치라는 점을 명백히 한 것이다.

북한의 통일 방안이라고 할 수 있는 '고려 민주 연방 공화국 창립 방안'의 핵심은 '1민족 1국가 2체제 2정부'라는 통일 국가의 형태에 있다. 다시 말하면, 북한의 '고려 연방제 방안'은 2체제 2정부를 그대로 유지하는 것 자체를 통일의 완결된 형태로 간주하고 있다. 이는 남북 대결 구도에서 통일 전선 전략의 일환으로 만든 것으로서, 사실은 남한을 혼란에 빠뜨려 '주체 사상'에 입각하여 통일을 추구하겠다는 구상이다. 이는 또한 '하나의 체제, 하나의 정부'를 궁극적인 목표로 하는 우리의 통일 방안과 근본적으로 차이가 나는 대목이다.

셋째, '민족 공동체 통일 방안'은 그 동안 권력 배분 문제에 비중을 두었던 통일 정책에서 벗어나, 우리 민족이 어떻게 살아갈 것이냐에 초점을 맞추고 있다는 점이다. 이는 통일 과정에서 '국가 통일'보다는 '민족 통일'을 우선시 한다는 것으로, '국가 통일'을 우선시 하는 '고려 연방제'를 배격하겠다는 의미로 해석될 수 있다. 또한 이러한 접근법은 북한 주민들에게 통일은 자유와 복지를 가져온다는 메시지(message)를 주고, 북한의 독재 정권과 일반 주민을 분리시켜 대처하려는 우리의 복안을 담고 있다고 할 수 있다.

넷째, '민족 공동체 통일 방안'은 통일의 원칙으로 과거 '7·4 남북 공동 성명'에서 제시된 '자주', '평화', '민족 대단결' 가운데 '민족 대단결'을 '민주'로 대체하면서 자유 민주주의를 전면에 부각시킴으로써, 상호 이념과 체제를 인정하자는 북한의 '고려 연방제'와 분명한 선을 그었다는 점이다. 우리의 '민족 공동체 통일 방안'은, 자유 민주주의와 공산 사회주의 간의 이데올로기(ideology) 경쟁은 공산권의 몰락 등으로 이미 그 승패가 결정났으며, 한반도에서도 그 예외가 될 수 없다는 역사 인식에 기초하고 있다. "과거의 소극적이고 방어적인 정책에서 벗어나겠다."는 대목이나 "통일은 계급이나 집단 중심의 이념보다도 인간 중심의 자유 민주주의가 바탕이 되어야 한다."는 말 등은 우리의 자신감을 반영하고 있다고 할 수 있다.

다섯째, '민족 공동체 통일 방안'은 '민족 발전 공동 계획'이라는 구체적 프로그램(programme)을 제시하고 있다. 이는 통일 국가의 전 단계로 '경제 공동체'를 구성하려는 우리 정부의 의지를 읽을 수 있는 대목이다. 북한의 경수로 건설을 포함한 평화적인 에너지(energy)의 개발과 지원도 북한 핵의 투명성만 보장되면, 민족 복지 증진 차원에서 가능하다는 것이다.

여섯째, '민족 공동체 통일 방안'은 단계적이고 점진적인 통일을 원칙으로 하되, 예기치 않은 상황에서 다가올 수도 있는 통일의 모든 가능성에 대해서도 사전에 충분히 점검하고 대비해야 한다는 점을 언급하고 있는데, 이는 민족 공동체를 구성하는 각 개인의 권리와 책임에 대한 분명한 인식을 촉구하고 있다고 할 수 있다.

한편, 현재 우리 '국민의 정부'는 '정·경 분리' 원칙에 입각하여, '햇볕 정책'으로 일컬어지는 대북(對北) 교류 협력 사업을 지속적으로 추진하고 있다. 다시 말해서, '대북(對北) 3원칙'[3]을 바탕으로 한 '햇볕 정책'은, 북한이 '빵'도 필요하고 체제 유지[4]도 해야 하는 이중적 상황에 처해 있음을 고려하여 일면적으로만 대응하지는 않겠다는 정책이라고 할 수 있다.

또한 우리 정부의 새로운 대북(對北) 포용 정책과 정경 분리 원칙, 그리고 일관성과 인내력은 최근 금강산 종합 개발 사업 등 현대 그룹과 북한의 경협 합의를 이끌어 내기도 하였다.

---

3. 현재 우리 정부의 대북(對北) 정책은 평화를 파괴하는 일체의 무력 도발을 용납하지 않고, 북한을 해치거나 흡수 통일을 기도하지 않으며, 북한이 개방과 변화의 길로 나올 수 있도록 남북 기본 합의서에 따라 화해 협력을 적극 추진한다는 3대 원칙을 전제로 하고 있다.
4. 북한은 체제 유지를 위해 대남(對南) 대결 국면을 조성하는 전략을 쓰고 있는데, 이는 최근의 동해안 무장 공작원 침투 사건 등에서도 잘 나타나고 있다.

③ 주체 사상의 형성 과정과 정책 노선

북한의 통일 전략과 전술은 주체 사상5과 밀접한 관련이 있다. 1955년에서 1982년에 걸쳐 사상 체계를 갖춘 주체 사상은 이론적으로는 인간 중심 세계관, 계급 독재를 정당화하는 근로 대중 집단주의, 그리고 유일 독재 체제를 합리화하는 개인 숭배 논리 등 세 가지 요소를 중심으로 하고 있다. 북한 공산주의자들은 이러한 주체 사상을 북한 주민들에게 획일적으로 주입시킴으로써, 김일성을 신격화하는데 모든 선전 수단을 동원했고 사상 학습을 강조해 왔다.

1. 주체 사상의 형성 과정

주체는 원래 객체에 상대되는 말인 동시에 주관과도 관련이 있다. 다시 말해서, 주체는 객체에 대하여 작용하는 것으로서 행위나 실천의 원동력이 되는 인간의 전인격적인 존재를 의미한다.

주관은 객체를 보고 아는 것으로서 의식적이고 관념적이다. 이에 비하여 주체는 단지 객체를 인식하고 그에 관하여 이론을 정립하는 역할을 할뿐만 아니라, 자기의 삶에 대하여 윤리적인 결단을 내리고 부단히 자기를 변혁시키고자 하는 정열을 내포하고 있는 개념이다. 따라서 주체는 행위적, 실천적인 의미를 갖는다. 또한 주체성은 주체적인 것이라는 뜻으로서, 일반적으로 타인에 대하여 자기를 주장하는 형식을 취한다. 즉, 주체성은 책임을 지는 주체적인 판단을 뜻한다고도 할 수 있다. 따라서 주체성이란 본래 능동성, 자발성을 말한다. 이

5. 홍용희 외, *북한의 통치이념・주체사상의 본질*(서울: 문우사, 1989), pp.37~62 참조.

를 좀 더 자세히 표현하면, 주체성이란 역경에 처해서도 자주적인 판단을 할 수 있는 정신적인 자세라고 할 수 있다.

마르크스와 레닌에 있어서 사회 혁명과 사회주의 건설의 주체는 '근로 인민 대중'과 '노동 계급의 당'인 데 반하여, 북한에서의 주체는 개인이나 계급, 또는 당의 주체가 아닌 노동 계급의 수령의 주체를 의미하기 때문에, 주체 사상은 김일성 부자의 우상화를 합리화하기 위한 이론적 위장으로서 파악하는 것이 보다 정확한 평가가 될 것이다.

주체 사상은 처음부터 혁명을 지도하는 이념으로 발전된 것이 아니고, 김일성이 통치 권력을 장악한 후, 이를 정당화하기 위한 수단으로서 만들어진 것이어서, 성격상 '북한 식 공산주의'에 대한 합리화를 목표로 하는 목적론적 사상 체계의 특성을 갖게 되었다. 이러한 특징 때문에 주체 사상은 다른 혁명 이데올로기처럼 논리적인 체계를 갖추기가 어려웠다. 이는 마치 마구 집을 지은 후 거꾸로 설계도를 그려 맞추는 것과 같다고 할 수 있다.

김일성이 북한에서 주체를 명시적으로 거론하기 시작한 것은 1953년 스탈린 사망 후 흐루시초프가 구 소련의 당권을 장악한 직후인 1955년 12월 당 선전 선동원 대회에서 '사상에서의 주체'를 주장한 데에서부터 비롯된다. 김일성은 그 후 1966년 8월 12일자 《로동신문》 사설 "자주성을 옹호하자"를 통해 이른바 자주 노선을 주창하면서, 각국 공산당간의 주종 관계란 있을 수 없다고 역설하였다.

그런데 김일성의 이러한 주체 사상은 처음에는, 스탈린의 사망 이후 소비에트 블록의 분열과 1953년 한국 전쟁의 휴전을 계기로 등장한 국내파와 연안파 및 소련파의 치열한 당내 권력 투쟁 과정에서 그의 당 주도권을 옹호하는 이념상의 무기로서 출현되었다. 그리고 이는 나중에 흐루시초프의 스탈린 비판에서 시작되어 국제 공산주의 운동의 주도권 다툼으로 발전된 중·소 분쟁 과정에서 북한의 독자적인 정치 노선으로 구체화, 체계화되면서 당의 유일 사상 체계로 확립되었다.

특히, 과거에 북한은 중소 분쟁이 격화될수록 어느 한쪽 편에 설 수 없는 난처한 입장에 있으면서도 중소 양국으로부터 군사적, 경제적 지원을 기대해야 할 매우 미묘한 상황에 처해 있었다. 여기에서 김일성은 자신의 입장을 합리화시킬 수 있는 명분이 필요했었는데, 바로 주체 사상에서 그 구실을 찾았다고 할 수 있다.

이처럼 주체 사상은 당내 권력 투쟁에서 김일성의 당 지도권을 옹호, 강화하는 이데올로기상의 무기로서, 또한 중소 분쟁에서의 중립을 통한 실리 추구와 내정 간섭 배제를 목적으로 출현했다. 그 후, 1974년 5월 25일자 《로동신문》은 "온 사회를 주체 사상으로 철저히 일색화하자"라는 사설을 통해 당뿐만 아니라 북한 사회를 전체를 주체 사상화 할 것을 강조함으로써, 주체 사상은 북한의 유일 사상으로 굳어져 버렸고, 또한 1980년 10월 조선 노동당 제6차 대회에서 북한 사회 전체를 주체 사상화한다는 과제가 공식화됨으로써 북한 유일의 종교가 되고 말았다.

그리하여 주체 사상은 일인 독재 체제를 합리화하고, 대남(對南) 적화 통일 및 제3세계 침투를 위한 기본적 전략 사상으로 강화되면서, 김일성 부자의 우상화 및 신격화(神格化)와 나아가서는 김일성 봉건 왕조 구축을 위한 독재 권력 세습의 이데올로기적 기초가 되었다. 그뿐만 아니라, 주체 사상은 북한의 정치, 경제, 군사, 사회, 문화 등 모든 분야를 규정하는 통치 이념으로 작용하게 되었다.

김일성은 "주체 사상은 사람이 모든 것의 주인이며 모든 것을 결정한다는 철학적 윤리에 기초하고 있다."고 밝혔는데, 이는 레닌주의와도 근본적으로 모순된다. 왜냐하면, 레닌은 존재, 즉 객관적 조건이 인간의 의식을 지배한다는 철학적 기초 위에서 그의 혁명 이론을 전개하였기 때문이다.

한편, 주체 사상에서 인간 중심 세계관을 계급 사상으로 비약시킨 것이 근로 대중 집단주의이다. 개인의 의식을 집단적인 계급 의지로 확장하는 논리는 대체로 마르크스의 집단주의 논리를 그대로 모방했다고 할 수 있다. 주체 사상에서의 혁명 논리는 바로 집단주의에 기초하고 있다.

주체 사상에서는 인간의 본질적 특성으로 자주성과 창조성을 들었는데, 북한 공산주의자들에 의하면, 인간의 자주성과 창조적인 능력은 타고난 것이 아니라 사회적으로 형성되고 발전되어 온 사회적 속성이기 때문에, 인간은 사회의 일원으로서가 아니면 자주성과 창조성을 가질 수 없다. 즉, 개인은 집단의 일원으로서만 의미 있게 존재할 수 있고, 그 집단은 개인의 확장으로 인식되어야 하며, 따라서 그 집단이 자주성과 창조성을 가질 때에만 개인의 자주성과 창조성이 확보된다는 것이다.

그렇다면 왜 개인의 의미 있는 집합체가 근로 대중이라는 사회 내의 한 계급에만 국한되어야 하는가? 이러한 문제를 이해하기 위해서는 북한의 계급 개념을 알아볼 필요가 있다.

주체 사상에서의 계급 개념은 극히 주관적이다. 북한에서는 정통 마르크스주의에서 말하는 생산 관계를 기준으로 한 사회 경제적 지위에 의해서 계급이 결정되는 것이 아니라, 개인의 의식 내용에 따라 계급이 결정된다. 즉, 주체적 혁명 의식을 가진 자는 '인민' 계급에 속하고, 외세 의존적이고 반동적인 의식을 가진 자는 '반동' 계급에 속하는데, 그 판정은 당에서 하게 되어 있다.

북한은 공산 혁명을 거치지 않고 공산화된 사회이고 투쟁해야 할 자본주의적 착취 계급이 존재하지 않았었기 때문에, 객관적 기준에 의한 계급 분류는 사실상 의미가 없었다. 그러나 공산 혁명의 기치를 내걸고 집권한 이상, 일반 공산 혁명에서와 마찬가지로 '근로 인민 대중'을 주체로 하는 혁명을 선언하지 않을 수 없었고, 또한 혁명 과정의 논리로서 정당화하려 했던 프롤레타리아 독재를 선언하여야만 독재 체제를 합리화할 수 있었기 때문에, 그러한 기상천외(奇想天外)한 계급 이론을 개발하지 않을 수가 없었다.

주체 사상에 있어서, 혁명 의식은 자연 발생적으로 생겨나는 것이 아니라 주입시켜야 된다는 레닌주의를 따르고 있기는 하지만, 여기에서 더 나아가 소수의 직업 혁명가적 엘리트 집단이 아닌 김일성 개인의 지도로만 혁명 의식의 주입이 가능하다고 함으로써, 주체 사상은 레닌의 소수 엘리트 집단주의를 1인 영도의 논리로 전환시켜 놓았다. 이는 주체 사상이 개인 전제(專制)임을 입증하는 대표적인 사례이다.

그러므로 주체 사상은 어떤 체계적인 이론을 정립하지도 못하였을 뿐만 아니라, 개념 규정도 정확히 하지 않은 채, 수령이라는 개인에게 모든 결정을 내리도록 권한을 백지 위임(白紙委任)하는 전제 정치 이론 이외에 아무 것도 아니라고 할 수 있다. 다시 말해서, 주체 사상은 인간 중심 사상이 아니고, 역사 발전에 공헌하는 독창적인 정치 이데올로기도 아니며, 오히려 무조건 기도문처럼 암송하도록 강요하는 사이비(似而非) 종교의 형식을 취하고 있다고 할 수 있다.

그럼에도 불구하고 북한은 아직도, 주체 사상은 김일성 혁명 사상의 첫째 구성 요소인 마르크스-레닌주의 이론을 "자주적, 창조적으로 조선 실정에 맞게 적용하는 근본 입장과 원칙적 태도"이고, 김일성 혁명 사상의 "이론적, 방법론적 기초이며 당 유일 사상 체계의 제1차적 구성 요소"라고 주장하고 있다.

2. 주체 사상의 정책 노선

북한에서의 주체는 사람들이 스스로 주인다운 입장에서 말하고 행동하는 것이 아니라, 기계적인 인간에게 생기를 불어넣어 다시 창조력과 능동성 및 근면성을 되찾도록 하려는 것이다. 북한의 주체 사상은 바로 이와 같은 주체 철학에 근거하고 있는데, 김일성은 생전에 주체 사상의 구현은 자주 노선이기 때문에, 주체 사상은 사상에서의 주체(主體), 정치(외교)에서의 자주(自主), 경제에서의 자립(自立), 국방에서의 자위(自衛)를 행동 강령으로 한다고 주장하였다.

(1) 사상에서의 주체

북한이 1955년 말 사상에서의 주체를 당 정책으로 채택했던 것은 대내외적(對內外的)인 환경의 변화와 결코 무관하지 않다. 먼저 대외적인 요인으로는 스탈린 사후(死後) 구 소련 지도부 내의 권력 투쟁으로 인한 북한에 대한 통제력의 약화, 흐루시초프의 당권 장악과 동·서 평화 공존(平和共存) 정책의 추진, 흐루시초프의 유고 독자 노선 인정 등 구 소련의 대 위성국(對衛星國) 통제 체제 완화, 스탈린이 사망함에 따라 모택동의 영향력이 강화되어 국제 공산주의 운동의 중심이 또 하나 생겨났다는 점, 아시아 공산주의 지도자들의 자주 노선 표방 등을 들 수 있다. 구 소련이 당내 권력 투쟁으로 흔들리고 있을 때, 각국의 공산주의 지도자들은 자기 나라의 실정에 맞는 마르크스-레닌주의의 창조적 적용, 즉 자주 노선을 시도하게 되었고, 바로 이러한 국제적 배경에서 김일성은 주체 사상을 들고 나왔던 것이다.

한편, 북한이 사상에서의 주체를 주장하게 되었던 대내적인 요인으로는, 첫째, 중국의 한국 전쟁 참가로 북한 내에서 중국 세력이 확대되고, 상대적으로 구 소련의 영향력이 감퇴되어 1955년 말경에는 중·소 세력이 북한에서 어느 정도 균형 상태를 유지하였던 점, 둘째, 김일성이 한국 전쟁 중에 조직했던 '군사 위원회'의 의장직을 이용하여 당내 정적(政敵)을 숙청함으로써, 김일성 직계 세력이 권력을 장악하고 있었다는 점, 셋째, 전쟁 후의 복구 사업이 완료되자 어느 정도 사회주의 건설의 기반이 조성되었고, 사회적으로도 약간의 안정을 유지할 수 있었다는 점 등을 들 수 있다.

다음으로, 북한이 사상에서의 주체를 표방했던 정치적 목적 및 의도를 보면, 첫째, 당내의 이질 분자(異質分子), 즉 교조주의자, 사대주의자, 종파주의자 등을 숙청하여 독재 체제를 구축하려고 했었고, 둘째, 미국의 원조에 의한 한국의 경제 발전과 당시 이승만 대통령의 북진론(北進論)에 대비하기 위해 북한 주민의 정신 무장과 애국심을 진작해야만 할 시급한 문제를 해결하기 위하여 주체성과 애국주의를 주장하였던 것이다.

주체 사상을 시대별 발달 단계로 보면, 자주, 자립, 자위 노선 등이 1955년에서 1966년에 걸쳐 표방되었고, 이들 정책 노선을 1967년에 "혁명과 건설에서 견지해야 할 지도 원칙"으로 통합하였으며, 주체 사상의 체계화는 1970년대에 와서야 착수되었다. 즉, 1966년까지의 정책 노선이 흐루시초프의 탈(脫) 스탈린 노선과 중소 분쟁이라는 국제 환경의 변화에 적응하기 위한 북한의 대응 논리와 행태였다면, 1970년대의 이론화 시도는 1960년대의 주체 사상에 철학적 외피(外皮)를 입히는 작업이었다고 할 수 있다.

북한은 주체 사상을 혁명과 건설의 모든 분야에 구체적으로 실현하기 위하여 무엇보다도 중요한 것은 사상에서의 주체를 세우는 일이라고 주장하였는데, 사상에서의 주체를 세운다는 것은 모든 사상사업(思想事業)이 '조선 혁명'에 이익이 되도록 한다는 것을 의미하였다. 따라서 북한은 사대주의와 교조주의는 사상사업에서 주체가 확립되어 있지 않을 때, 즉 '조선 혁명'과 분리되어 진행될 때 나타나며 혁명 사업에 해를 끼치게 된다고 주장하였다.

북한 공산주의자들은 북한에 있어서 사대주의자들과 교조주의자들의 해독은 이러한 사실을 명백히 보여주고 있다고 선전하여 왔다. 그들에 의하면, 과거 당 사업 분야에 관여했던 사대주의자(蘇聯派)와 교조주의자(沿岸派)는 사상에서의 주체를 잃어버린 결과, 당의 정책과 혁명 전통을 연구하고 선전한 것이 아니라, 다른 나라 당(구 소련)의 정책과 투쟁 역사 및 업적만을 내세우고 선전하였다. 따라서 이러한 사대주의자들과 교조주의자들은 북한 주민에게 민족적 허무주의를 고취하였고, 다른 한편으로는 민족적 자부심과 자주 의식을 좀먹고 창발성(創發性)을 마비시켰다고 주장하였다.

그러나 이것은 '조선 혁명'의 주체는 소련파나 연안파가 아니라 바로 김일성파(소위 항일 빨치산파)라는 것을 역설함으로써, 김일성의 주장이나 정책 노선을 당의 사상 지도 원칙으로 밀고 나가기 위한 것이었다. 그 후 사상에서의 주체는 당의 유일 사상 체계로 고착되었다. 이는 김일성의 혁명 사상으로 모든 당원들과 인민 대중을 무장시키고, 김일성의 영도하에 사상 혁명(인간 개조)과 공업화를 촉진하여 나가도록 한다는 것을 의미한다.

북한은 사상에서의 주체를 강조할 때마다 당위적인 듯한 명제를 제시하였다. 즉, 매개(每個) 나라들의 실정을 가장 잘 아는 것은 그 나라의 당이므로, 그 나라의 혁명과 건설에 대해서는 그 나라의 당이 책임을 져야 하고, 다른 나라 당의 지배나 간섭을 받아서는 안 되며, 자기의 독단적인 두뇌로서 문제들을 처리하여 나가야 한다는 것이다.

그러나 이것은 너무나 당연한 것으로서 남녀노소를 막론하고 누구나 지니고 있는 생각이지, 김일성만이 생각해 낼 수 있는 어떤 굉장한 사실이 아니다. 마치 그것이 대단한 것 인양 선전하는데 오히려 문제가 있다고 할 수 있다.

김일성은 사상에서의 주체를 세우지 못하면 독자적인 사고력이 마비되어 어떠한 창발력도 발휘할 수 없고, 옳고 그른 것도 구별하지 못하게 되며, 다른 사람이 수정주의를 하게 되면 자기도 수정주의를 하고, 남이 교조주의를 하면 자기도 교조주의를 하게 된다고 하면서 대국(大國) 맹종주의를 비판하였다. 그러나 1946년에서 1957년까지의 북한의 정치사는 김일성이 바로 그렇게 행동했다는 것을 당의 문건들이 실증하고 있다. 김일성은 이러한 대소(對蘇) 예속 관계를 체험하였기 때문에, 사대주의자는 자신이 아니라 소련파(한국 2세)였다고 책임을 전가하였다.

수정주의와 교조주의라는 말은 이른바 '마르크스-레닌주의 당' 내부의 권력 투쟁에서 상투적인 공격 용어로 남용되면서 그 객관적 타당성을 상실한지 이미 오래되었다. 북한의 경우, 당의 정책 노선에서 어디까지가 수정주의이고 어디까지가 교조주의인가는 오직 이데올로기의 해석권을 독점한 당 최고 권력자의 주관에 의해서만 결정될 따름이다. 이는 사대주의, 종파주의, 좌경 기회주의, 우경 기회주의 등의 용어에 있어서도 마찬가지이다.

김일성은 사상에서의 주체를 가지고 혁명과 건설을 추진해 나가는데 있어서 가장 큰 장애는 사대주의라고 하면서, "사대주의는 대국주의를 끌어들이며 교조주의를 낳게 한다."고 그 위험성을 경고하였다. 그리하여 그는 큰 나라의 것이라면 무조건 숭배하고 모든 일에서 남을 모방하는 것에만 골몰하는 사대주의와 다른 나라 당의 노선과 정책을 기계적으로 답습할 것을 강조하는 교조주의자들을 신랄하게 비판하였다. 또한 그는 "자기 나라의 우수한 것을 모두 부정하고 남의 것을 덮어놓고 예찬하며 우상화"하는 민족적 허무주의에 대해서도 비난을 퍼부었다.

그러나 북한 공산당 내에 그러한 사대주의가 있었고, 그 결과로써 교조주의와 민족적 허무주의가 생겨났다면, 그러한 현상은 바로 스탈린 시대에 김일성이 당 지도권을 장악하고 있었던 시기에 급격히 조성되었던 것이지, 다른 세력에 의해서 발생된 것이 아니었다. 또한 김일성은 사대주의의 역사적 근원을 가깝게는 '반당 종파 분자들'에게 돌리고, 멀게는 조선 시대에다 돌리면서 자기의 책임을 회피하려고 시도하였는데, 여기에서 우리는 그의 주체적 입장의 당략성(黨略性)과 기만성을 엿볼 수 있다.

북한은 한국에서 민족 독립 운동이 좌절되고, 초기 공산주의 운동이 실패하였던 것도 그 주된 원인이 주체 의식이 없는 사대주의와 거기에서 연유되는 종파주의에 있었다고 주장한다. 물론 사대주의도 없지는 않았을 것이다. 그러나 일본 군국주의의 점령하에서 어떤 외국 세력의 지원을 받았거나 국제 여론에 호소한 것까지를 사대주의라고 한다면, 김일성이 1930년대에 중국의 공산당원으로서 항일 연합군에 가담하였고, 그 후 1940년대에는 시베리아로 들어갔다가 구 소련군의 뒤를 따라 북한에 들어 온 후, 구 소련군 사령부의 지원 하에 권력을 장악했던 사실은 사대주의가 아니고 주체 의식이 있는 것인지 궁금하다. 북한은 그것을 설명할 수 없기 때문에 계속 역사를 날조, 왜곡, 삭제하고 있다.

종파주의에 관해서 말한다면, 그것은 어떠한 운동에도 존재하여 왔다. 김일성 집단도 조선 로동당의 한 종파였으며, 다만 권력 투쟁에서 승리하였을 뿐이다.

북한은 김일성에 대한 개인 숭배를 위해, 김일성이 이미 소년 시절(1926년)에 역사상 최초로 주체 사상을 창시했다고 대대적으로 선전하여 왔다. 그러나 김일성은 "주체 사상은 결코 우리가 처음으로 발견한 것이 아닙니다. 마르크스-레닌주의자라면 누구나 다 그렇게 생각하고 있습니다. 나는 다만 이와 같은 사상을 특별히 강조하였을 뿐입니다."라고 말함으로써, 북한의 선전이 거짓임을 스스로 입증하였다.

김일성의 말과 같이, 혁명과 건설(인간 및 사회 개조와 공업화)에서 자주적 입장, 창조적 노력, 자력 갱생(自力更生)을 추구하는 것이 주체 사상이라면, 그것은 비단 여타의 마르크스-레닌주의자들에게서 뿐만 아니라, 역대의 무수한 민족주의자, 사회주의자, 민주주의자들에게서도 찾아볼 수 있는 흔한 현상이지 결코 독창적인 것이 아니다.

북한은 주체 사상은 유일 사상 체계의 기초가 되기 때문에, "모든 것의 주인인 인민은 수령의 유일적 영도 밑에 무조건 복종해야 한다."고 주장하였다. 그러나 주인이 수령의 영도에 무조건 복종해야 한다면, 그것은 이미 주인이 아니라 비주체(非主體), 즉 노예가 되는 것이라고 할 수 있다. 이는 주체 사상이 개인 숭배를 합리화하는 이론이라는 것을 스스로 폭로한 것이나 마찬가지이다.

정치 지도자에 대한 개인 숭배는 스탈린 사후(1953년)의 마르크스-레닌주의에서도 전적으로 부정되어 온 사실에 비추어 볼 때, 주체 사상은 많은 논리적 모순을 내포하고 있다고 할 수 있다. 그리하여 선진국의 공산당은 물론 구 소련이나 중국조차도 주체 사상은 개인 숭배론이며 봉건주의적 개인주의에 기초한 세계관이라고 신랄하게 비판하였다.

북한은 주체 사상이 마르크스-레닌주의와는 근본적으로 다른 주체적 입장과 방법론에 입각한 완전히 독창적인 이론이라고 시종 일관 주장하고 있지만, 김일성 개인 숭배를 옹호하고 있는 부분을 제외하고는 독창적인 점을 전혀 발견할 수 없다. 다만 독창적인 부분이 있다면, 그것은 김일성 개인의 사상과 의식이 모든 것을 결정하며 역사 발전에 결정적인 역할을 한다고 강조하는 점뿐이다.

이러한 김일성 개인 숭배론은 스탈린이나 모택동을 훨씬 능가하였으며, 나치즘의 영도자 이론까지도 앞지르고 있다. 따라서 주체 사상은 한 마디로 말해서 김일성 한 사람의 주체와 북한 주민 전체의 예속을 합리화하는 1인 통치 이데올로기에 불과하다고 하겠다.

(2) 경제에서의 자립

주체 사상은 북한의 경제(특히, 경제 발전 전략)에도 결정적인 영향을 미쳤다. 이른바 경제에서의 자립이라는 원칙은 자력 갱생을 북한 경제의 기본 특성으로 부각시켜 놓았다. 그러나 자체적으로 축적된 자본과 생산 기술을 갖지 못한 상태와 수준에서 출발한 북한 경제는 자력 갱생의 실시로 심각한 폐쇄 경제의 부작용을 초래하였으며, 생산 시설과 기술면에서 더욱 심각한 낙후 현상을 초래했다.

경제에서의 자립은 사회주의 국가에서 자립적 민족 경제를 건설하는 것이 정치적 자주의 기초가 된다는 전제하에서 주창되었다. 북한은 전후(戰後) 복구 계획(1954~1956년)시 구 소련을 비롯한 공산권 국가들로부터 상당한 규모의 원조를 받았으나, 제1차 5개년 계획 기간(1957~1961년)에는 원조 획득에 실패하였기 때문에, 새로운 경제 발전 전략을 모색해야 할 시점에 있었다.

북한은 주로 모택동 방식의 자립 경제 정책을 모델로 채택하였다. 모택동 방식의 자립 경제 정책이란 국내 자원과 인력을 동원하고 조직화하는 정책으로서, 모택동의 '사회주의 총 노선'과 '대약진 운동'이 바로 그것이다. 이는 모택동이 1935년에 처음으로 제창한 자력 갱생의 정신에 기초한 것이다.

북한은 모택동으로부터 자력 갱생이라는 구호를 배워 1958년부터 시작된 '천리마 운동'에 그것을 적용하였다. 이처럼 북한이 중국의 자립 경제 정책을 모방하기로 결정한 것은, 그것이 북한의 긴급한 경제 문제에 대한 해결책을 제시하여 줄 수 있으며, 이를 계기로 경제적인 측면에서 구 소련에 대한 의존을 탈피할 수 있다고 믿었기 때문이었다.

북한 공산주의자들에 의하면, 경제에서의 자립 노선은 자력 갱생의 원칙하에 자주적으로 사회주의 경제를 건설하는 것을 의미한다. 북한이 자력 갱생의 원칙에 따라 경제에서의 자립을 주장한 것은 1956년 12월 당 중앙 위원회 전원 회의에서였으며, 정책 노선으로서 추진한 것은 1958년 3월 당 제1차 회의에서였다. 북한은 이를 정책화하여 제1차 5개년 계획을 수립하고 공산 국가들의 지원을 크게 기대하였으나, 그것이 좌절되자 결국은 북한 자체의 힘에 의해 제1차 5개년 계획을 추진할 수밖에 없었다.

북한은 주체라는 구실 아래 자립 경제 건설의 기초로서 자력 갱생의 원칙, 중공업 우선 정책, 군사와 경제의 병진(竝進) 등을 추진하여 왔다. 이에 따라 북한은 가급적 북한 내의 자원을 이용하고, 북한 내부 시장의 성장에 중점을 두면서 독자적인 국가 경제를 이루려고 시도하였다.

북한의 경제 과정에서 나타났던 한 가지 중요한 특징은 바로 이데올로기적 요소의 강조이다. 다시 말하면, 북한은 중소 분쟁의 와중에서

손해를 보지 않고 '사회주의의 사상적, 물질적 요새'를 점령하기 위해서 주체 사상을 내세우면서, '천리마 운동' 등 북한 주민들의 자발적 참여와 희생을 강조하는 이른바 '주체 식'의 대중 동원 방식을 일관되게 고집하여 왔다. 이와 같은 북한의 이데올로기적 대중 동원 방식은 1970년대 초반까지는 제한적이나마 성과를 거두었던 것으로 평가되기도 한다.

그러나 북한의 경제에서 이데올로기적인 요소를 지니고 있는 김일성주의가 경제 개발 전략으로서 기능했던 기간은 곧 종식되었고, 북한의 경제·사회적 변화와 통치 이데올로기간에는 균열의 조짐이 생기게 되었다.

그 첫째는 북한 경제 체제가 지니고 있는 구조적 모순이다. 주체 사상은 표면적으로는 인간 중심주의적인 자발적 동기를 강조하지만, 실제에 있어서 북한의 경제는 공산당의 명령에 기초하여 이루어지고 있다. 공산당 유일 사상 체계에 의거한 경제 관리 원칙은 이미 구 소련이나 중국의 경우에서 보았듯이, 현대적인 고도의 산업 시설을 운영하기 위한 경제 자체의 논리, 즉 경제적 합리성과 효율성 및 자율성을 보장하는데 실패하였다.

둘째는 '군중 노선(群衆路線)'의 방법에서 초래되는 모순이다. 군중 노선에 따른 노력 동원(勞力動員), 즉 북한 주민들의 '의식적이고 자발적인 노동 의욕'은 북한 사회가 안고 있는 경제적인 취약점 가운데 하나인 부족한 노동력의 효율적인 활용을 위해 일단 불가피한 방식으로 이해될 수도 있다. 하지만 그러한 방식의 자발적인 노동은 끊임없는 이데올로기적 충동과 통제가 없이는 불가능하다.

잘 알려진 바와 같이, 군중 노선이란 연안 시대 이래로 중국 공산당이 사용하였던 독특한 대중 지도 방법이며, 그 용어나 개념도 모택동이 창안하였다. 그럼에도 불구하고 북한의 선전물들은 군중 노선이 마치 김일성에 의해 창조된 것처럼 예찬하고 있는데, 이는 김일성 부자 개인 숭배의 한 단면을 드러내는 것이라고 하겠다.

또한 대중과 밀착하고 대중의 의견을 존중한다고 선전하고 있는 중국의 대중 노선과 북한의 군중 노선은 서구식 대중 민주주의의 조직 방법과는 근본적으로 다르다. 북한의 '천리마 운동'은 중국의 '대약진 운동'에서와 똑같이 인적 자원의 총 동원, 사회의 엄격한 전시적 편제화(戰時的編制化), 위로부터의 혁명적 감격과 열광적 분위기 조성, 불평 분자들에 대한 가차없는 계급 투쟁, 고도의 심리적 긴장, 끊임없는 학습을 통해 북한 주민들의 노동력을 끌어내는 방식 등에 의하여 진행되어 왔다.

그리고 북한에 있어서 공산당의 중앙 집권적 통제를 위한 기본적 수단으로는 물리적 탄압은 물론, 정치적 이데올로기의 강화를 들 수 있다. 그리하여 중국에서처럼 북한에서도 "정치 사업을 앞세운다."는 말이 군중 노선과 관련하여 계속 강조되어 왔다.

이러한 정치 선행(先行)주의는 곧 이데올로기 제일주의를 의미한다. 즉, 노동자, 농민, 인텔리 등 사회의 모든 구성원들에 남아 있는 기존의 사상적 잔재를 청산하고, 그들을 프롤레타리아 혁명 정신으로 무장시켜, 사회 전체를 노동 계급(실제로는 공산당)의 형태로 개조해야만 사회주의와 공산주의를 효과적으로 건설할 수 있다는 것이다.

따라서 북한은 '전 사회의 혁명화와 노동 계급화'를 프롤레타리아트 독재의 중요한 임무로 간주하고, 1966년 10월부터 정치 사상 사업(주체 사상 일색화), 즉 사상 투쟁을 강화하여 왔다. 그런데 여기에서 무엇보다도 중요한 것은 당의 유일 사상 체계를 확립하는 일이었다.

결국 주체 사상에 입각한 경제에서의 자립은 정신적인 자극이 물질적인 자극보다 우월하다는 것인데, 이는 달리 말하면 경제와 생산의 목적 자체를 부정하는 것과 마찬가지이다. 이처럼 자력 갱생은 시대착오적인 폐쇄 정책의 산물로서, 오늘날의 북한 경제를 빈사 직전의 파멸로 이끌고 있다. 이러한 폐쇄 정책은 전근대적인 독재 체제를 유지하기 위한 것임은 물론이다.

그러나 오늘날의 국내외 정세에 비추어 볼 때, 북한도 싫든 좋든 간에 불원간 문호를 개방하지 않을 수 없게 될 것이다. 최근 북한도 이를 인식한 결과, 이른바 '합영법(合營法)'을 발표하여 제한적이기는 하지만 대외 개방 정책을 서두르고 있고, 무역 정책도 북한 내 경제의 확대 재생산을 위해서만 최소한으로 해야 한다던 종전의 입장에서 후퇴하여 수출 증대에도 역점을 두고 있다.

북한이 제3차 7개년 계획(1987~1993년)을 추진하면서, 다른 나라와의 경제 협력 부문에서 자본주의 국가를 포함한 모든 국가들과 무역 거래를 활발히 추진하겠다고 공식적으로 천명했던 것은 자립 경제의 입장을 고수해 온 북한으로서는 상당한 자세 전환이라고 볼 수 있다. 그러나 북한의 이와 같은 태도 변화는 주체 사상을 포기하지 않는 한 한계가 있을 수밖에 없으며, 중국의 실용주의 노선과 같은 경제 사회의 활성화로 이어지기는 어려울 것으로 전망된다.

(3) 정치(외교)에서의 자주

북한은 과거 중소 이념 분쟁의 와중에서 생존 방법을 모색하기 위해 정치(외교)에서의 자주를 제창하였다. 북한에 의하면, 이는 대국주의의 내정 간섭에서 벗어나, 모든 정책과 노선을 수립하고 관철하는데 있어서 독자성을 견지할 것을 강조하는 원칙이다. 이러한 북한의 주장은 1957년 11월에 발표된 '모스크바 선언'의 원칙과 맥락을 함께 하고 있다.

'모스크바 선언'은 사회주의 국가들의 완전한 평등, 민족적 자주성과 주권의 존중, 상호간 내정(內政)에 간섭하지 않는다는 원칙 등을 핵심으로 하고 있다. 북한은 중소 분쟁이 격화되었던 1960년대에도 이 원칙을 계속 고수하였다. 북한이 이처럼 정치 및 외교에서의 자주 노선을 채택할 수 있었던 것은, 북한 공산당 내에서 자신의 독재 권력이 이미 확립되었고, 세계 공산주의 운동권 내에서도 다원화 현상이 발생하여 중소 분쟁에서 어부지리(漁父之利)를 얻을 수 있는 기회가 마련되었다는 주관적 평가와 객관적 조건 때문이었다.

이와 같은 북한의 정치적 자주성은 구 소련이 북한으로 하여금 제20차 소련 공산당 대회의 결의문을 수용하도록 가한 압력과 1956년 북한의 정치적 위기, 그리고 구 소련으로부터의 경제 원조 중단과 북한의 제1차 5개년 계획에 대한 구 소련의 비난 등 극심한 내정 간섭에 대한 저항의 측면도 있었다. 이에 따라 김일성은 정치적 자주성을 확보하는 길은 무조건 자기에게 순종하는 것이며, 흐루시초프의 탈(脫)스탈린주의 운동에 따라 개인 숭배를 반대하는 것은 사대주의와 종파주의가 된다고 역설하였다.

북한에 의하면, 정치에 있어서의 자주성의 원칙은 주체 사상을 정치 분야에 구현하기 위한 지도 원칙이다. 북한에 있어서, 주체 사상은 "사람은 자주성을 가진 사회적 존재이며, 사람의 행동 양식은 사상 의식에 의해서 규정된다."는 전제 위에서 주장되고 있다. 그런데 북한의 이와 같은 개인의 자주성에 대한 강조는 어떤 논리적 매개도 없이 정치적 또는 민족적 자주성으로까지 비약되었다.

북한은 '현대 수정주의'가 정세의 변화와 창조적 발전이라는 구실로 마르크스-레닌주의를 수정하여, 그 혁명적 진수(眞髓)를 거세하고, 계급 투쟁과 프롤레타리아 독재를 거부하면서 제국주의와의 투쟁을 포기하였기 때문에 그것을 반대한다고 주장하였다. 북한에 의하면, '현대 수정주의'는 부르주아 사상이며 '우경 기회주의'이다. 북한은 이러한 수정주의자가 누구인가를 밝히지는 않았지만, 구 소련을 지칭한 것이 명백하며, '현대 수정주의'에 대한 그러한 비난은 중국의 구 소련에 대한 비난과 완전히 일치하였다.

북한은 구 소련이 대외적으로는 미국과의 평화 공존 노선을 실천하였고, 대내적으로는 '자유화' 정책을 실시하였기 때문에, 북한의 입장이 위협을 받을 수밖에 없어 구 소련에 대하여 이데올로기적 공세를 가했던 것이다. 또한 북한은 중국에 대해서도 교조주의라고 비난하였는데, 이는 중국의 문화 혁명 시기에 구 소련이 중국을 비방했던 논조와 너무나 유사하였다.

북한은 그들의 자주 노선을 유지하기 위해서 인민 대중에게 '사회주의적 애국주의'를 부단히 고취해야만 했다. 북한에 의하면, 사회주의적 애국주의란 "계급 의식과 민족적 자주 의식을 결합시키고, 자기의 계급과 제도에 대한 사랑을 자기 민족과 조국에 대한 사랑과 결합시키는 노동 계급 및 근로 인민의 애국주의"인데, 이는 스탈린이 1930년대에 창안한 '소비에트 애국주의'의 북한 판이라고 할 수 있다.

한편, 북한은 그들의 자주 노선이 민족주의라는 비방을 면하기 위하여, 민족주의를 철저히 반대하면서 프롤레타리아 국제주의와 국제 노동 운동의 통일 및 단결을 강조하였다. 북한의 외교에 있어서도 자주성의 원칙은 주체 사상이 토대가 된 외교 정책 노선을 의미하는데, 이는 원래 중소 분쟁에서의 중립 노선 채택을 정당화하기 위한 골육지책(骨肉之策)이었으나, 그 후 제3세계 외교는 물론 대(對) 서방 외교에 있어서도 기본 노선이 되었다.

북한에 있어서 주체 사상에 토대를 둔 외교에서의 자주 노선은 1960년대와 1970년대 북한의 외교 활동에 어느 정도 기여를 한 것도 사실이다. 즉, 마르크스-레닌주의를 앞세운 외교에서의 자주는 북한으로 하여금 다른 공산 국가들과 친교를 계속 유지할 수 있게 하여 주었을 뿐만 아니라, 동시에 이념적 독자성을 내세워 과거의 동서 대립 속에서 중립 노선을 견지하면서 내정의 상호 불간섭주의를 주창했던 비동맹 운동에도 동참할 수 있게 해 주었다고 볼 수 있다. 그러나 북한의 외교 활동에 있어서 자주성의 강조는 진정한 의미에서의 자주와는 거리가 멀었기 때문에, 북한의 외교는 처음부터 한계성을 지니고 출발했던 것이나 다름없다.

주체 사상에 입각한 정치 및 외교에서의 자주 노선은 북한의 대남

적화 통일 전략에 있어서도 중요한 요소를 차지하여 왔다.

북한은 통일 문제와 관련한 한국과의 주도권 경쟁에서, 마치 그들이 분단 이전 상태의 정통적인 계승자이며 모든 한민족 사회 성원의 합법적인 대표인 것처럼 선전하기 위해서, 그들의 공식적 이데올로기 속에 민족주의적인 요소를 포함시켜야만 했다. 그러나 그렇게 할 경우, 주체 사상이 계급이라는 보편적 요소에 근거를 둔 마르크스-레닌주의의 진정한 계승 사상이라는 주장과 논리적으로 모순된다. 따라서 북한은 민족주의라는 용어를 교묘히 회피하고, 심지어는 그것을 비판하면서 대신에 '자주', '자존' 등을 의미하는 개념으로 폭넓게 해석될 수 있는 주체라는 용어를 내세우게 되었다.

이러한 논리에 입각하여, 북한은 주체 사상을 전술적으로 반미(反美) 감정에 연관시켜 왔다. 또한 북한은 역사적으로 한국의 민족주의가 외세에 대한 저항 정신의 형태로 나타났던 점에 착안하여, 한국 국민들로 하여금 외세를 배격하도록 민족주의적 감정을 자극하려고 노력하여 왔다.

결국 북한이 주장하는 정치에서의 자주성은 노동 계급의 당과 국가의 정치 활동에서 견지하여야 할 혁명적 입장을 말하며, 마침내 김일성 부자의 자주를 초래하였다.

따라서 북한의 1인 독재 체제는 김일성 부자의 우상화를 비롯하여, 자기 희생과 절대 복종의 인간형 강요, 위압적인 이데올로기 운동의 전개, 독재 권력의 세습 및 대남 혁명 노선의 경직화 등 많은 부작용을 초래하였다.

이처럼 정치에서의 주체는 개인 숭배와 독재 체제의 유지 및 강화에 목적을 두고 있다. 따라서 북한의 이러한 정치 이데올로기는 북한 정치 체제의 후진성을 그대로 반영하는 이념으로서 전제주의적 독재를 합리화하는 비체계적, 비논리적인 사상에 불과하다고 할 수 있다.

북한을 통치하는 것은 형식상 '조선 로동당'이지만, 이 당을 실질적,

제도적으로 지배하는 것은 국가 주석 한 사람이므로, 북한 사회는 1당 1인 독재하에 놓여 있다. 그러므로 북한 사회는 주체 사상과 당의 유일 사상 체계가 모든 가치를 지배하는 획일적인 사회가 되고 말았다.

(4) 국방에서의 자위

국방에서의 자위는 1962년 12월 북한 공산당 중앙 위원회 4기 5차 전원 회의에서 제기되었는데, 북한은 이를 주체 사상의 군사 분야에 적용되는 지도 원칙이라고 주장하였다. 북한에 의하면, 국방에서의 자위는 주체 사상의 기본 원리로부터 출발하여, 국방력 강화의 기초를 혁명 군대와 인민의 정치·사상적 준비에 두면서 국방 건설을 수행하고, 군사 과학과 군사 기술을 발전시키는데 있어서 사대주의와 교조주의를 철저히 반대하며, 모든 문제를 자기 나라의 군사 정치 정세와 구체적인 실정에 맞게 자주적·창조적으로 풀어 나간다는 것을 의미한다.

북한이 군사 정책 노선으로서 국방에서의 자위를 결정하게 된 것은 다음과 같은 세 가지 사태에 기인하였다. 첫째는 구 소련으로부터의 군사 원조가 중단되었다는 점이고, 둘째는 1962년 10월 쿠바 사태에서처럼, 구 소련이 자국의 이익을 위해서는 형제 사회주의 국가의 이익을 희생시킬 수도 있음을 보여주었다는 점이며, 셋째는 한국에서 새로 등장한 군사 혁명 정부가 반공 태세의 강화를 표방하였다는 점이다.

이러한 일련의 사태는 북한으로 하여금 불안을 느끼게 하였고, 이것이 계기가 되어 1962년에 국방에서의 자위가 결정되었는데, 1963년부터는 전인민의 무장화, 전지역의 요새화, 전군의 간부화, 전군의 현대화라는 이른바 '4대 군사 노선'이 실천에 옮겨졌다.

그러나 양(洋)의 동서(東西)를 막론하고 군사적 자위 노선은 고대로부터의 상식이며, 모든 국가는 그러한 정책을 추구하여 왔다. 그럼에도 불구하고 북한은 이러한 자위 노선도 김일성이 창시한 것처럼 선전하여 왔다.

북한은 사회주의 국가들이 제국주의에 반대하는 투쟁에서 서로 도와주고 지지하는 것은 공산주의자들의 신성한 국제주의적 의무이기 때문에, 북한이 구 소련 및 중국과 군사 동맹을 맺고 원조를 받았던 것은 자위 노선과 조금도 모순되지 않을 뿐만 아니라, 오히려 당연한 일이었다고 주장한다. 그러면서도 우리가 미국과 공동의 안보를 위해 협력하는 것을 외세를 불러들이는 일이며 군사적 예속이라고 주장한다.

북한에 있어서 당의 이러한 군사 노선은 북한 전지역을 철저하게 군사 기지화시켜 놓았으며, 또한 혁명의 이름으로 북한 공산 정권을 세계에서 가장 호전적인 집단으로 만들었다. 북한이 통일 정책에 있어서 표방하는 구호는 '평화 통일'이지만, 그 내용은 '남조선 혁명론'이며, 대한민국을 계급 혁명의 방식으로 공산화하겠다는 것이다. 즉, 그들의 표현을 빌리면, '조선 혁명의 전국적 승리'가 바로 북한의 통일 목표인 것이다.

따라서 북한에서는 '남조선 해방'과 '남조선 혁명'의 지원 수단으로서 군사력을 강화한다는 구실로, 가능한 모든 인적 · 물적 자원이 강제로 전쟁 준비에 동원되어 왔다.

북한은 제5차 당 대회에서 북한이 군사 기술이나 장비 면에서는 강대국과 경쟁할 수 없다는 것을 솔직히 인정하면서도, 인민 군대는 정치 사상적 우월성에 의하여 군사 기술이 우세한 '제국주의 침략 군대'와 싸워 이길 수 있다고 주장했는데, 이는 중국이 문화 혁명 기간 중에 강조했던 '정치 선행론(政治先行論)'을 그대로 모방한 것에 지나지 않는다.

국방에서의 자위 노선은 북한에 두 가지 문제를 야기시켰다. 첫째는 현대 무기에 있어서 구 소련에의 의존이 심화되어, 자위 노선에 한계가 있다는 점이고, 둘째는 과도한 군사비가 경제 발전을 위한 투자의 저조를 초래하여, 북한 경제에 큰 압박을 가하고 있다는 점이다.

그러나 문제는 북한이 만약 그러한 정책을 포기할 경우, 주체 사상이 내세우고 있는 '남조선 혁명'과 '인민 민주주의 혁명' 등의 이데올로기적인 구호 또한 포기해야 한다는 점이다. 이는 주체 사상의 근본을 부정하는 것을 의미한다.

따라서 북한은 대내외적인 환경 변화에 적응하면서, 경제의 효율성을 위해 군사 문제에 대한 부담을 줄이거나, 아니면 체제 유지와 내부 통제를 위해 그러한 부담을 계속 감수해야만 하는 어려움에 처해 있다고 할 수 있다.

결국, 주체 사상에 기초한 국방에서의 자위 노선은 북한 전지역을 병영화함으로써 독재 체제를 유지 · 강화하려는데 기본적인 목적이 있는 것이며, 소위 '남조선 혁명과 조국 통일'의 성취를 위한 전쟁 준비의 일환일 뿐이다.

④ 통일 교육의 기본 방향

오늘날 한반도를 중심으로 하는 통일 환경은 급변하고 있다. 이러한 국내외적 환경의 변화를 배경으로, 통일 교육은 이제까지의 소극적인 분단 극복의 차원을 넘어 통일 이후의 민족 공동체의 삶에 대비해야 한다.

이러한 의미에서 통일 교육은 한반도의 항구적인 평화를 정착시킬 수 있는 통일에 대한 전망과 태도를 길러주어야 할 것이며, 통일 전후의 혼란에 대비할 수 있는 교육이 되어야 한다.

이를 위해서는 우리의 자유 민주 체제 역량을 증대시키기 위해 필수적인 민주 시민 교육, 국제 이해 교육 등이 포함된 포괄적인 접근이 필요하다고 할 수 있다.

1. 통일 교육의 의의

통일 국가의 목표는 도덕적 · 민주적으로 성숙된 풍요로운 복지 사회의 실현이다. 따라서 통일 교육은 그러한 목표에 걸맞는 확고한 가치관과 통일 의식을 심어주는데 주력해야 한다. 북한은 우리 민족 공동체의 한 구성원인 동시에 우리에게 위협적인 실체이다. 따라서 남북한의 이질성 극복과 동질성 회복을 통한 한민족 공동체 통일 국가 건설은 우리 민족의 번영과 항구적인 세계 평화를 위해 반드시 달성되어야 할 과제이다.

진정한 통일은 체제 통합을 넘어서 체제 융합을 완성하는 것이다. 통일 교육은 그러한 남북한의 자주적 · 평화적 · 민주적 통일에 기여할 수 있는 개개인의 능력을 배양하며, 통일 과정에서 또는 통일 이후에 발생하는 문제들을 해결할 수 있는 체제 역량을 강화하기 위한 교육이다.

통일 교육은 통일 국가를 준비하고 완성시키는데 요구되는 지식, 태도, 가치관, 사고 능력 및 행위 규범과 절차 등을 학생들에게 이해시키고 습득하게 하는 교육이다. 또한 통일 교육은 우리 민족의 한결같은 염원인 평화 통일을 앞당겨 실현하고, 나아가 통일된 조국에서 우리 민족 구성원들이 행복한 삶을 영위하기 위한 교육이다. 그러므로 통일 교육은 지난 반세기 동안에 누적되어 온 남북한간의 불신을 해소하고 신뢰를 회복하여 통일 문제를 진지하게 다루고, 민족 화합을 위해 기여할 수 있어야 한다.

통일 교육은 통일을 앞당기기 위한 노력과 아울러 통일 이후의 삶을 준비하고 대비하는 내용을 함께 다루어야 한다. 동시에 우리 국가의 존립과 국민의 안녕, 그리고 통일에 대한 현실적 장애와 위협 요소도 가르쳐서 모든 사람들이 균형 있고 합리적인 통일관(統一觀)을 형성하며,

이에 부합하는 행동을 하도록 도울 수 있어야 한다. 통일 교육은 국민들 사이에 존재하는 시각의 차이를 융화시켜 국민적 공감대를 형성함으로써 민족 통일의 새로운 발판을 구축할 수 있게 하려는 것이다.

통일 교육은 새로운 시대 상황에 맞게 새로운 모습으로 전개되어야 한다. 통일 교육은 학교에서만 이루어지는 것이 아니다. 신문 · 방송 등 대중 매체와 그 밖의 수단들이 통일관 형성에 크게 기여하며, 남북간 경제 · 문화 예술 · 스포츠 등 모든 분야에서의 교류와 만남의 체험도 통일관 형성에 매우 중요한 역할을 한다.

2. 통일 교육의 접근 방안

우리가 말하는 통일 교육은 분단된 조국의 통일에 기여할 수 있고, 또한 통일에 대비할 수 있는 교육을 의미한다. 즉, 통일 교육은 합리적인 통일 대비 능력을 배양하는 교육이 되어야 한다. 한반도의 분단과 통일은 시 · 공적인 차원에서 역사성을 가지는 특수한 의미를 지니고 있기 때문에, 통일 교육을 논의하기 위해서는 분단과 통일의 역사성을 무엇보다도 먼저 고려해야 할 것이다.

또한 통일 교육은 통일된 조국에서 행복한 삶을 영위하기 위한 바람직한 가치관과 태도를 국민들 사이에 확산시키고 공감대를 형성시키기 위한 교육을 의미한다. 따라서 통일 교육은 통일에 대하여 합리적인 가치와 태도를 지니도록 하면서, 우리의 자유 민주 체제와 생존 및 번영을 위협하는 요소에 대한 경계심도 아울러 갖추도록 하여야 한다. 더 나아가 통일 교육은 남북한의 단계적인 통합 과정에서 발생될 수 있는 갈등을 해소할 수 있는 체제 융합 기능까지도 수행할 수 있는 교육이 되어야 할 것이다.

통일 교육은 초 · 중 · 고등학교의 사회과 및 도덕 · 윤리과와 대학의 교양 교육을 통하여 체계적으로 실시하되, 전 교과, 전 과목을 망라하는 모든 교육 활동을 통해 이루어져야 한다. 통일된 상황에 우리 국민들이 적응하지 못하거나 회의를 느끼지 않도록 지금부터 통일 후의 우리의 부담과 역할은 물론 북한의 경제, 사회, 문화, 정치, 심지어는 북한 주민들의 가치, 태도까지도 교육 과정에 반영시켜 가르쳐야 할 필요성이 있다고 하겠다. 다시 말해서, 통일 전후의 사회적 혼란과 인식의 혼동에 대비할 수 있는 교육이 필요하다.

그리고 추상적이고 주의(主意)주의적인 교수 · 학습보다는 구체적이고 주지(主知)주의적인 교수 · 학습이 학생들로 하여금 북한의 실상을 올바로 이해하도록 하는데 도움이 될 것이다. 다시 말해서, 체계적이고 구조화된 지공(知共: Knowledge of Communism) 교육이 실시되어야 하며, 학생들이 우리 정부의 통일 정책을 정확히 인식할 수 있도록 하는데도 소홀함이 없어야 한다.

오늘날 공산권의 붕괴와 몰락으로 파생된 반공(Anti - Communism) 교육의 딜레마(dilemma)는 지공 교육으로 극복될 수 있고 또 극복되어야만 한다. 이러한 입장에서 통일 교육은 공산주의와 북한의 과거, 현재, 그리고 미래를 객관적으로 규명하는데도 역점을 두어야 할 것이다. 왜냐하면 이는 학생들이 통일 환경의 변화를 능동적으로 수용할 수 있도록 자율 역량을 신장시킬 것이기 때문이다.

통일은 예기치 않은 순간에 갑자기 닥쳐 올 수도 있다. 그러므로 우리는 모든 가능성을 사전에 점검하고 충분히 준비해야 한다. 이러한 의미에서 통일 교육은 통일과 안보에 대한 균형 된 시각을 가질 수 있도록 추진되어야 한다.

3. 통일의 당위성에 대한 인식 제고

통일 교육은 통일에 관련된 제반 사항에 대한 지식을 습득하고, 합리적 선택과 비판을 위한 분석 능력과 의사 결정 능력을 제고하며, 통일의 당위성과 통일 과정에 대한 민주적인 가치, 그리고 통일과 관련된 문제에 자발적으로 동참하려는 적극적인 의식을 형성하고자 하는 교육이다. 따라서 통일 교육은 학생들이 통일에 대하여 열망과 긍정적 · 합리적인 태도를 형성할 수 있도록 추진되어야 한다.[6]

통일 교육은 그 대상이 어느 세대에 속하고 어떤 이념과 세계관을 가지고 있든, 스스로가 민주적이고 평화적이며 합리적인 절차에 따라서 성취해 나갈 수 있는 통일이 가장 바람직하다는 인식을 갖게 하고, 그러한 통일을 하루속히 이룩하는 것이 무엇보다도 중요하고 시급한 일이라는 사명 의식을 가질 수 있도록 전개되어야 한다. 다시 말해서, 통일 교육은 통일의 당위성과 목표, 그리고 바람직한 통일상이 국민 개개인의 의식 속에 확고히 정립되도록 추진되어야 한다.

통일은 이산 가족과 북한 동포들의 고통을 덜어 주기 위한 인도주의적 차원에서뿐만 아니라, 민족 공멸(共滅)의 전쟁 재발을 방지하고 민족 역량의 낭비를 막아 민족의 번영을 실현하기 위해 시급히 이루어져야 한다. 따라서 통일 교육은 어떤 내용과 방법을 통한 통일이 우리 민족의 현실과 장래에 비추어 가장 바람직하고 타당한 것인가를 분별할 수 있는 가치 기준을 제시해야 한다. 왜냐하면 통일의 목표, 방법, 내용 등에 대한 나름대로의 상(像)이 하나로 통합될 수 있을 때 통일에 대한 국민적 합의가 형성될 수 있으며, 통일을 지향하는 국민적 의지의 결집도 더욱 가능해 지기 때문이다.

통일은 한민족 공동체 구성원 모두가 주체가 되고 민족 구성원 모두에게 자유와 복지, 그리고 인간의 존엄성이 보장되는 것이라야 한다. 우리가 통일을 원하는 이유 중의 하나는 통일 이후의 삶이 보다 자유롭고 평화로울 것이라는 기대 때문이다. 또한 통일은 우리 민족 구성원 모두에게 바람직하고 이로운 것이지만, 그것을 실천하는 데는

6. 통일원, *통일교육 기본방향*, 1995, pp.7~10.

고통과 희생이 수반된다. 그러므로 통일 교육은 이러한 부담이나 고통 때문에 통일을 포기하거나 뒤로 미룰 수는 없으며, 통일이라는 민족사적 요청에 부응하여 대승적 차원에서 그러한 희생을 감내해 나갈 수 있도록 학생들을 지도해야 한다.

탈냉전(脫冷戰) 시대인 오늘날 우리는 더 이상 민족의 역량을 둘로 나누어 소진시킬 이유가 없다. 이제 우리에게 남겨진 문제는 어떻게 민족 구성원의 뜻과 힘을 효과적으로 결집시켜 민족 공동의 이익과 발전에 가장 핵심적 관건이 되고 있는 통일을 앞당겨 성취해 내는가 하는 것이다. 따라서 우리 모두는 한반도의 통일이 동북아는 물론 세계 평화에도 크게 이바지하는 세계사적 정당성을 갖는다는 확신을 학생들이 갖도록 통일 교육을 추진하여야 한다.

5 통일 교육의 과제

통일 문제는 한국 사회의 중요한 윤리적 과제이다. 통일을 위해서는 통일 비용만 부담하면 되는 것이 아니라, 통일 과정에서 또는 통일 후에 발생할 수 있는 불편을 감내하는 우리 국민들의 성숙된 윤리 의식이 무엇보다도 필요하다. 왜냐하면 서로 다른 체제에서 살아 온 사람들을 하나로 융합시킬 수 있는 요소는 기본권과 사회 정의에 대한 신뢰이기 때문이다. 따라서 통일(대비) 교육은 민족 공동체 윤리 의식을 함양하는데 역점을 두어야 할 것이다.

1. 방법론적 과제

통일 교육에 있어서는 통일 문제에 대한 국민들의 상이한 관점을 어떻게 하나로 합치시켜 나갈 수 있겠는가 하는 문제가 가장 큰 과제라고 할 수 있다.[7] 지금까지의 북한 사회에 대한 사회 과학적 연구나 통일 교육에서 활용된 자료는 2차 또는 간접적 자료이다. 따라서 자료의 분석 방법이 문제가 되는데, 계량적 분석이나 통계적 분석은 상당한 제약이 있었다. 이러한 통일 교육의 한계성을 전제로 할 때 통일 교육의 접근 방법은 몇 가지 기본 유형으로 구분될 수 있다.

서술형은 공간적 · 시간적 한계 내에서 서술하는 것으로서, 북한의 경우 역사적 서술 방식이 유용하다. 비교 연구형은 다른 공산 사회, 즉 중국 등을 모델로 하여 북한을 비교 연구하는 것으로 남북한 비교 연구에도 적용될 수 있다. 또한 모형 접근(model approach)은 기존의 어떤 모델을 준거로 하여 연구하는 것이며, 이론적 접근은 사회학적 연구를 활용하는 것이다.

통일 교육에 있어, 북한 사회의 전반적인 구조적 특성을 볼 수 있는 일반적인 이론적 틀이나 개념 도식을 제공하는 것은 곤란하며, 주로 공식 문서나 해설 자료와 같은 제도적 접근에 치중하기 때문에 사실 분석보다는 규범적 분석이 우선시되고 있다. 이와 같은 한계를 극복하기 위한 방법론으로는 현상학적 방법론과 정치적 선택성의 원리가 제시될 수 있다.

지금까지의 통일 교육이 남북 관계의 정치적 · 역사적 상황 때문에 항상 가치 판단을 전제로 한 접근이 주가 된 것이 사실이고 보면, 가치 판단 및 선입견을 배제하는 현상학적 방법론이 북한 사회의 문제점과 모순을 사실 그대로 볼 수 있는 매우 유용한 방법론이라고 할 수 있다. 그리고 정치적 선택성의 원리는 사회 변동이 정치적 엘리트(elite)의 결정에 의해 크게 좌우된다는 것인데, 이는 폐쇄성 및 전체주의적 · 권위주의적 성격을 지닌 북한에 대한 연구에 있어서 매우 설득력이 있는 이론이라고 하겠다.

---

7. *Ibid.*, pp.4~6.

2. 통일 교육의 지도 방법

우리가 추구하는 통일 교육은 학생들 스스로가 학습하고 느낄 수 있는 학습자 중심의 교육 방법으로 실행되어야 한다. 통일이란 명제는 이제 더 이상 '꿈에도 소원은 통일'이라는 이상적 관념 속에만 머물러 있어서는 안 된다. 즉 통일은 멀지 않은 장래에 우리에게 닥쳐 올 현실이다. 따라서 통일 교육을 담당하는 사람들은 항상 국제 정세의 변화에 관심을 가져야 하며, 보다 정확한 지식과 정보를 신속히 입수하여 학생들에게 체계적으로 가르쳐 줄 수 있도록 노력해야 한다.

앞에서도 지적했지만, 통일 교육은 특정 교과나 특정인만이 지도하도록 한정되어 있지 않고, 범교과적(汎敎科的)으로, 그리고 훈화, 행사, 시사 · 계기 교육, 환경 게시 교육, 특별 활동 등 모든 교육 활동에서 학생들의 지적 발달 수준에 따라 목표 · 단계별로 이루어져야 한다. 또한 통일 교육은 동태적인 민감한 문제도 다루게 되므로 그 지도에 있어서 다음과 같은 특별히 세심한 배려가 필요하다.[8]

첫째, 통일 교육에서는 통일을 앞당겨 성취해야 하는 이유로서 분단의 장기화에 따른 민족적 동질성의 파괴, 민족사와 전통의 단절 가능성, 이산 가족 문제 등의 해결이 시급하고 중요한 당면 과제임을 예를 들어 설명해 줌으로써 통일 성취를 위한 민족적 소명 의식을 고취해야 한다.

둘째, 통일 교육에서는 통일 문제에 대한 무관심과 방관적 태도는 분단된 이 시대를 살아가고 있는 민족의 일원으로서 우리에게 맡겨진 책임과 사명을 저버리는 것임을 환기시켜 주어야 한다.

---

8. 교육부, *통일교육 지도 자료*, 1993, pp.76~80.

셋째, 통일 교육에서는 오늘의 불편과 고통, 그리고 희생을 기꺼이 감내해 나가는 자세를 갖지 않고서는 조국 통일이란 내일의 영광된 열매를 기대할 수 없다는 사실을 상기시켜야 한다.

넷째, 통일 교육에서는 학습 효과를 올릴 수 있도록 신문, 잡지, 영상 자료, 관련 서적 등 생생한 시사 자료를 수집하여 학생 수준에 맞게 재구성하여 지도해야 한다.

다섯째, 통일 교육은 일방적 강의 방식보다는 실증 · 사례 중심의 토의 식, 탐구 식 방법을 통하여 학생들이 자율적으로 분석 · 종합 · 판단할 수 있도록 도와주어야 한다.

여섯째, 통일 교육은 학생들이 북한의 실상을 바로 알고 통일을 위한 마음 자세를 가다듬는데 도움을 주어야 하며, 부정적인 측면만을 강조하여 적대감을 유발하거나 북한을 실제 이상으로 표현하여 북한에 대한 막연한 동경심을 갖게 해서는 안 된다.

일곱째, 통일 교육에서는 학생들에게 북한이나 통일에 대한 논의의 결론을 그대로 외우게 하거나 주입시키기보다는 그러한 결론에 이르는 과정과 대안적인 관점들을 다양하게 제시할 수 있어야 한다.

여덟째, 통일 문제의 역사적 특수성을 고려할 때, 최소한 객관적으로 검증되지 않은 주관적 견해나 세계관을 학생들에게 주입시키는 일은 삼가야 한다. 이러한 의미에서 사상적인 판단력이 미숙한 학생들을 가르치는 우리 교사들의 위치와 책무가 얼마나 막중한 것인지에 대해서도 눈을 돌리지 않으면 안 된다.

통일 조국의 미래상은 우리 민족 구성원 모두에게 자유와 복지, 그리고 인간의 존엄성을 보장하며, 인류 공영과 세계 평화에도 기여하는 선진 민주 국가이다.

따라서 통일 문제에서 기본적인 것은 인간의 존엄과 가치이다. 독일과 예멘 등의 경우에서 볼 수 있듯이, 서로 다른 체제에서 살아 온 사람들을 하나로 융합시킬 수 있는 요소는 기본권과 사회 정의에 대한 신뢰이다.

민족의 화해와 공동체적 가치관의 형성이 뒷받침되지 않는 단순한 정치 · 경제적 통일은 많은 후유증을 남길 수 있다. 그러므로 통일 교육에서는 민족의 분단 현실을 정확히 진단하고, 통일 이후에도 화해의 정신을 실천할 수 있는 공동체적 가치관을 심어 주는 일이 중요하다고 하겠다.

통일 교육은 통일을 준비하고 통일 이후의 삶에 대비하는 교육이다. 따라서 통일 교육은 통일 문제에 대한 국민적 합의를 전제로 이루어져야 한다. 또한 통일에 대한 다양한 주장과 개방된 논의는 바람직하고 중요한 일이지만, 통일 논의에 있어서 우리 체제의 기본 가치와 규범이 무시되어서는 안 된다.

통일 교육은 통일 환경의 변화를 능동적으로 수용할 수 있는 시의성(時宜性)을 지녀야 하고, 동시에 통일이 한민족 전체의 번영과 행복을 가져다 주고 삶의 질을 향상시킬 수 있도록 미래 지향적이며 체계성을 갖춘 교육이 되어야 한다. 북한이나 공산주의에 대한 일방적 매도나 감정적 적대 의식의 표현은 자제해야 하며, 특히 남한과 북한 또는 자본주의와 공산주의의 실상을 비교할 때에는 그 비교의 관점이나 기준이 객관적이어야 한다.

우리 정부는 이른바 '햇볕 정책'을 기조로 통일 문제에 적극적으로 대처하고 있지만, 앞으로 우리 나라에서도 통일은 인기 없는 매우 어려운 사업이 될지도 모른다.

정부는 보다 분명한 통일 정책의 방향을 제시하여 이 인기 없는 사업에 국민의 적극적인 참여를 이끌어 낼 수 있어야 할 것이고, 또한 통일 교육 담당자들은 분명한 통일 교육의 방향과 과제를 정립해 학생들의 자발적인 참여를 이끌어 내야 할 것이다.

지금 우리 모두는 통일 교육자들이라고 할 수 있다. 그러므로 통일 교육에서의 보다 필요한 개혁은 학교 안은 물론 학교 밖에서도 찾아질 수 있다. 다시 말해서, 통일 교육은 사회적인 분위기와 풍토, 즉 교육 외적 여건의 개선이 없이는 큰 성과를 기대할 수 없다. 그러나 무엇보다도 중요한 것은 통일 교육을 담당하는 사람들의 확고한 신념과 열의이다.[9]

---

9. 홍용희, *사회와 윤리*(서울: 문원각, 1997), pp.148~169.

찾아보기

ㄱ

ㅅ

ㅇ

ㅈ

ㅌ

ㅍ

ㅎ

▶ 지은이 소개

• 홍 용 희

서울대학교 대학원 졸업(교육학 박사)
중국인민대학 연구교수
현재 충주대학교 교양과정부 교수

인간과 윤리

▌2020년 8월 25일 초판 8쇄 발행

지은이와의 합의로 인지 첨부를 생략함

▌지은이 홍 용 희
▌발행인 박 종 성
▌발행처 삼경문화사
▌우 04003 / 서울특별시 마포구 잔다리로 101
▌전화 332_6171 / 팩스 332_6185
▌등록 1998.07.06. 제 10-1614호

▌ISBN 978-89-88408-34-6 93190 값 16,000원